Rainer Kabel

Chancen der Telekommunikation

Gestaltungs-Kriterien für die Medienzukunft

VISTAS

CIP-Kurztitelaufnahme der Deutschen Bibliothek

Kabel, Rainer:
Chancen der Telekommunikation:
Gestaltungs-Kriterien für d. Medienzukunft /
Rainer Kabel. – Berlin: Vistas, 1987.
ISBN 3-89158-022-3

ISBN 3-89158-022-3

Umschlaggestaltung APUNKTMPUNKT, Berlin

Gesamtherstellung Bosch-Druck, Landshut

Inhalt

Vorwort

Die Diskussion unter Politikern und Experten, engagierten Gewerkschaftern und Publizisten ist bis heute unfruchtbar geblieben, was eine vernünftige Gestaltung unserer Medien-Zukunft angeht. Die einen fahren unkritisch ab auf Kabel und Satellit und versprechen sich neue Arbeitsplätze und — durch private Medienbetriebe — politischen Auftrieb. Die anderen verbarrikadieren sich in romantischen Fluchtburgen der Verweigerung, mahnen und drohen, weisen mit Recht auf zunehmende Arbeitslosenzahlen hin, auf ein Überangebot an Unterhaltung, auf Gefahren für die Kinder, die in einer Welt aus zweiter und dritter Hand aufwachsen. Anstatt nun die technischen Chancen zu nutzen, mitzulenken und zu leiten, verweigern sich gerade die Kritischen, die Kreativen, die von einer gerechten, menschenwürdigen Zukunft Träumenden.
Ich möchte zu dieser Diskussion einige Gedanken beitragen. Und zwar zur Ermunterung der Verweigerer, ihre selbstgewählte Isolation zu überprüfen. Die Telekommunikation bietet Chancen für

— die Verbreitung von Ideen und Entwürfen,
— den Zugang aller zu allen wichtigen Informationen,
— den Ausgleich von Informationsdefiziten sozial und regional.

Die zweifellos drohenden Gefahren durch Rationalisierungsschub und soziale Auswirkungen der neuen Techniken müssen abgewendet werden durch

— den gewerkschaftlichen Kampf für eine gerechte Verteilung der weniger werdenden Arbeit,
— Rahmenbedingungen, die die Informations- und Meinungsfreiheit schützen,
— Daten- und Persönlichkeitsschutz,
— eine Kultur- und Sozialpolitik, die künftige Nutzer neuer Medientechniken stärkt für den Umgang mit einem Übermaß an Unterhaltungs- und Informationsangeboten,
— Medienpädagogik mit praktischen Alternativen,
— eine menschenwürdige Gestaltung der Lebens- und Arbeitswelt, die keinen Anlaß mehr bieten darf für die Flucht in den Schein der Medien.

Die Liste der politisch abzuwendenden Gefahren ist größer als die der Chancen. Das zeigt, wie wichtig die politische Aufgabe ist, die uns allen als souveränen Staatsbürgern zukommt, unsere Umwelt, unser Miteinander, unsere Medien als Mittler und Instrumente eines kommunikativen Lebens in Ordnung zu bringen.
Die vorliegende Ideen-Sammlung besteht überwiegend aus Vorträgen und Aufsätzen der letzten Jahre, leicht überarbeitet nach neueren Einsichten.

Berlin-Nikolassee im Januar 1987

Rainer Kabel

I Unterhaltsamer Einstieg

Schülergedanken auf dem Nachhauseweg 1990

Die Schule ist aus, ab nach Hause. Jetzt fängt das richtige Leben an. 44 Fernsehprogramme gibt es; gestern sind noch zwei Krimikanäle dazugekommen. Mal sehen, was die bringen. Stark, der Japaner mit dem Laserstrahlmesser. Oder der Zwerg mit der Tarnkappe, und fliegen kann der auch. Oder ich spiele ein Telespiel, da kann ich gewinnen, Geld gewinnen, viel Geld. Oder dufte Musik . . . Was hat Herr Meier, unser Medienlehrer gesagt! ,,Vorsicht beim Umgang mit dem Heimterminal. Seht nur gute Sendungen, Ihr habt ja gelernt, woran man die erkennt . . ." Jaja, daß ich nicht lache. Gute Sendungen, Herr Meier, die erkennt man ganz leicht, ganz einfach ist das, die erkennt man an der Langeweile, die sie ausstrahlen . . . Da brauche ich gar keine Medienpädagogik. Aber ist nun mal ein Hauptfach. Und was man sonst noch machen kann, haben wir besprochen, daß man Sport treiben soll, Spiele spielen, Freunde besuchen. So'n Quatsch. Freunde besuchen, das ist doch gar nicht nötig; was heißt schon ,,Freunde". Am Heimterminal hocken kann ich auch alleine. Und wenn ich irgendwas über die Schule wissen will, hole ich mir die Infos über die Anlage. Draußen spielt sowieso keiner. Fernsehen und Telespielen ist einfach stärker. Opa sagt, früher gab es überall auf den Rasenflächen vor'm Haus Schilder ,,Ballspielen verboten" oder ,,Betreten verboten". Jetzt will da keiner mehr rauf. Und die Schilder sind schon lange weg. Sport, den treib ich jetzt wie Papa mit dem Heimtrainer. Ein schönes Weihnachtsgeschenk war das; hatte Mutti sich vom Testinstitut über'n Bildschirm empfehlen lassen. Wird angeschlossen an die Anlage und dann kommen Berge und Täler auf den Bildschirm, und das Radfahren mit dem Heimtrainer wird schwerer und leichter, je nachdem. Und man sieht schöne Landschaften. Letztes Wochenende ist Papa ein ganzes Stück am Rhein langgefahren. Ein Vorteil, sagt Opa, ist das immer schöne Wetter zu Hause. UV-Licht ist wie Sonne; Regen gibt's nicht. Sagt der Lehrer doch, die Wirklichkeit draußen ist schöner, menschlicher. Man soll mit anderen Menschen umgehen, sprechen, einander auch mal anfassen. Fritz hat sich ja gerade eine prima Partnerin über die Anlage angelacht. Klasse. Das mach ich später auch so. Gebe meine Daten und Wünsche ein, und der Computer bringt uns zusammen. Auch das Menschliche kann man über die Anlage haben. Der Meier in der Schule kommt mir irgendwie altmodisch vor, wie aus'm vorigen Jahrhundert. Redet wie Opa. Ist auch'n komisches Fach: ,,Medienpädagogik", so wie früher ,,Religion" oder sogar ,,Philosophie", sagt Papa, aber eigentlich ohne Inhalte, hat Opa dann gesagt. Das verstehe ich nicht. Ist aber bestimmt was Wahres dran.

Eine schöne Computer-Bescherung

„Au fein, genau so einer, wie unser Lehrer ihn uns vorgeführt hat, mit 64 Kilobytes RAM!" Peter, 14, packt die graue Kunststoff-Tastatur vorsichtig aus, fummelt in der Zubehör-Plastiktasche herum, bis er ein passendes Anschlußkabel findet. „Jetzt nur noch an den Fernseher, und los geht's", meint er selbstsicher.

Die Mutter genießt die Szene unter dem Tannenbaum mit sichtlicher Freude und Stolz. Ihr Peter ist endlich einmal der Größte in der Familie. Sein Vater, der sonst immer das große Wort führt, hat sich nach ganz hinten auf's Sofa gesetzt und blättert in einem Kunstbuch. „Aber ich wollte doch heute abend . . .", protestiert er schwach, als Computer-Peter den Fernseher ausknipst und das Kabel von seinem Weihnachtsgeschenk anstelle der Antennenschnur einstöpselt und die AV-Taste drückt, „ich wollte doch „Heilige Nacht, Legende von Ludwig Thoma" sehen".

Der Heimcomputer ist heute abend wichtiger. Peter ist richtig glücklich. Er blättert in der Bedienungsanleitung und schwärmt: „Mit diesem Computer kann man nützliche und notwendige Sachen machen. Man kann das Haushaltsgeld richtig berechnen und ganz genau einteilen und schon am Monatsanfang wissen, wieviel am Ende übrigbleibt, und dann das Geld anlegen; auch kann man die besten Zins-Chancen berechnen."

Die Mutter guckt jetzt etwas skeptisch, aber ihr Stolz überspielt die Zweifel. „Man kann auch ein Inventar-Verzeichnis aller unserer Besitzungen anlegen, mit Werten, und die Werte dann fortschreiben." „Und ich habe im Radio gehört, man kann mit Hilfe des Heimcomputers sogar seine Briefmarkensammlung ordnen", mischt sich der Vater ein. Mit leicht ironischem Unterton fährt er fort: „Ich habe allerdings die kleinen Greifer an einem Computer noch nicht gesehen, die all die kleinen Marken aus der Unordnung auf deinem Schreibtisch herausfischen." „Man kann alle Freunde mit Adressen und Geburtstagen erfassen und vergißt so keinen Geburtstag mehr", fährt Peter unbeeindruckt fort, „man kann den Benzinverbrauch vom Auto über Jahre verfolgen und eine Kurve zeichnen lassen, man kann die Verkehrsverbindungen optimieren, Dias, Bilder, Bücher erfassen und auf alle möglichen Arten sortieren, man kann eine Bundesliga-Tabelle selbst herstellen, wenn man einfach die letzten Ergebnisse eingibt, man kann auch Spiele spielen, sogar selbst entwerfen. . ."

„Nun mach mal", meint Vater. Der Sohn schaltet den Computer ein. Eine kleine rote Lampe brennt. Auf dem Fernsehschirm erscheint eine hellblaue, rechteckige Fläche in einem dunkelblauen Rahmen. Oben links steht das Wort „Ready", daneben blinkt ein kleiner Punkt. „Das ist der Cursor", stellt Peter fachmännisch fest, „der Schreibpunkt, der mir sagt, wo ich anfangen kann zu schreiben." Peter tippt auf der Tastatur herum; alle möglichen Zeichen werden auf dem Bildschirm sichtbar. „Man kann den Computer auch als intelligente Schreibmaschine benutzen, wenn man einen Drucker hat", meint Peter erläuternd. „Dann kann man das alles ausdrucken lassen, aber man kann auch Briefe schreiben oder Adressen oder Listen von Sachen", erläutert der kluge Sohn. „Was kostet denn so ein Drucker?", fragt die Mutter und, zum Vater: „Das wäre ja mal ein Geburtstagsgeschenk?" „Um die 800 Mark der billigste, ohne Farben, mit Farben, 1.700 Mark." Der Sohn weiß Bescheid. „Nun mach mal was Computeriges", bittet der Vater. „Bringe doch den Apparat mal dazu, ganz einfach von eins bis unendlich zu zählen!“ Der Sohn blättert im mitgelieferten Handbuch und findet die nötigen Befehle für den Computer: „Zeilennummer 10 eingeben. N ist gleich N plus 1. Nächste Zeile Nummer 20. Goto 10.“ „Alles klar“, meint Peter, aber der Bildschirm ändert sich nicht; nur die Befehle stehen jetzt drauf. Peter findet, daß er den Arbeitsbefehl „Run“ eingeben muß. Jetzt verschwindet der blinkende Cursor. Es passiert nichts. Peter probiert auf der Tastatur herum. Ohne Erfolg. Inzwischen hat Mutter den Weihnachstbraten fertig. Nach dem Essen macht sich Peter wieder an seinen Computer. Weil er ihn ausgeschaltet hatte, muß er ganz von vorn anfangen. Als er ihn anschaltet, erscheint wieder „Ready“ mit dem Cursor. Der Vater hat herausgefunden, daß noch der Befehl „Print“ fehlte, um das Geschehen im Computer auf dem Bildschirm sichtbar zu machen. Jetzt zählt er vor sich hin, auf dem langen Weg zu unendlich. Die Familie beschließt, eine andere Aufgabe lösen zu lassen, die Vornamen nach dem Alphabet zu ordnen. Jetzt erscheint ständig der Ausdruck „Syntax error“. „Syntax“, hat der Vater im Wörterbuch gefunden, „ist die in einer Sprache übliche Verbindung von Wörtern zu Wortgruppen und Sätzen“. Das hilft auch nicht weiter. Am Ende beschließen alle, den Sohn auf einen Volkshochschulkurs zu schicken. „Ich fürchte“, meint der Vater, „der Computer landet in der Abstellkammer neben der Heimorgel, für die ja auch keine musikalischen Vorkenntnisse erforderlich sind und die sich mitnichten alleine spielt.“ „Nein, Vati“, tröstet der Sohn den Vater, „meine Freunde, die Heimcomputer haben, spielen damit die schönsten Video-Spiele: „Frogger“, „Donkey Kong“, „Space-Invaders“ und „Alien Attack“. Die haben sie auf Disketten. Allerdings braucht man dann noch ein Disketten-Laufwerk.“ „Und das kostet?“, fragt Mutter. „Um die 700 Mark“, weiß der informierte Sohn: „Sonst muß man die Spiele zum Einstecken in den Computer einzeln kaufen, Stück für 80 Mark.“

„Haben wir das gewollt?“, fragt der Vater leicht resigniert. „Videospiele sind was Entsetzliches.“

„Aber sie fördern das Reaktionsvermögen, habe ich in der Zeitung gelesen“, meint Peter. „Videospiele sind schlimmer als Fernsehen“, stellt die Mutter fest: „Hätten wir bloß die Hände von diesem Ding gelassen. . .“

Redaktions-Automation

Gespräch mit Prof. R. Konrad Reddex, SFB-Forschungsabteilung

Reporter: Wir befinden uns hier in einem kleinen, fensterlosen Raum im 4. Stock des historischen ‚Haus des Rundfunks' an der Berliner Masurenallee. Seit vier Jahren arbeitet hier eine kleine Gruppe von Spezialisten an einer Erfindung, die schon in wenigen Monaten die deutsche Funklandschaft verändern wird. Herr Professor Reddex, Sie sind so freundlich, uns Ihre Erfindung zu erläutern. Aber erst einmal Guten Tag, verehrter Herr Professor.
Professor: Guten, hm, Tag, meine Damen und Herren, hm, ich habe. . .
Reporter: Vielleicht sollte ich unseren Zuhörern erst einmal den Apparat beschreiben, um den es in unserem Gespräch gehen soll. . .
Professor: Bitte, bitte, nach Ihnen . . .
Reporter: Vor uns steht ein metallisch glänzender Kasten mit Hebeln, Tasten, Meßinstrumenten, Lämpchen und einer eingebauten Schreibmaschine, wie bei einem Fernschreiber. Was ist nun das Besondere, Herr Professor Reddex, an diesem Kasten?
Professor: Hm, da muß ich doch etwas weiter, hm, ausholen, mein Verehrter! Dieser Kasten bedeutet, daß in Zukunft Redakteure nicht mehr, oder lassen Sie mich anders anfangen: Sie kennen die Sorgen von Intendanten, Programmdirektoren, leitenden Redakteuren, Sie wissen, Ausgewogenheit des Programms, immer wieder Proteste von Politikern, Ärger mit einseitigen Kommentatoren, als öffentlich- rechtliche Rundfunkanstalt ist . . .
Reporter: . . . Ausgewogenheit oberstes Gebot. Das wissen wir. Was hat aber dieser Kasten, entschuldigen Sie den profanen Ausdruck für dieses Wunderwerk, damit zu tun?
Professor: Sehr viel, oder anders gesagt, alles, mein Lieber! Dieser Kasten kann in Zukunft den Redakteur ersetzen. Menschliche Unzuverlässigkeit, hm, politische Einseitigkeit, hm, Stimmungen, Unpünktlichkeit, hm, Krankheit, Irrtum – alles das, oder anders gesagt: menschliche Schwächen entfallen.
Reporter: Soll das bedeuten, Herr Professor, daß Sie mit diesem Kasten, eine Art automatischen Redakteur oder . . .
Professor: . . . anders gesagt, einen Redaktions-Automaten, ja so ist es, mein Lieber. Es ist mir, das heißt meinen Mitarbeitern und mir gelungen, einen Redaktions-Automaten zu entwickeln, der zwar noch nicht ganz unseren Wünschen entspricht, aber doch schon Erhebliches leistet.
Reporter: Können Sie, verehrter Herr Professor Reddex, uns eine Kostprobe, ein Beispiel, einen Beweis Ihrer Entdeckung geben?
Professor: Ja, lieber Herr, hm. . .
Reporter: Jante, Peter Jante, aber. . .
Professor: Lieber Herr Jante, das läßt sich leicht machen. Sie sehen hier die Tastatur einer Eingabestelle – es handelt sich um ein Kompaktmodell, in dem die verschiedenen Bausteine der Elektronischen Datenverarbeitung kompakt zu einem etwa 1,5 cbm großen Würfel vereinigt wurden – eine Eingabestelle – mit Schreibmaschinentasten.

Hier hinein geben Sie den Text einer Nachricht. . .
Fräulein Schmidt, bitte geben Sie doch mal diesen Text hier hinein. . .
Frl. Schmidt: Gern, Professor, geben Sie her. . .
Reporter: Seien Sie doch so lieb, lesen Sie unseren Hörern vor, was Sie da hineingeben. . .
Frl. Schmidt: . . . (tippt und liest)
New York. UN-Mitarbeiter leiden – wie aus dem ärztlichen Bulletin der US-Professoren Cox, Wells und Smell hervorgeht – seit einem Besuch in Südafrika an einer starken, schnupfenähnlichen Infektion. Wie von gewöhnlich gut unterrichteter Stelle verlautet, wird in UN-Kreisen für möglich gehalten, daß es sich um die Folge des Bisses einer seltenen Mückenart handelt. Wie der Generalsekretär selbst verlauten ließ, handelt es sich um eine rein private Erkrankung, die keinerlei politische Gründe habe. Die Ärzte haben Schonung verordnet.
Professor: Diese, hm, Meldung geben wir in meinen Automaten und lassen ihn zunächst prüfen, für welche Art von Sendung oder Hörer-Zielgruppe diese Nachricht von Wert sein könnte. In einer halben Sekunde, hm, haben wir in der Regel die Antwort, hm, Fräulein Schmidt, was hat unser Freund ausgedruckt?
Frl. Schmidt: (reißt Zettel ab, liest):
1. Politische Nachrichten
2. Wissenschaft
3. Kommentar
Professor: Und jetzt können wir durch einfachen Hebeldruck die fertigen Texte abrufen. Moment, ich vergaß, daß Sie wählen müssen. . .
Reporter: Wählen? was bedeutet das, verehrter Herr Professor?
Professor: Wählen bedeutet: wie wollen Sie die Texte: sachlich, neutral, links, halblinks, konservativ, liberal, oder verzichten Sie auf solche Festlegungen? Dafür habe ich die Taste A wie automatische Standortwahl eingebaut. Der Automat ist mit den wichtigsten Proporzzahlen aus Rundfunkrat, Landesparlament, mit Parteiprogrammen und neuesten Erklärungen der politischen Parteien und Exponenten gefüttert und findet automatisch den optimalen Standort des Textes.
Reporter: Soll das heißen, daß Ihre Maschine Texte umschreibt, redigiert. . .
Professor: . . . ja, sie liefert sogar Hintergrundmaterial, Backgrounds, Erklärungen. . . im Moment nur sehr wenig, aber demnächst, wenn wir an eine große Datenbank angeschlossen werden. . .
Reporter: Doch zurück zu diesem geheimnisvollen Kasten hier in diesem fensterlosen Raum im 4. Stock des Haus des Rundfunks an der Masurenallee . . . Herr Professor Reddex, könnten Sie uns vielleicht noch ein überzeugendes Beispiel vorführen, vielleicht die Bearbeitung eines Textes für verschiedene Redaktionen?
Professor: Sie sprechen von Redaktionen. . . in Zukunft können Sie doch dank meiner Erfindung dieses Wort vergessen. . .
Reporter: Also für . .
Professor: Sprechen Sie von Zielgruppen . . . nehmen Sie Hausfrauen, Rentner, Kinder, Männer, Hochschulabsolventen, Volksschüler, an wen auch immer Sie sich wenden wollen . . . es gibt ja Untersuchungen, zu welchen Zeiten die meisten Angehörigen einer bestimmten Zielgruppe am Radio sitzen,

vormittags 11 Uhr: Hausfrauen und Rentner
nachmittags 14 Uhr: Schüler, Hausfrauen, Rentner, Kinder

Reporter: Das wäre ein Thema für sich; ein Beispiel für die Arbeit Ihrer Maschine, wenn das so schnell möglich ist, wie es uns die beschränkte Wissenschafts-Sendung erlaubt . . .

Professor: Aber gern, wir arbeiten ja schneller, als Sie denken können, d.h. mein Apparat und ich . . . Fräulein Schmidt, nehmen Sie doch mal den Text mit der Maus, Sie wissen doch, die Fabel mit der Katze; vielleicht zwei Versionen?
Kinderfunk und Wissenschaft oder auch noch Literatur – modern oder alt –

Reporter: Nehmen wir, wenn ich wählen darf – modern.

Professor: Gern, bitte schreiben Sie (raschelt)
(liest zum Diktat)
Eine graue Maus wollte dem Prankenschlag eines fetten Katers entgehen und machte ihm folgenden Vorschlag: Sollte er unbedingt Appetit auf Mäusefleisch haben, sollte er sie – die kleine magere Person – doch verschonen und eine halbe Stunde warten. Sie hätte sich hier mit zwei weißen Freundinnen verabredet, die sowieso zu nichts taugten, aber wahrscheinlich gut schmeckten. Tötete er jetzt sie, die kleine Graue, röchen die großen Weißen schon von weitem das Blut, liefen weg und könnten nun nicht mehr als Speise dienen. Der Kater ließ die schon erhobene Tatze fallen, hetzte die Maus in ein anderes Zimmer und verspeiste sie dort in aller Ruhe. Nach einer halben Stunde fraß er auch noch die Weißen.

Reporter: Eine etwas, was soll ich sagen . . . seltsame Geschichte

Professor: Warten Sie ab . . . nehmen wir zuerst die moderne literarische Fassung . . .
(Tastendrücken) (Schnelldrucker)

Frl. Schmidt: (raschelt mit Papier, reißt ab) liest:

Katermaus

Graumaus	schlagkat
Weißmaus	hausaus zwei
Todmaus	Kater
Brauwaus	blazhat
Reißtaus	lausauf ei
Rodwaus	Vater
Kater	blazhat
Vater	Rodhat . . .

Professor: . . . das ist eine sehr komplizierte permutative Variation des Maus-Kater-Themas, die – wie Sie sehen – (raschelt) etwa eine halbe Stunde Progamm füllen würde, hm, aber werden wir populärer . . .

Reporter: Kinderfunk, wie wär's mit der Kinderfunk-Version?
(Tastendrücken) (Schnelldrucker)

Frl. Schmidt (raschelt mit Papier, reißt ab) liest: Und nun meine Kleinen, auch die Mütter dürfen zuhören, nun, meine Kleinen und Großen . . . Kinderstimmen: Wir wollen eine Geschichte hören . . . vielleicht von Mäusen? Soll auch ein Kater vorkommen . . . Kinderstimmen . . neeh, ja, na gut, lassen wir auch den Kater vorkommen . . . sagt mal, kennt Ihr auch andersfarbige Mäuse als die graue Hausmaus? Kinderstimmen: ja, wei-

ße Mäuse! Schön, dann nehmen wir auch weiße Mäuse in unsere Geschichte hinein ... Kinderstimmen: Anfangen, anfangen, wir wollen die Geschichte mit der Maus ... (raschelt) ...
Reporter: Phantastisch! Richtig antiautoritär diese Bearbeitung!
Professor: (mit Stolz in der Stimme): Wir haben ja auch 4 Jahre gebraucht, bis wir diesen Apparat funktionstüchtig hatten, aber ich wollte Ihnen ja noch die dritte Version: Wissenschaft vorführen, wenn es Ihre Zeit erlaubt ...
Reporter: Das, verehrte Hörerinnen und Hörer, sollten wir uns nicht entgehen lassen, wir hören ja gewissermaßen der Geburt einer Sensation zu, die zu ungeahnten Konsequenzen in den Rundfunkanstalten, aber wohl auch in Zeitungsredaktionen führen dürfte ...
Professor: Hm, ich werde diesen, hm, etwas schwierigen Text selber vorlesen: Anthropomorphe Aspekte der Ethologie, hm, führen zu Interpretationen von Tier-Sozietäten und Analogien zur Lebensweise des homo sapiens, die vom wissenschaftlichen Standpunkt her eher der Ideologiekritik und Überbau-Analyse des Menschen als der Erkenntnis von Tierverhalten zugeordnet werden sollten. Nehmen wir ein paradoxes Exempel, eine moderne Fabel, deren Quintessenz eher über menschliche Abgründe, Bedingtheiten und gruppenspezifische Relevanzen ... Nehmen wir Katzen und Mäuse per exemple ...
Reporter: Darf ich Sie unterbrechen, das ist sicher für's 3. Programm, Herr Professor, und kann unseren Hörern jetzt nur wenig sagen ...
Professor: Sie haben recht, junger Mann, entschuldigen Sie, hm, mein Verehrter, ich hatte als Zielgruppe gewählt: Hochschulabsolventen, an kritischer Analyse interessiert, dazu die Taste: liberal-ausgewogen.
Reporter: Verehrte Hörerinnen und Hörer, verkneifen wir uns den Wunsch, noch andere Varianten auszuprobieren, etwa den Knopf ,,links" oder sogar ,,extrem links" zu drücken oder den Knopf ,,rechts". Wahrscheinlich wird die Taste ,,automatisch" für die politische Tendenz ohnehin am häufigsten gedrückt werden ...
Professor: Sie haben recht, hm, verehrter Herr Jente
Reporter: Jante, Peter Jante, aber mein Name tut nichts zur Sache.
Professor: Jawohl, Herr ... Herr Kollege, Sie sehen, die Taste ,,automatisch", die proporzgerechte Ausgewogenheit nach dem jeweiligen politischen Klima garantiert, ist aus diesem Grund auch überdimensioniert.
Reporter: Sagen wir es deutlich, sie ist doppelt so groß wie die anderen Tasten, die für Abweichungen von der politischen Ausgewogenheit eine kleine...
Professor: Hm, Wünsche, hm, Gespräche mit meinen Auftraggebern, hm, lassen mich fast zu dem Entschluß kommen, wir könnten bald alle anderen Tasten weglassen.
Reporter: Eine letzte Frage, Herr Professor Reddex, was werden Sie als nächstes Vorhaben anfassen, wenn dieser Apparat in Serie gegangen sein wird?
Professor: Ich bin mir noch nicht ganz schlüssig, ich überlege, ob man nicht zu einem total automatisierten Informations- und Unterhaltungs-Instrument kommen sollte, zu einem – bildlich gesprochen – ganz großen Kasten, in den nur noch Nachrichten und Hörerwünsche hineingegeben werden und der dann völlig automatisch, ganz ohne Menchen, ein optimales Programm direkt produzieren und ausstrahlen sollte. Das gilt übrigens auch für das Fernsehen der Zukunft, obwohl dort die Probleme noch etwas

komplizierter sind.
Reporter: Wir sehen, meine Damen und Herren, Herr Professor Reddex kann sich über Aufgabenmangel nicht beklagen!
Ich danke Ihnen für dieses Gespräch, Herr Professor!

Corticales Kabelfernsehen

Geschichte einer gefährlichen Erfindung

Ich weiß, daß diese Veröffentlichung über meine Erfindung nicht ganz ohne Risiko ist. Aber vielleicht hilft nur noch die Flucht in die Öffentlichkeit. Der jetzige, ungewisse Zustand wird unerträglich. Seit Monaten werde ich beschattet. Um mein Wohnhaus fahren scheinbar zufällig immer dieselben Autos. Wenn ich in die U-Bahn steige, erwarten mich im Abteil professionell aussehende Gestalten im Trenchcoat, zeitungslesend. Mein Telefon knackt. Meine Briefe sind zerknittert. Die Probleme fingen an, als ich meine Aktentasche in einer Taxe liegenließ. In dieser Aktentasche waren die genauen Pläne für das corticale Kabelfernsehen. Sie müssen der Apparateindustrie zugespielt worden sein. Meine Erfindung dürfte eine Reihe von Riesenpleiten nach sich ziehen. Um den Tatbestand auf eine ganz einfache Formel zu bringen: Zum Fernsehen braucht man in Zukunft keinen Fernsehapparat mehr, nur noch einen Kabelfernsehanschluß! Gerätehersteller, Händler, Reparaturwerkstätten müssen zittern. Ich kann verstehen, daß es Kreise gibt, die meine Erfindung hintertreiben müssen, so wie die Zündholzhersteller das ewige Streichholz verhinderten und die Strumpfhersteller den unverwüstlichen Damenstrumpf.

Und das ist die Geschichte meiner Erfindung: Ich las in der Zeitung, daß es Hirnspezialisten gelungen ist, Menschen ohne Gehör zum Hören zu verhelfen, und daß versucht wird, Menschen ohne Augen sehen zu machen. Im Falle körperlicher Taubheit ersetzt ein Mikrofon den Gehörapparat, im Falle zerstörten Augenlichts eine kleine Fernsehkamera das Auge. Das Sehzentrum des Gehirns oder das Hörzentrum wird mit winzigen Elektroden direkt gereizt durch die von Mikrofon oder Kamera eingefangenen Signale. Millionstel Volt reichen, um die Hirnrinde (Cortex cerebri) an bestimmten Stellen so zu erregen, daß richtige Empfindungen entstehen. Könnte man nun nicht, fragte ich einen befreundeten Hirnforscher, könnte man nun nicht die Impulse nutzen, die aus der Kabelfernsehdose der Bundespost ins Haus kommen, um das menschliche Gehirn direkt zu reizen? Unter Umgehung eines Fernsehapparats?

Professor S., ein hilfsbereiter und aufgeschlossener Freund, nannte sogleich das primäre optische Projetionsrindenfeld im Okzipitallappen als Zentrum der Bilderkennung. „Hier müßte man", meinte er nachdenklich, „elektronisch stimulieren, entweder über die Kopfhaut oder aber wirkungsvoller direkt." Wir sprachen nächtelang über die Möglichkeiten, das Gehirn direkt zu stimulieren. Mein Freund schleppte anatomische Hirnkarten und Modelle herbei, Röntgenaufnahmen des menschlichen Kopfes und eines Tages auch ein konserviertes Hirn im Glas. „Dort", dozierte Kollege S., „wo die Endstellen aller spezifischen sensorischen Nervenbahnen in die Großhirnrinde münden, müßten winzige Elektroden angebracht werden. Dann käme es nur noch darauf an, die Art der Stimulation exakt zu bestimmen, so daß wirkliche psychische Prozesse ausgelöst werden." Er bat einen Informatiker hinzu, der über elektronische Methoden Bescheid wußte, um die Kabelfernsehsignale an die Bedürfnisse des menschlichen Hirns anzupassen. Versuch und Irrtum leiteten uns. Freund S. bohrte mir hauchdünne Löcher in die Schädeldecke, röntgenkontrolliert und äußerst präzise, und applizierte haardünne goldene Drähte, die Elektroden. Wochenlanges Herumprobieren führte zum Erfolg. Zuerst sah ich nur Lichtblitze und hörte fürchterliches Krachen. Nach und nach stellten sich richtige Bilder und Töne ein. Das erste Programm, das ich auf diese Art sah, war die Tagesschau. Das Ergebnis ist ein Kasten, klein wie eine Zigarettenschachtel, zur Wahl von Programm, Helligkeit, Farbe und Klang. Der Kasten kann bequem in der Tasche getragen werden. Er ist mit einer Schnur verbunden, die in der Frisur verschwindet und die Impulse in die Cortex leitet. Eine andere Schnur, die ebenfalls aus dem kleinen Kasten kommt, den wir schlicht „Anschlußbox" nennen, trägt am Ende einen Normstecker, der in jede Kabelfernsehdose paßt.

Direktes oder corticales Kabelfernsehen hat für den Verbraucher nur Vorteile: Er braucht keinen teuren Fernsehapparat, verbraucht keinen Strom, stört niemanden, der sonst vielleicht noch im Zimmer sitzt. Wenn einmal fast jeder Fernsehzuschauer einen Anschluß hat, werden sich überall Verteildosen durchsetzen. Die Kosten der Anschlußbox (mit bis zu 24 Fernsehprogrammen plus 12 Hörfunkkanälen) einschließlich der Kopfoperation (Anbringen der Golddrähte am Cortex cerebri) dürften bei erwarteter Massenfertigung weit unter 500 DM liegen. Dem Verschleiß unterliegt nur die 9-Volt-Batterie in der Anschlußbox.

Als nächster Schritt ist die Entwicklung des Riech-Schmeck-Fühl-Tast-Fernsehens geplant. Hierzu bedarf es der Weiterentwicklung der Anschlußbox zur Erzeugung weiterer hirnspezifischer Signale und der Anbringung weiterer Hirnelektroden am Cortex, und zwar an den jeweiligen Funktionszentren. Das wäre zu machen. Vorerst scheitern dürfte dieser ehrgeizige Plan am Mangel an entsprechenden Fernsehprogrammen, die Fühlen, Riechen, Schmecken, Tasten möglich machen.

Nun habe ich es gewagt, mein Geheimnis preiszugeben. Ich fühle mich freier. Denn jetzt weiß jeder, der diesen Artikel gelesen hat, daß es bestimmte Kreise geben muß, die mich mundtot machen müssen. Von jetzt an kann jedoch das corticale Kabelfernsehen von niemandem mehr aufgehalten werden.

Kabelsolidarität 1991

Die übrige Familie liegt noch in den Federn. Die Fernsehnacht vom 30. April auf den 1. Mai war lang; es gab zwei Weltmeisterschaftsspiele und einen Superbrutalosexkrimi. Lothar Mellert hat sich schnell rasiert, einen Instantkaffee aufgebrüht, die knackigen Dauerbrötchen aus dem Automaten geholt und leichte Sportkleidung angezogen. Schick sieht er aus: helle Flanellhosen, dunkelblaues Jackett mit übergefaltetem hellblauem Schillerkragen. Die Solidaritäts-Maiplakette am Revers. Vielleicht wird er im Fernsehen auftreten, anläßlich der Maidemo mit anschließender Kabelkundgebung.
Um zwei Minuten vor Zehn schaltet er den Apparat an. Ein toller Apparat, gerade ein halbes Jahr alt. Lothar hat ihn – wie die meisten Leute – dauergemietet, für 3 Jahre. Das ist kein gewöhnlicher Fernseher, nur zum Reingucken. Der hat alle Schikanen, Stereoton, über 50 Fernsehprogramme, Radio sowieso, zwei eingebaute Videorekorder (einen zum Aufnehmen, einen zum Wiedergeben) und die Rückeinrichtung. Rückeinrichtung, das bedeutet einmal, daß man alles Mögliche direkt bestellen kann, dann aber auch, daß die Familie Mellert über Mikrofon und Kamera verbunden ist mit der Kabelzentrale und so mit allen anderen Teilnehmern. „Mit diesem Fernseher kann man nicht nur sehen, sondern auch gesehen werden." Das stand im Prospekt der Leasing-Firma. Voraussetzung ist allerdings, daß man ans Rückkanal-Kabelnetz angeschlossen ist. Wie die Mellerts es sind.
„Eine machtvolle Demonstration der Solidarität . . .", erklärt gerade der Sprecher, bildfüllend auf dem Fernsehschirm: „Es sind nach letzten Messungen bundesweit schon mehr als 4,5 Millionen Teilnehmer auf Kabeldemonstrationen anzutreffen, und hier in Berlin, bei der zentralen Maikundgebung zählen wir weit über hunderttausend Kolleginnen und Kollegen, die nichtorganisierten Mitläufer und stummen Zuschauerinnen und Zuschauer gar nicht gerechnet. . . " Lothar hat sich schon auf den Heimtrainer gesetzt, bevor noch der Sprecher alle aktiven Demonstranten dazu auffordert. Er weiß, daß diesmal vor der Kundgebung eine Fahrt durch den Grunewald geplant ist, wie früher, vor 20 Jahren oder so, als der Arbeiterzug durch die staubigen Straßen führte. Auf dem Fernsehschirm erscheint der Frühlingswald so, als ob der Zuschauer selbst durchführe. Lothar strampelt auf seinem Heimtrainer voran. Arbeiterlieder erklingen. „Brüder, zur Sonne, zur Freiheit. . .", „Brüder, zum Licht empor", singt Lothar aus voller Kehle mit. Und da, da ist er ja; plötzlich sieht er sich selbst auf dem Bildschirm, singend, leicht angestrengt vom Radfahren; dann erscheint auch schon das Gesicht eines anderen Kollegen.
„In wenigen Minuten treffen wir am Ziel unserer Demonstration ein", verkündet der Sprecher. Die Dekoration der zentralen Kundgebung erscheint auf dem Schirm. Die Kundgebung, die ganz früher auf dem John-F.-Kennedy-Platz stattfand, dann im Saale, findet heute im Studio statt.
Etwa hundert Fernsehapparate im Hintergrund, auf allen Gesichter mehr oder minder erschöpfte Heimdemonstranten, per Kabel mit dem Studio verbunden. In der Mitte der Vorsitzende vor einem Rednerpult mit der Solidaritätsplakette. Neben ihm der Hauptredner, in diesem Jahr von der Gewerkschaft Kunst. Die Stimmung ist ganz ähnlich wie

bei einer Großkundgebung vergangener Zeiten, jedenfalls für den Heimteilnehmer. Tausende von Fernsehgeräten mit Rückeinrichtung sind zugeschaltet. Lothar hört Beifall, gelegentlich auch Pfiffe, so jetzt, als der Kollege aus Düsseldorf von der Unverschämtheit der Arbeitgeber spricht, die erklärt haben, die Einführung der 4-Tage-Woche sei weder volkswirtschaftlich machbar noch für die Arbeitnehmer gut; denn heute schon wüßten die Beschäftigten in ihrer Freizeit nichts Sinnvolles anzufangen. Da pfeift Lothar laut mit, in's Mikrofon hinein. ,,Wem verdanken wir denn dieses ganze Elend'', ruft der Kunst-Kollege in die Kamera (man sieht die zugeschalteten Teilnehmer auf den hundert Fernsehern im Studio nicken), ,,dem Gewinnstreben einiger weniger, die unsere Umwelt verkümmern ließen, die froh sind, daß die Menschen nur noch über Kabel miteinander verkehren, voll kontrollierbar, die sich freuen, daß sich die Arbeiter und Arbeiterinnen nicht mehr versammeln, planen, Solidarität üben. Macht euch frei vom Kabel! Schaltet die Geräte ab! Zerschlagt. . .''
Lothar hat den Stecker aus der Dose gerissen. Er ist ganz aufgeregt. Was der Kollege von der Gewerkschaft Kunst gesagt hat, das hat er schon lange gefühlt, aber nicht aussprechen können. Lothar reißt den Apparat hoch, will ihn fallenlassen, da kommt Vera, seine Frau, in's Zimmer. Sie erkennt sofort die Lage und schreit ihn an: ,,Was machst du da, tu das nicht. Der Apparat ist doch nur geliehen, dauergemietet. Wenn du ihn zerstörst, müssen wir weiterzahlen, haben aber gar nichts mehr davon. 3 Jahre!'' ,,Und ob wir was davon haben'', meint Lothar und läßt den Apparat ganz cool und genüßlich fallen. Schepperklirrrums.

II Der öffentlich-rechtliche Rundfunk

Der Rundfunk in der Bundesrepublik Deutschland

Vom Staatsrundfunk zum demokratischen Massenmedium

Ende Oktober 1985 hob das große Feiern an: Der deutsche Rundfunkbetrieb wurde vor 50 Jahren mit einer Sendung aus dem Hause der Berliner Vox-Schallplattenfirma eröffnet. Unverbesserlichen Nostalgikern, die sich in die Geschichte hineinträumen, als ob eine gute alte Zeit tatsächlich jemals existiert hätte, muß gesagt werden, daß der deutsche Staat gerade damals, als mit feierlichen Worten und Musik der Unterhaltungsrundfunk begann, von tiefen Krisen erschüttert wurde. Gustav Stresemann war Reichskanzler, als die Beendigung des Ruhrkampfes, der Konflikt des Reiches mit dem Lande Bayern, die Reichsexekution gegen die Länder Sachsen und Thüringen, der Hitler-Putsch und die Inflation die Nachkriegspolitiker der Weimarer Republik beschäftigten. Für die Politik war die Gründung des offiziellen Rundfunks durch Verwaltungsakt der Deutschen Reichspost nur eine Randerscheinung, wenngleich gerade die unsichere politische Lage die Genehmigung des Rundfunkbetriebs in Deutschland verzögerte. In England, Frankreich, der UdSSR, Dänemark, Kanada und südamerikanischen Staaten gab es bereits regelmäßige Rundfunksendungen, und in den USA, in denen der Rundfunk zunächst Privatsache war, um den sich der Staat nicht kümmerte, arbeiteten schon ein Jahr vor dem denkwürdigen Gründungsakt des deutschen Rundfunks über 500 Stationen.

Die Gründung des deutschen Rundfunks beschäftigte wohl einige Spitzenpolitiker und hohe Verwaltungsbeamte; aber kein Parlament, keine Partei, kein Staatsbürger kümmerte sich um eine demokratische Organisationsform des neuen Massenmediums. Staatssekretär Hans Bredow, der in enger Zusammenarbeit mit der Funkindustrie, aus der er kam, von 1920 an Versuchssendungen aus der damaligen Reichspost-Hauptfunkstelle Königswusterhausen angeordnet hatte, der 1922 einen ersten Wirtschaftsrundfunk für einen kleinen Kreis von Abonnenten mit behördlich plombierten Empfängern einrichten ließ, setzte in zähen Verhandlungen mit den ängstlichen Politikern an der Spitze der Reichsregierung endlich auch den allgemeinen Unterhaltungsrundfunk durch.

Die Funkhoheit des Reiches wurde extensiv ausgelegt. Sie reichte von der technischen Zuständigkeit bis zur Verantwortung für die Inhalte. Funkindustrie, privates Kapital, Reichspost arbeiteten bei der Organisation des ersten deutschen Rundfunk-Systems eng zusammen. Wegen der geringen Reichweite der Sender wurde das Reich in 9 Sendebezirke eingeteilt. Die Programme lieferten Aktiengesellschaften. Nachrichtensendungen und politische Sendungen unterlagen einer Prüfung durch das Reichspost-, später auch das Reichsinnenministerium. Die anfängliche Regionalisierung der Programmgesellschaften, die durchaus die Chance des Kulturföderalismus bot, wurde aus wirtschaftlichen und später vor allem politischen Gründen durch zentrale Übernahme aller Anteile durch den Staat abgelöst. Kein Landesparlament beriet über die Organisation, über die Aufgaben und über die Programmgrundsätze der einzelnen Anstalten. Wohl aber gaben Amtspersonen, Wissenschaftler, Politiker ihre Meinungen über die Rolle des Rundfunks im Staat und in der Gesellschaft kund, von Hans Bredow, der vor allem Unterhaltung und Kultur allen Schichten der Bevölkerung zu Gehör bringen wollte, über Albert Einstein, der auf der Funkausstellung 1930 nachdrücklich die völkerversöhnende Funktion des Rundfunks herausstellte, bis zu den „Richtlinien für den Rundfunk" von Joseph Goebbels im Jahre 1933, in denen es heißt: „Der Rundfunk nimmt an der großen Aufgabe teil, die Deutschen zum Staatsvolk zu bilden und das staatliche Denken und Wollen der Hörer zu formen und zu stärken." Fast alle, die sich über den Rundfunk äußerten, sahen in ihm ein Instrument zur Verbreitung von kulturellen Inhalten oder Informationen. Auf die Gefahren der Einweg-Kommunikation machten nur wenige, unter ihnen Bertolt Brecht, aufmerksam.

Wer die ersten 25 Jahre des deutschen Rundfunks mit kritischer Distanz betrachtet, muß zum Schluß kommen, daß diese ersten 25 Jahre wohl technische und künstlerische Leistungen hervorbrachten, die anerkennenswert sind, daß aber die politischen, die demokratischen und kommunikativen Entwicklungen dieser Zeit zutiefst konservativ waren. Ich will dafür die Schuld nicht bei den begeisterten Radiobastlern, Reportern, Technikern, Funkleuten suchen, auch nicht bei Hans Bredow, dem heute aus unhistorischer Sicht gelegentlich sogar die Weichenstellung für die spätere totalitäre Gleichschaltung des Rundfunks angelastet wird. So leicht kann man sich die geschichtliche Rückschau nicht machen; denn welches allgemeine Bewußtsein von Politik und Demokratie herrschte damals, zur Zeit der durch Krisen erschütterten Weimarer Republik? Gerade die Furcht der Verantwortlichen vor einem möglichen Mißbrauch des Instruments Rundfunk führte zur Staatsaufsicht, zur politischen Abstinenz, zur relativen Exklusivität der Funkleute innerhalb der Gesellschaft. Wie sagte Hans Bredow noch auf einer Pressekonferenz des Jahres 1929? „Im Rundfunk ist noch nie jemand nach seinem Glaubensbekenntnis oder seiner Parteizugehörigkeit gefragt worden, aber destomehr nach seinen Fähigkeiten. Im Rundfunk gibt es keine Persönlichkeiten, die ihr Amt als Beauftragte von Parteien ansehen, sondern alle stehen auf einer gemeinsamen Plattform: nämlich Diener der Allgemeinheit zu sein und nicht einer Interessengruppe."
Wenig später gab es dann keine Parteien mehr. Die Zugehörigkeit zur NS-Bewegung war für die führenden Funkleute selbstverständlich; der Rundfunk diente auch zur NS-Zeit keinen Interessengruppen, sondern nach den schon genannten berüchtigten Richtlinien des Jahres 1933 ausschließlich dem deutschen Volke.

Der deutsche Rundfunk, unter Ausschluß der demokratischen Öffentlichkeit durch Verwaltungsakt gegründet, in den ersten 25 Jahren seines Bestehens unter Staatsaufsicht, von Anfang an der Verbreitung von Informationen verpflichtet, nicht der Vielfalt, dem Austausch von Meinungen, der Diskussion, der Kommunikation der Massen, durfte streng genommen 1983 erst sein 25jähriges Jubiläum feiern. An den 29. Oktober 1923 mag erinnert werden, nicht jedoch in Form nostalgischer Vergangenheits-Schwärmerei. Der demokratische Rundfunk wurde in Deutschland erst am 1.1.1948 gegründet. Dieses Datum hätte man feiern sollen. Aber wer denkt schon gern an diese, noch nicht

so weit aus der Erinnerung verschwundene Zeit der Militärregierungen, der Not, des langsamen Wiederbeginns gesellschaftlichen und staatlichen Lebens zurück? Am 1. Januar 1948 wurde durch die Verordnung 118 der britischen Militärregierung der Nordwestdeutsche Rundfunk mit dem Hauptsitz in Hamburg errichtet und erstmalig für eine deutsche Rundfunk-Station festgestellt, daß zukünftig der „Rundfunk in voller Unabhängigkeit von Einflüssen des Staates betrieben" werden soll. Später folgten Landesgesetze und Staatsverträge in der Bundesrepublik Deutschland, die alle den Grundsatz der Staatsferne, der Selbstverwaltung, des Kulturföderalismus aufweisen und die zum ersten Mal auf deutschem Boden die Möglichkeit für eine demokratische Massenkommunikation eröffnen. In der damaligen „Sowjetisch besetzten Zone", der späteren Deutschen Demokratischen Republik, wurde das politische Instrument Rundfunk nach sowjetischem Vorbild organisiert und direkt dem Ministerrat, also der Regierung, unterstellt.
Liegt es an den ersten 25 Jahren deutscher Rundfunkgeschichte, in denen wesentliche Elemente der heutigen **inneren** Organisation der Funkhäuser entstanden, in denen die Formen des Hörfunks von den „Nachrichten" bis zum „Feature" entwickelt wurden, in denen berühmte Reporter und Redakteure Maßstäbe für ihre Nachfolger setzten, daß erst sehr spät, nämlich in den siebziger Jahren eine große Diskussion über den inneren Ausbau des 1948 neu erstellten demokratischen Rahmens beginnt? Die ersten 25 Jahre Rundfunk prägten Organisation und Inhalte, Selbstverständnis und Verhalten der Funkleute in der Gesellschaft. Die demokratischen Errungenschaften des öffentlich-rechtlichen Systems, von außen verordnet, voller Widersprüche zur inneren Organisation, haben sich in den zweiten 25 Jahren deutscher Rundfunkgeschichte noch nicht in's Bewußtsein der Öffentlichkeit und mancher Funkleute eingeprägt. Wie käme es beispielsweise sonst zu solch abwegigen Vorstellungen, eine Rationalisierung der deutschen Funkvielfalt täte not, kleine Sender, wie etwa Radio Bremen, müßten aufgegeben werden? Gerade die Regionalisierung, die allein die Bedürfnisse der politischen Öffentlichkeit nach Information über ihre eigenen Probleme und Möglichkeiten ermöglicht, ist doch wohl ein wesentliches Element der demokratischen Massenkommunikation, die ja eben nicht bedeutet, daß Informationen von einem einzigen starken Sender an alle Staatsbürger gegeben werden, sondern daß Vielfalt, Meinungsbildung, Diskussion, Austausch von Meinungen ermöglicht werden. Heute, mehr als 50 Jahre nach der Gründung des deutschen Rundfunks, zu dem seit 1950 auch das massenattraktive Fernsehen gehört, interessiert den Durchschnittsbürger, wenn über die Rundfunkorganisation gesprochen wird, nur sein Recht auf das abendliche Unterhaltungsprogramm vom Krimi bis zur politischen Berichterstattung und die Höhe der Teilnehmergebühr. Die Aufgabe eines Rundfunkrats, die Probleme des Parteieneinflusses, der Mitbestimmung der Redakteure, Techniker und Verwaltungsleute in den Anstalten, die Schwierigkeiten beim Herstellen einer Sendung, die für sein tagtägliches Programm wichtige Personalpolitik in den Funkhäusern, Finanznöte der Intendanten, Gefahren für den unabhängigen Rundfunk durch unangemessenen Parteieneinfluß, durch Werbung und Industrie, Wirkungen des Fernsehens auf Gewohnheiten und Einstellungen, pflegen den durchschnittlichen Konsumenten von Rundfunkprodukten nicht zu interessieren. Auch hierfür liegen meiner Meinung nach manche Motive in der Tradition des deutschen Rundfunks. Der Rundfunk war immer ein exklusives Medium, noch weitaus exklusiver

als die Zeitung, die mit Lokalteilen auch gelegentlich aus dem engeren Lebensbereich des einzelnen Bürgers berichtet, wenn nicht die Presse-Konzentration die Lokalberichterstattung eines Tages gänzlich unwirtschaftlich und damit verzichtbar erscheinen läßt. Auch Wunschkonzerte, Telefoneinblendungen, Dokumentationen aus dem Alltag, rührende Feedback-Versuche mit Publikum im Studio, stellvertretend für Millionen, können über die Exklusivität des elektronischen Mediums nicht hinwegtäuschen. Formen der wirklichen Zuschauerbeteiligung werden in Dortmund, Ludwigshafen und Berlin mit den Offenen Kanälen entwickelt und erprobt. Meiner Meinung nach ist wirkliche Zuschauerbeteiligung nur in Lokalstationen möglich, die für einen überschaubaren Bereich zur Kommunikation beitragen können. Sendungen für Millionen, die von wenigen Dutzend Menschen produziert werden, die es in Zukunft genau so geben wird wie die Lokalprogramme, lassen eine wirkliche Beteiligung des Zuschauers nicht zu. Doch wäre hier eine neue Chance der öffentlichen Mitwirkung zu wünschen. Die Meinungsumfragen und die Zuschauermessung sind kein Ersatz für demokratische Kontrolle und für die Mitwirkung.

Staatsunabhängigkeit

Ein politisches System läßt sich charakterisieren nach dem Grad der Offenheit seiner Massenmedien oder aus anderer Sicht: nach der Intensität der Bindungen der Massenmedien an Staatsorgane. Das eine Extrem wäre die völlige Unabhängigkeit von staatlichen Institutionen und Regelungen in einem liberalen Staat. Das andere Extrem wäre die Identität von Regierung und Massenmedien: Verlagswesen, Presse, Film, Rundfunk als staatliche Einrichtung in einem totalitären Staat.
In Deutschland war das Extrem der ,,Gleichschaltung'' der Massenmedien, eine Art Verstaatlichung aller Publikationsorgane, während der Zeit der nationalsozialistischen Herrschaft verwirklicht. Heute noch, mit starken erzieherischen Ambitionen, sind die Massenmedien in der ,,Deutschen Demokratischen Republik'' über das Presseamt beim Ministerrat, durch die Staatlichen Komitees für Rundfunk und Fernsehen und mit den Hauptverwaltungen Film und Verlage und Buchhandel im Ministerium für Kultur fest in die Staatsverwaltung eingebunden.
In der Bundesrepublik Deutschland sind die Massenmedien durch das Grundgesetz und durch Landesgesetze geschützt. Presse, Buch, Film, audiovisuelle Medien, Schallplatte und Tonkassette werden privat produziert und auf den Markt gebracht; Hörfunk und Fernsehen sind öffentlich-rechtlich organisiert, unabhängig vom direkten Einfluß staatlicher Organe, kontrolliert von Gremien, denen Vertreter der Öffentlichkeit angehören. Die Massenmedien in der Bundesrepublik Deutschland sind somit nach ihren gesetzlichen Grundlagen staatsunabhängig. Das Bundesverfassungsgericht hat 1981 nochmals bestätigt, daß das Rundfunkwesen einer besonderen, durch Gesetze zu garantierenden Ordnung bedürfe, auch und gerade wegen der zu erwartenden Vermehrung von Sendekanälen. Wörtlich heißt es im Urteil, in dem über die Einführung von Privatfunk im Saarland zu entscheiden war: ,,Während bei der Presse die geschichtliche Entwicklung zu einem gewissen bestehenden Gleichgewicht geführt hat, so daß es heute zur Sicherstellung umfassender Information und

Meinungsbildung durch die Presse grundsätzlich genügen muß, Bestehendes zu gewährleisten, kann von einem solchen Zustand auf dem Gebiet des Rundfunks zumindest vorerst nicht ausgegangen werden. Demgemäß ist ungewiß, ob bei einer Behebung des bisherigen Mangels in dem Gesamtprogramm als Inbegriff aller gesendeten inländischen Programme alle oder wenigstens ein nennenswerter Teil der gesellschaftlichen Gruppen und geistigen Richtungen auch tatsächlich zu Wort kommen, ob mithin ein Meinungsmarkt entsteht, auf dem die Vielfalt der Meinungsrichtungen unverkürzt zum Ausdruck gelangt." Gewarnt wird vor den Gefahren von Konzentration und Einseitigkeit. Das Gericht fährt fort: „Bei dieser Sachlage würde es dem verfassungsrechtlichen Gebot, die Freiheit des Rundfunks zu gewährleisten, nicht gerecht werden, wenn nur staatliche Eingriffe ausgeschlossen würden und der Rundfunk dem freien Spiel der Kräfte überlassen würde."

Der Rundfunk und die anderen Medien

Die Weichen für die Entwicklung stellten die alliierten Siegermächte nach dem Zweiten Weltkrieg. Zunächst übernahmen die Militärverwaltungen die Rundfunksender. Eine Lizenzpflicht für alle Veröffentlichungen wurde eingeführt. Lizenzzwang, Vor- und Nachzensur, Nachrichtenversorgung ausschließlich durch alliierte Nachrichtenagenturen waren sicherlich ein notwendiges Übel; die Tatsache aber, daß die Lizenzträger der ersten Stunde, durch Zufall, Glück und wirtschaftliche Voraussetzungen zu Zeitungsverlegern geworden, die privatwirtschaftliche Struktur der Presse vorprägten, sollte später zur Konzentration im Pressewesen, zu Monopolbildungen und zu Verengungen des Meinungsspektrums führen. Als Alternativen wurden Pressegenossenschaften, öffentlich-rechtliche Zeitungen und von Journalisten, nicht vom Verleger kontrollierte Zeitungen vorgeschlagen. Der Lizenzzwang wurde im September 1949 aufgehoben. Jeder in der Bundesrepublik lebende Deutsche durfte fortan ohne vorherige Genehmigung eine Zeitung herausgeben, es sei denn, er war bei der Entnazifizierung als Belasteter oder Hauptschuldiger eingestuft worden.

Das Recht, Rundfunksendungen auszustrahlen, haben dagegen nur besondere, staatlich sanktionierte Einrichtungen. Die Rundfunkanstalten standen von 1945 bis 1955 zunächst unter alliierter Kontrolle; erst als Deutschland die volle Souveränität erhielt, ging die Funkhoheit an die Bundesrepublik Deutschland über. Dazu gehört die Genehmigung von drahtlosen Sendeeinrichtungen, die Zuteilung von Funk-Frequenzen und die volle Verantwortung für den Inhalt von Rundfunk-Programmen. Die Programmgestaltung allerdings ist nicht Sache des Bundes, sondern eine kulturelle Angelegenheit, die nach der Aufgabenteilung zwischen Bund und Ländern in die Zuständigkeit der 11 Bundesländer fällt. Auf der Grundlage von Landesrundfunkgesetzen entstanden Rundfunkanstalten, staatsunabhängig nach ihrer Gründung, kontrolliert von Repräsentanten der Öffentlichkeit. Wie nun jeweils die Öffentlichkeit durch welche Organisationen, Institutionen und Einzelpersönlichkeiten zu vertreten sei, fällt unter die Regelungskompetenz der jeweiligen Landesparlamente. Sendegenehmigungen, Ordnung der Frequenzen, Übertragung von Programmen im Inland und auch aus dem Ausland fallen unter die Zuständigkeit der Deutschen Bundespost. Die Registrierung der Teilnehmer, der

Gebühreneinzug und die Schwarzhörerbekämpfung, die zunächst noch in die Zuständigkeit der Post fielen, werden seit 1976 von einer gemeinsamen Gebühreneinzugsstelle der Rundfunkanstalten vorgenommen. Für die Gebührenfestsetzung sind wiederum die Landesparlamente zuständig. Nur durch übereinstimmende Voten der Mehrheiten in den Landesparlamenten ist somit eine für die ganze Bundesrepublik einheitliche Rundfunkgebühr möglich. Die Gebühren betragen im Augenblick 5,05 DM für die Teilnahme am Hörfunk, 11,20 DM für den Fernsehempfang. Die Ministerpräsidenten der Bundesländer haben für die Gebührenerhöhung ab 1. Juli 1983 einen kleinen Teil des Steigerungsbetrages für bestimmte Zwecke vorgesehen (DM 0,20 für Kabelpilotprojekte und DM 0,45 für sogenannte Innovationen). Diese Verfügung über einen, wenn auch kleinen Teil der Rundfunkgebühren durch die Regierungen, von den Landesparlamenten gebilligt, könnte einen Verstoß gegen die vom Bundesverfassungsgericht mehrfach festgestellte Staatsunabhängigkeit des Rundfunks bedeuten. Über die Verwendung der Mittel der Rundfunkanstalten entscheiden ansonsten ausschließlich die Aufsichtsgremien der Rundfunkanstalten selbst.
Zwischen den Rundfunkanstalten und den privat-kommerziellen Medien gibt es Konkurrenz und Kooperation. Konkurrenz herrscht – aus der Sicht der Privaten – insbesondere auf dem Werbemarkt. Die Rundfunkanstalten finanzieren sich zu etwa 25 Prozent aus Werbeeinnahmen; der große Rest des Geldes kommt aus den Gebühren und dem Verkauf von Programmen und sonstigen Einnahmen. Die Zeitungen haben einen Werbeanteil im Budget von etwa 75 Prozent. Kooperation gibt es vor allem mit privaten Programmproduzenten, die im Auftrag der Rundfunkanstalten Programme herstellen. Private Rundfunkveranstalter traten erst in den 80er Jahren auf den Plan, mit Fernsehen in den Kabelnetzen über Satellit und über grenznahe ausländische Sender. Im Hörfunk über neue Frequenzen.

Die Organisation des Rundfunks

An der Spitze der Rundfunkanstalt steht der Intendant; er vertritt den Rundfunk nach außen und innen. Mit der Ausnahme von Radio Bremen (dort gibt es nicht den alleinvertretungsberechtigten Intendanten, sondern ein gemeinsam handelndes Direktorium, in dem der Intendant nur Primus inter pares ist) gilt das Intendantenprinzip für alle Rundfunkanstalten der Länder und die beiden Bundesrundfunkanstalten Deutsche Welle und Deutschlandfunk. Der Intendant wird vom Rundfunkrat (beim ZDF vom Fernsehrat) für eine bestimmte Zeit von Jahren (meist sind es fünf Jahre) gewählt. Bei wichtigen Geschäften bedarf er der Zustimmung des jeweiligen Verwaltungsrats, ebenfalls bei der Einstellung und Entlassung leitender Mitarbeiter, in manchen Landesrundfunkanstalten dafür sogar der Zustimmung des Rundfunkrats.
Durch Personalvertretungsgesetze der Länder, Betriebsvereinbarungen (Redakteursausschüsse, Betriebsgruppen-Vertretungen mit vertraglich festgelegtem Anhörungsrecht) wird die Macht des Intendanten eingeschränkt. Unter dem Intendanten sind die Direktoren (meist ist für die Bereiche Verwaltung, Programm, Technik je ein Direktor zuständig) die nächste Ebene der Hierarchie. Unter ihnen arbeiten Hauptabteilungsleiter, Abteilungsleiter, Programmgestalter und Sachbearbeiter unterschiedlicher Ränge. For-

mal gibt es eine streng nachvollziehbare Weisungsstruktur, abgeleitet aus dem Alleinvertretungsrecht des Intendanten.
Die Rundfunkanstalten sind in der ARD (Arbeitsgemeinschaft der öffentlich-rechtlichen Rundfunkanstalten in der Bundesrepublik Deutschland) zusammengeschlossen, und zwar alle außer dem Zweiten Deutschen Fernsehen. Es gibt neun Landesrundfunkanstalten, deren Zuständigkeitsbereiche im wesentlichen mit dem jeweiligen Gebiet einzelner Bundesländer übereinstimmen. Es gilt das Prinzip: ein Land – ein Sender. Ausnahmen gibt es im Norden und im Südwesten, begründet durch die Einteilung Deutschlands in Besatzungszonen. Der Norddeutsche Rundfunk mit Hauptsitz in Hamburg verdankt seine Existenz einem Staatsvertrag der Länder Hamburg, Schleswig-Holstein und Niedersachsen, nachdem zwar noch Nordrhein-Westfalen zum Bereich des ehemaligen Nordwestdeutschen Rundfunks (NWDR) gehört hatte. Der Südwestfunk mit Sitz in Baden-Baden arbeitet auf der Grundlage eines Staatsvertrages der Länder Rheinland-Pfalz und Baden-Württemberg; er entstand, als noch die Länder Baden und Württemberg-Hohenzollern existierten und war ursprünglich für diese beiden Länder und das Bundesland Rheinland-Pfalz zuständig. Der Bayerische Rundfunk mit Sitz in München versorgt Bayern, der Süddeutsche Rundfunk mit Sitz in Stuttgart Baden-Württemberg, der Hessische Rundfunk mit Sitz in Frankfurt das Land Hessen und Radio Bremen den Stadtstaat Bremen. Der Saarländische Rundfunk mit Sitz in Saarbrücken ist zuständig für das Saarland. Mit Genehmigung der drei westlichen Besatzungsmächte wurde durch Landesgesetz 1953 der Sender Freies Berlin gegründet. Neben diesen Landesrundfunkanstalten gibt es zwei „Rundfunkanstalten nach Bundesrecht": die Deutsche Welle und den Deutschlandfunk (in Köln). Diese beiden Ausnahmen wurden nur möglich durch Zustimmung der Bundesländer; DW und DLF haben besondere Aufgaben gegenüber dem Ausland. Die weitere Ausnahme einer deutschsprachigen Rundfunkanstalt ist RIAS Berlin (Rundfunk im amerikanischen Sektor); diese Rundfunkanstalt steht unter der Aufsicht des State Department der Vereinigten Staaten und hat kein deutsches Aufsichtsorgan. Während DW und DLF Vollmitglieder der ARD sind, ist RIAS Berlin beratendes Mitglied. Das Zweite Deutsche Fernsehen mit Sitz in Mainz, durch einen Staatsvertrag aller Bundesländer 1961 gegründet, ist nicht Mitglied der ARD.
Doch gibt es eine Reihe von institutionellen Zusammenschlüssen, in denen ARD- und ZDF-Vertreter zusammenarbeiten. Zwischen ARD und ZDF gibt es, wie im Staatsvertrag der Länder über das ZDF vorgeschrieben, eine Programmkoordinierung. Bisher wurden nur die Programmabläufe des Deutschen Fernsehens und des ZDF in Koordinierungsabkommen vereinbart. Das ZDF besteht nun aber darauf, auch die regionalen Programme (zwischen 18.00 und 20.00 Uhr) und die Dritten Fernsehprogramme der Landesrundfunkanstalten in die Koordination einzubeziehen. Außerdem fordert das ZDF einen weiteren Fernsehkanal.
Die ARD nimmt gemeinsame Interessen (medienpolitisch, wirtschaftlich, technisch, programmlich) der in ihr zusammengeschlossenen Landes- und Bundesrundfunkanstalten wahr. Die ARD unterhält eine Reihe von Gemeinschaftseinrichtungen, so die Programmeinkaufs- und -verkaufsgesellschaft Degeto-Film GmbH, das Deutsche Rundfunkarchiv (DRA), das Ton-, Bild- und Schriftdokumente sammelt, archiviert, erschließt und die Industrieschallplatten der Leichten Musik zentral erfaßt, die Gebühren-

einzugszentrale der öffentlich-rechtlichen Rundfunkanstalten in der Bundesrepublik Deutschland (GEZ), gemeinsam mit dem ZDF zum Inkasso der Gebühren gegründet, das Institut für Rundfunktechnik GmbH (IRT), gemeinsam mit dem ZDF zur Forschung und Entwicklung rundfunktechnischer Einrichtungen betrieben, die Rundfunk-Betriebstechnik GmbH (RBT), ebenfalls gemeinsam mit dem ZDF betrieben, zur Prüfung von rundfunktechnischen Geräten und Anlagen sowie zur Messung der Funkversorgung und zur Senderplanung, die Schule für Rundfunktechnik (SRT), ebenfalls gemeinsam mit dem ZDF zur Ausbildung von technischem Nachwuchs eingerichtet, die Pensionskasse für freie Mitarbeiter, an der neben RIAS Berlin und ZDF auch die freien Mitarbeiter beteiligt sind, die Zentralstelle Fortbildung Programm ARD/ZDF (ZFP), zuständig für Fortbildungsmaßnahmen für Programm-Mitarbeiter von ARD und ZDF. Darüber hinaus arbeiten einzelne Anstalten und auch die ARD und das ZDF in internationalen Gremien und Institutionen mit, so in der Union der europäischen Rundfunkorganisationen (UER) mit der „Eurovision", in der asiatisch-pazifischen Rundfunkunion (ABU) und in der Afrikanischen Rundfunkunion (URTNA). Die ARD betreibt das Gemeinschaftsprogramm Deutsches Fernsehen (DFS) aufgrund einer Verwaltungsvereinbarung der Landesrundfunkanstalten. Zum Deutschen Fernsehen tragen die Landesrundfunkanstalten je nach Größe einen Prozentanteil zwischen drei (Radio Bremen, Saarländischer Rundfunk) und 25% (WDR) bei. Innerhalb der ARD wird der sogenannte „Finanzausgleich" vereinbart, der Zuwendungen der großen Anstalten mit hohen Gebühreneinnahmen zugunsten der finanzschwachen Anstalten vorsieht: 1984 erhielten der SR 45,77 Millionen DM, Radio Bremen 38,15 Millionen DM und der SFB 64,58 Millionen DM aus der Gebührenausgleichsmasse.
Die Intendanten der Landesrundfunkanstalten oder ihre Vertreter (Programmdirektoren) entscheiden über das Gesamtprogramm. Beschlüsse werden mit einfacher Mehrheit gefaßt. Jedoch hat jeder Intendant das Recht (und die Pflicht) bei Bedenken gegenüber einzelnen Beiträgen, seine Station aus dem Gemeinschaftsprogramm auszublenden. Für die Gesamt-Koordination ist ein Programmdirektor Deutsches Fernsehen zuständig. Ihm stehen Koordinatoren für verschiedene Bereiche zur Seite.
Ein eigenes Aufsichtsgremium hat die ARD nicht, jedoch bilden Vertreter der Aufsichtsgremien der Landesrundfunkanstalten einen „Fernsehbeirat". Dieser Ausschuß berät die Ständige Programmkonferenz ohne Entscheidungsbefugnis. Das ZDF, das den zweiten Kanal betreibt, ist eine zentral organisierte Anstalt, beaufsichtigt von einem Fernsehrat. Gemeinsam betreiben ARD und ZDF von Montag bis Sonnabend, speziell für Zuschauer in der DDR begonnen, inzwischen aber auch für Bevölkerungsgruppen in der Bundesrepublik angeboten, die abends nicht fernsehen können, das Vormittagsprogramm. Die Dritten Programme der Rundfunkanstalten werden von Sendergruppen und einzelnen Stationen gestaltet: NDR, Radio Bremen und der SFB haben ein gemeinsames Drittes Fernsehprogramm, das wegen der zunehmenden Regionalisierung in Zukunft häufig auseinandergeschaltet werden könnte. Ebenfalls betreiben der Süddeutsche Rundfunk, der Saarländische Rundfunk und der Südwestfunk ein gemeinsames Drittes Programm. WDR, Bayerischer Rundfunk und Hessischer Rundfunk haben eigene Dritte Programme. Die meisten Rundfunkanstalten haben drei Hörfunkprogramme und ein weiteres, zum Teil gemeinsam betriebenes Hörfunkprogramm für ausländische Arbeitnehmer zu bestimmten Tageszeiten. Bei den Rundfunkanstalten, die ein

großes Sendegebiet versorgen, nehmen die Bemühungen um die Berücksichtigung landschaftlicher, regionaler und lokaler Interessen zu.
Die Gründung der Rundfunkanstalten als Landesrundfunkanstalten, ganz im Gegensatz zur Wiedergründung und Neugründung von Tageszeitungen mit regionalem Einzugsgebiet, ging zwar vom föderalistischen Gesichtspunkt der Landeszuständigkeit aus, vernachlässigte jedoch die Region und lokale Interessen. Rundfunk bedeutete in Deutschland von Anfang an, nicht zuletzt wegen der starken staatlichen Einflußnahme oder nach dem Zweiten Weltkrieg wegen der Zuständigkeit der Landesparlamente für die Neugründung und zuvor der alliierten Verwaltungen für die jeweilige Besatzungszone der Franzosen, Briten und US-Amerikaner, daß relativ große publizistische Einheiten geschaffen wurden, die ein fast unübersehbares Gebiet zu versorgen hatten. Rundfunk richtete sich immer von wenigen Privilegierten an alle. Auch die Kompetenz der Aufsichtsgremien, in denen zum größten Teil nach wie vor Vertreter sitzen, die aus den Großstädten und Ballungsgebieten kommen, verhinderte eine gleichmäßige Berücksichtigung regionaler Interessen. Die Orte mit Sitz von Rundfunkanstalten erlebten einen Aufschwung ihrer kulturellen Institutionen, nicht nur wegen der ständigen Berichterstattung und wegen häufiger Übertragungen, sondern auch wegen der Attraktivität dieser Städte für Autoren, Künstler, freie Mitarbeiter.

Resonanz, Probleme, Zukunft

In nahezu allen Haushalten (95,5%) der Bundesrepublik Deutschland ist wenigstens ein Radiogerät vorhanden; in den meisten Haushalten stehen mehrere Geräte. Stereogeräte haben fast zwei Drittel der Haushalte. Farbfernsehgeräte gibt es in 84,3% der Haushalte, zum Teil als Zweitgeräte Schwarz-Weiß-Fernseher in 41% der Haushalte. Videotext, den gemeinsam von ARD und ZDF kostenlos ausgestrahlten Fernsehdienst, konnten Mitte 1985 etwa 15% der Haushalte empfangen. 184 Minuten täglich waren im Jahre 1982 die Fernsehgeräte pro Haushalt eingeschaltet, 82 Minuten das Deutsche Fernsehen (ARD) und 81 Minuten das ZDF. Die Dritten Programme lagen bei 18 Minuten pro Tag Nutzungsdauer, die nicht überall empfangbaren ausländischen Nachbarprogramme wurden mit durchschnittlich drei Minuten genutzt. Im Vergleich zum Vorjahr blieben die Nutzungswerte stabil, so daß Spekulationen, der Video-Boom (mit einer Versorgung von 10% der Haushalte mit Videorekordern, in Berlin (West) sogar 20%) habe zum Rückgang des Fernsehempfangs geführt, als verfrüht erscheinen. Radio wird werktags durchschnittlich 160 Minuten, sonnabends 157 Minuten und sonntags 115 Minuten gehört. Im Vergleich dazu wurden 70 Minuten für die tägliche Zeitungslektüre ermittelt, 48 Minuten fürs Zeitschriftenlesen und 19 Minuten für Bücher. Radiohören außer Haus (Transistor, Autoradio) hat in den letzen Jahren stark zugenommen, und zwar auf etwa ein Viertel des Radiohörens insgesamt.

Probleme

Unabsehbare Risiken für die öffentlich-rechtlichen Rundfunkanstalten liegen auf dem Gebiet der Medienpolitik mit sich ankündigender privatwirtschaftlicher Konkurrenz und in der Konkurrenz der Anstalten untereinander mit der Gefahr eines Auseinanderwerbens der ARD. Private Konkurrenz kommt über neue UKW-Frequenzen im Hörfunk ab 100 MHz, in Kabelnetzen (die Verkabelung der Bundesrepublik wird unter der Kohl/Genscher-Regierung beschleunigt vorangetrieben), über neue VHF-Fernsehsender und über Satelliten. Die sogenannten „neuen Medien" könnten, bei entsprechender politischer Weichenstellung, die finanziellen Ressourcen des tradierten, bewährten Rundfunksystems austrocknen. Die Gebührenerhöhungen hängen jeweils von politischen Entscheidungen ab, die letztlich nur auf der Grundlage von Loyalität und Zustimmung der Wähler in den Landesparlamenten zu treffen sind. Sollten eines Tages tatsächlich werbefinanzierte, scheinbar kostenlose Programme in die bundesdeutschen Haushalte verteilt werden, könnte der Gebühren-Konsens hinfällig werden. Private Programmproduzenten, die bisher über Auftragsproduktionen der Rundfunkanstalten und damit auch aus Gebühren finanziert werden, müßten sich ausschließlich auf Werbemittel einstellen. Oder aber Teile der Rundfunkgebühren, die bisher nur für die öffentlich-rechtlichen Anstalten zur Verfügung standen, werden an Private abgezweigt. Kabelgroschen sind der Einstieg.
Im Moment sind die Werbebudgets unter den großen Medien so aufgeteilt: Zeitungen mit 5,5 Milliarden DM pro Jahr (36,4%), Anzeigenblätter mit 1,6 Milliarden (10,6%), Zeitschriften mit 3,5 Milliarden (22,9%), Kino mit 102 Millionen (0,7%), Hörfunk 400 Millionen (2,7%) und Fernsehen 1,2 Milliarden (7,4%), Rest: Adreßbücher, Direktwerbung, Plakat-, Licht-, Eisenbahn- und Postreklame. Das publizistische Gleichgewicht in der Bundesrepublik Deutschland könnte schon bei geringfügigen Veränderungen in's Wanken geraten. Verständlich ist das Drängen aller Beteiligten, vor allem der privatkommerziellen Verleger, auf ordnungspolitische Rahmenbedingungen angesichts der neuen Techniken. Es geht ihnen darum, unter verläßlichen Bedingungen für die Zukunft planen zu können. Eine Vielzahl neuer Programme – wie etwa in Italien – und die Video-Versorgung mit 50% der Haushalte bis 1990 bedeutet den unter Umständen ruinösen, sicherlich aber aufwendigen Kampf um Werbemarkt-Anteile.
Die öffentlich-rechtlichen Rundfunkanstalten bemühen sich, die Herausforderungen der Zukunft aufzugreifen. Sie beteiligen sich am Satellitenfernsehen, ARD und ZDF mit jeweils wenigstens einem Programm; sie haben weitere UKW-Frequenzen in einem neu erschlossenen Frequenzspektrum oberhalb von 100 MHz beantragt, um die Vollversorgung der Bundesrepublik mit hochwertigen Programmen zu gewährleisten; sie intensivieren Rationalisierung und Zusammenarbeit, haben den kostenlosen Fernsehdienst Videotext mit Programmerläuterungen, Nachrichten und Untertitelungen für Hörgeschädigte gemeinsam weiterentwickelt und erprobt, und sie kümmern sich – insbesondere in den Flächenstaaten – um Regionalisierung und Berücksichtigung von Lokalinteressen. Die Beteiligung an Kabelpilotprojekten, die Kooperation mit privaten Programmveranstaltern und Konkurrenz zugleich bedeutet, kann für die Rundfunkanstalten die Chance bedeuten, auf der sicheren Basis ihrer Erfahrungen Neues zu wagen und Innovationen im Programm voranzutreiben.

Alles das geschieht unter der Voraussetzung, die Belange der Verleger nicht zu tangieren, die Medienlandschaft zum Nutzen des Publikums und der Demokratie nicht in Unordnung zu bringen, sondern den Rundfunk mit Hörfunk und Fernsehen weiterzuentwickeln als einen Dienst an der Öffentlichkeit, von Vertretern der Öffentlichkeit kontrolliert. Die öffentliche Kontrolle durch Vertreter von Landesgesetzen bestimmter gesellschaftlicher Gruppen und Parteien gerät in eine Krise. Häufig sind Parteien- und Institutsvertreter nicht an den Interessen des Publikums orientiert, sondern vertreten eigene Interessen.
Technische Neuerungen wie die Nutzung der Digitaltechnik, hochauflösendes Fernsehbild (mit Verdoppelung der Zeilenzahl), fernsteuerbare Videorekorder, Stereo-Bild und Mehrkanalton im Fernsehen, Kunstkopf-Stereophonie für den Hörfunk, kleine Übertragungseinheiten, Verwendung von optischen Leitern werden erprobt und zum Teil allmählich eingeführt, in Abstimmung mit der Hersteller-Industrie. Das Engagement der Rundfunkanstalten auf dem Satellitensektor (mit direktempfangbaren Satelliten) könnte sich als teurer Irrweg erweisen. Die Kabelnetze und terrestrischen Sender sollten zur Programmverbreitung reichen.

Rundfunkkrankheiten: Hierarchie, Arbeitsteilung und mangelnde Identifikation

Ich habe die Pionierzeit des Fernsehens, das bald 40 Jahre alt wird, nicht miterlebt, nicht einmal als Zuschauer (für meine Eltern war ein Fernsehapparat anfangs unerschwinglich). Dem Rundfunk – vor allem dem Dritten Programm des NDR und zwar des NWDR – verdanke ich viel. Wie Rundfunk gemacht wird, interessierte mich so lange nicht, bis ich selbst zum Rundfunk ging, als Assistent des Hörfunk-Programmdirektors des Saarländischen Rundfunks. Als ich 1963 zum Saarländischen Rundfunk kam, war auch dort alles geordnet. Die Kompetenzen waren verteilt; Technik, Programm und Verwaltung waren säuberlich getrennt; die Pioniere der ersten Jahre saßen in der Kantine und schwärmten beim Bier von den goldenen Zeiten, die gerade 6, 8 oder 10 Jahre vorbei waren. Sie erzählten eindrucksvoll Anekdoten von Improvisation, Zusammenarbeit, Erfindungszwang in kleinen Teams, verschworenen Gemeinschaften auch privat eng befreundeter Allround-Experten. Da griff schon mal ein Redakteur zum Schraubenzieher und bastelte an der Kamera; Techniker sprangen sogar als Ansager ein; viele Verwaltungsarbeiten mußten die Programmleute – mehr schlecht als recht – erledigen. Engagement für das neue Medium und das Programm, Identifikation mit der Arbeit, Kreativität in Notsituationen brachten bei knappen Personal- und Sachressourcen gewaltige Innovationsschübe und einen enormen Output, wie Organisationsfachleute sagen würden. Doch die Entwicklung der Rundfunkanstalten ging über die Universalisten der ersten Stunde hinweg. Die Technik machte große Sprünge; der Overspill der Weltraumtechnik brachte Miniaturisierung und elektronisches Knowhow mit Konsequenzen für Studio- und Übertragungstechnik, Aufzeichnungs- und Trickmöglichkeiten, Farbe und Satellitenprogramme. Die Apparate machten Spezialisierung und Arbeitsteilung nötig; der Personalbestand der Funkanstalten wuchs; die Programme wurden ausgeweitet. Als ich 1970 zum SFB kam, war dort alles – wie es scheint für Jahrzehnte – durchorganisiert. Kreative Spielräume, Entscheidungs-Chancen, Initiativmöglichkeiten gibt es nur noch in Nischen. Nicht nur im SFB: Die immer größer werdenden Organisationen machten eine effektivere Planung und Verwaltung erforderlich. Datenverarbeitung, Prozeßrechner, Kostenermittlung verstärkten die Tendenz zur Arbeitsteilung. Die Mitarbeiter besannen sich auf ihre Rechte als Arbeitnehmer, erkämpften immer präzisere Tarifverträge mit Rechten, Pflichten und angemessener Entlohnung; die freien Mitarbeiter, wirtschaftlich abhängig von den Anstalten, setzten ihre Festanstellung durch und damit ihre Rechte als Lohnabhängige: genaue Dienstzeiten, Überstunden-Beschränkung, Schutz durch Mitbestimmung und Mitwirkung des Personalrats bei allen Angelegenheiten, den Arbeitsplatz Funkhaus betreffend. Arbeitszeitordnung, Sozialversicherungsbestimmungen, Tarifvertragsgesetz für die noch „freien" Mitarbeiter, Sicherheitsbestimmungen, Personalvertretungsgesetz, Tarifvertrag, Vereinbarungen zwischen Intendant und Personalrat über Fortbildung, Anhörung von Gruppen, Erfindervergütungen, Beteiligung an Produktionserlösen, Geschäftsordnung und ein dicker Ordner mit Anweisungen zu einzelnen Vorgängen oder für einzelne Bereiche bilden die Rahmenbedingungen der arbeitsteiligen Organisation heute. Programmrelevante, frei

verfügbare Finanzmittel werden durch die Festanstellungen aufgesogen. Der Ressort-Egoismus nimmt zu. Jeder Kollege, jede Kollegin ist nach Stellenplan und Geschäftsverteilung zuständig für einen ganz bestimmten, meist winzigen Teil des Gesamtgeschehens im Funkhaus. Die strenge **Hierarchie,** nach der alle Rechte von Funk-Mitarbeitern abgeleitet sind aus der Alleinverantwortung des Intendanten, hält die extrem arbeitsteilige Organisation funktionsfähig. An der Spitze steht der Intendant; unter ihm wirken die Direktoren, in ihren Bereichen selbständig, wenn nicht der Intendant eine Entscheidung an sich zieht; unter den Direktoren sorgen Hauptabteilungsleiter und Abteilungsleiter für Koordination innerhalb ihrer Fachbereiche und für gute Außenbeziehungen. In den Produktionen arbeiten Angehörige verschiedener Direktionen und Hauptabteilungen, unterschiedlich entlohnt, mit unterschiedlichen Interessen, Ambitionen, uneinheitlicher Ausbildung eng zusammen; von Vorhaben zu Vorhaben in anderen Teams, zusammengehalten nur durch die Richtlinien, die für alle gelten. Bei Konflikten wird's schwierig; denn die Aufklärung der Ursachen von Schwierigkeiten und die Lösung von Problemen lassen sich nur, unter peinlicher Beachtung der Hierarchie, fachgebietsübergreifend bewerkstelligen. Bei Konflikten wird auch die Schwäche der Hierarchie offenbar: Sie führt zur Briefträgermentalität der Hierarchen auf allen Ebenen. Wenn alle nur ihre Kompetenz aus der Macht des Mannes an der Spitze ableiten, dann werden ihm die Entscheidungen auf der Stufenleiter abgeleiteter Zuständigkeit zugeschoben. Er könnte ja die Entscheidung jederzeit selbst treffen; warum sollen sich da Abteilungsleiter usw. stark engagieren? Sie haben es doch leichter, wenn sie erklären: diese oder jene Entscheidung geht über meine Kompetenz, sollen doch die da oben sehen! Diese Tendenz wohnt jeder Hierarchie ohne klare Kompetenzabgrenzung auf allen Ebenen inne. Oder anders gesagt: Wenn die Macher nichts zu sagen haben, muß schließlich die Spitze alles selber machen! In der Kommunalverwaltung, in der ich vier Jahre tätig war, hatte ich als Leiter eines relativ kleinen Amtes (Volkshochschule und Museum) und besoldet nach den Sätzen des „höheren Dienstes" mehr Kompetenzen als dann als Hauptabteilungsleiter für das Bildungs- und Familienprogramm des SFB mit dem fast doppelten Gehalt. Mehr Kompetenzen im Rahmen des wesentlich geringeren Etats, versteht sich. Aber ich konnte damals in einem genau festgelegten Limit verbindliche Verträge schließen, konnte meine Haushaltstitel selbständig und in eigener Verantwortung verwalten. Ich erinnere mich an keine Entscheidung, die ich „nach oben" abgeschoben hätte, wenn sie innerhalb meiner Zuständigkeit lag. Niemand erwartete von mir Rückversicherung bei höheren Instanzen.
Die **Arbeitsteilung** in einem hochtechnisierten Großbetrieb wie in einem modernen Funkhaus ist unvermeidlich. Spezialisten sind unentbehrlich. Allein schon die Bedienung der Apparate erfordert spezielle Ausbildungsgänge; die Behandlung von Fachthemen, die Notwendigkeit, Programmangebote und Skripts von Experten-Autoren zu beurteilen, die angemessene Kommentierung komplizierter Vorgänge in Politik, Wirtschaft und Kultur ruft die Spezialisten unter den Redakteuren auf den Plan. Die Verwaltungsvorgänge, von der rechtlichen Beurteilung der Verträge mit freien Mitarbeitern auf mögliche Festanstellungsansprüche bis zu den Tücken des Urheberrechts, von der Fähigkeit, mit Computern umzugehen, bis zu Verhandlungen mit Industrievertretern, Lieferungen von Verbrauchs- und Investitionsgütern betreffend, von Personal- bis Steuer- und Versicherungsangelegenheiten, Gebühreneinzug und Sozialversicherungsrecht,

machen Spezialisierung und ständige Vervollkommnung der Spezialkenntnisse erforderlich. Die Zeiten, in denen ein Redakteur auf einem abgerissenen Kalenderblatt die Honorare der Mitwirkenden an einem Fernsehspiel notierte und die Notiz zur Auszahlung an die Kasse weitergab, sind vorbei. Die Auswirkungen der unkontrollierten Spezialisierung und Arbeitsteilung allerdings sind verhängnisvoll für's Betriebsklima und für's Betriebsergebnis: die optimal erstellte Produktion. Die Arbeitsteilung führte zu offenkundigen, aber schwer zu beseitigenden Ungerechtigkeiten. So verdienen beispielsweise Kameramänner, die mit elektronischen Kameras oder mit Filmkameras arbeiten, unterschiedlich viel Geld. So haben sich durch die Spezialisierung der Programme zugleich unterschiedliche Mittelzuweisungen und Eingruppierung der Redakteure, unterschiedliche Bezahlung der freien Mitarbeiter für dieselbe Leistung ergeben: Für Fernsehspiel und für die politischen Sendungen wird weit mehr ausgegeben als für das Bildungsprogramm und für die Familiensendungen am Nachmittag. Für die verschiedenen Bereiche ergeben sich auf diese Weise unterschiedliche Minutenpreise und Produktionszeiten. Wichtige Sparten, vor allem die Programme im „Hauptabendprogramm" nach der Tagesschau, werden weitaus besser mit Personal- und Sachmitteln ausgestattet als das Dritte Programm. Die Ergebnisse, die fertigen Produktionen, werden dann aber nach denselben Maßstäben beurteilt. Das wurmt die Kollegen der benachteiligten Bereiche. Übrigens hat sich hier in den letzten Jahren eine Menge verbessert. Die Arbeitsteilung bleibt; sie muß bleiben. Wer könnte und wollte schon die Entwicklung zurückdrehen? Der hohe technische und inhaltliche Standard des deutschen Fernsehens läßt keine Alternative möglich erscheinen, jedenfalls nicht in den Programmen der ARD und des ZDF. Anders ist es mit den Kabelfernsehsystemen. Auch mit den Fernsehsystemen in der sogenannten Dritten Welt. Auf das Problem der Arbeitsteilung mit seinen Auswirkungen auf Betriebsklima und Betriebsergebnis bin ich übrigens in Gesprächen mit Kollegen aus Entwicklungsländern gestoßen, die in der Ausbildungsstätte für Fernsehfachleute aus Entwicklungsländern beim SFB studieren: In der Dritten Welt ist die Zeit der Universalgenies gerade angebrochen, der „Spezialisten für alles". Ich meine, wir sollten die Entwicklung dort mit Interesse verfolgen und nicht den Fehler machen, unsere Schwierigkeiten auch noch exportieren zu wollen! Für uns gibt es als Gegengewicht und Gegenmittel zur Arbeitsteilung nur die Verstärkung von Ausbildung und Fortbildung, Information und Mitverantwortung.

Das Ergebnis der Entwicklung von Technik und Verwaltung und – wenn auch weniger rasant – des Programms mit Arbeitsteilung und Ausbau hierarchischer Herrschaftsformen als organisatorischer Begleitmaßnahmen ist ein hohes Maß an **Identifikations-Defizit** der Arbeitnehmer im Funkhaus mit ihrer Arbeit. Ich bin als Gewerkschafter gegen eine künstlich erzeugte „Gemeinschafts-Ideologie" im Funkbetrieb mit einem Intendanten als gütigem, bisweilen auch strengem Vater, der einer großen „Familie" vorsteht und die Ziele allen Handelns setzt, der belohnt und straft; ich bin gegen die Ausbeutung durch allzu enge emotionale Bindung des Arbeitnehmers an seine Arbeit, die ihn Tag und Stunde vergessen läßt, Privatleben und Familie; ich bin durchaus auch nicht für ein gut organisiertes Leistungssystem, das den Arbeitnehmer an seinen Betrieb durch Verlockungen und Verheißungen bindet. Aber ich meine, daß in der Großorganisation Funkhaus allzu viele Kollegen verärgert und sich zurückgesetzt fühlend nur noch das Nötigste tun, nicht über ihren engen Aufgabenkreis hinaussehen und anpacken, wenn's nötig wäre. Sie fühlen sich an den Rand gedrängt, zu wenig gefordert mit ihren Kenntnissen, ihrer Kreativität, ihrer – inzwischen verkümmerten – Verantwortungsbereitschaft. Hierarchie und Arbeitsteilung haben schon Opfer gefordert! Hier wäre viel zu tun, sorgfältig zu ermitteln (Soziologen und Psychologen könnten helfen!) und zu verändern.

Ich meine, daß die Stärkung der Mitverantwortung auf allen Ebenen durch Kompetenzverlagerung nach unten, Förderung von Kooperation Gleichberechtigter in Produktionsteams mit einem zuständigen Koordinator an der Spitze, was das unmittelbare Produktionsgeschehen angeht, und – vor allem – die Entwicklung eines Informations- und Fortbildungssystems die Schwierigkeiten mildern könnten, die aus der skizzierten Entwicklung erwuchsen. Die Arbeitsteilung kann nicht aufgehoben werden, weil es illusorisch wäre, den technischen Fortschritt zurückzuschrauben und weil der technische Fortschritt Chancen der Selbstverwirklichung des Menschen bietet, wie sie nie zuvor in der menschlichen Geschichte gegeben waren. Aber durch die Vermittlung von Kenntnissen über den Ablauf von Produktionsprozessen, über technische Verfahren und Möglichkeiten, über Programm- und Verwaltungserfordernisse, Medienpolitik und Medienwirkungen, durch die Beteiligung möglichst vieler Kolleginnen und Kollegen an der Vorbereitung von Entscheidungen, durch die Aktivierung und Förderung verborgener Ressourcen unter den Funkmitarbeitern ließe sich dem Identifikations-Defizit mit sinnvoller und spaßmachender Arbeit entgegenwirken. Bloße Appelle helfen nicht; betriebliche Information, Mitverantwortung und Fortbildung müssen gut organisiert werden. In der ARD gibt es eine Menge erfolgversprechender Ansätze: Medienreferenten, die in enger Zusammenarbeit mit den Kollegen Medienforschung und Information der Redakteure vorantreiben, eine zentrale Fortbildungseinrichtung und viele funkhausinterne Fortbildungsstellen, Organisationsüberlegungen, Gesetze und Vereinbarungen, die Mitbestimmung betreffend. Ich bin der Überzeugung und der Hoffnung, daß hier mehr möglich ist als praktiziert und bisher geplant wird. Doch das geht letztlich nicht ohne die Einsicht und Aktivität der verantwortlichen Medienpolitiker außerhalb der Rundfunkanstalten.

Die Rundfunkanstalt als unwirtschaftliches Unternehmen

Die öffentlich-rechtlich verfaßten Rundfunkanstalten in der Bundesrepublik Deutschland, „dem staatlichen Einfluß entzogen oder höchstens einer beschränkten staatlichen Rechtsaufsicht unterworfen" (BVerfG 1961), gesetzlich verpflichtet, keine Gewinne zu machen, müssen dem naiven Betrachter wie Inseln der Seligen erscheinen: wer dorthin entrückt ist, ist nur der Schönheit, Wahrheit, Harmonie (= Ausgewogenheit) verpflichtet; staatsfrei und den Gesetzen der kapitalistischen Marktwirtschaft entronnen. Ihre Finanzierung durch Teilnehmergebühren ermöglicht scheinbar unabhängiges Wirtschaften. Die ergänzende Werbefinanzierung scheint dem Markt Mittel zu entziehen, die nicht mehr in den privatwirtschaftlich gewinnorientierten Verlagsprodukten zur Auflagen- und Profitmaximierung eingesetzt werden, sondern zur Stabilisierung der Unabhängigkeit, zur Realisierung von Programmideen dienen, die dem Auftrag Information, Unterhaltung und Bildung des Publikums folgen. Ein schönes Modell: Hörfunk und Fernsehen sind unabhängig vom Staat und vom Markt, unabhängig von politischem Druck und wirtschaftlichem Gewinnstreben. Alle Kenner unseres Rundfunksystems wissen, daß dies Modell als Postulat existiert, immerhin als ein formaljuristisch gesichertes Gebilde, immerhin als ein in Grundgesetz, Bundesverfassungsgerichtsurteilen, Gesetzen kodifizierter Auftrag. Jeder Kenner weiß, daß die Entwicklung in der Bundesrepublik Deutschland einschließlich Berlin (West) nicht auf die Verwirklichung des Gebots Rundfunkfreiheit zuläuft, sondern von ihr weg. Übrigens verhält es sich ganz ähnlich mit dem Sozialstaatspostulat des Grundgesetzes. Selbst durch gesetzgeberische Initiativen (beispielsweise Mitbestimmung) kann es nicht eingelöst werden. Es gibt Zwänge, gegen die Gesetze machtlos sind; ohnmächtig, wenn die Handelnden, im Rundfunkbereich die Kontrolleure und Kontrollierten, die Aufsichtsorgane und die Macher aus ihrer jeweiligen Interessenlage heraus den Gesetzesauftrag nicht einlösen, sondern das Modell Rundfunkfreiheit als Fiktion abtun, als im Widerspruch zur gesellschaftlichen Wirklichkeit stehend nicht ernst nehmen oder sogar als ihren vermeintlichen Interessen im Wege stehend mißachten. Wer den Rundfunk als Wirtschaftsunternehmen betrachtet, verstößt gegen das Prinzip Rundfunkfreiheit.

Betriebs- und Marktwirtschaft im Rundfunk?

Die Auffassung, der Rundfunk sei als wirtschaftliches Unternehmen zu führen, sollte betriebs- und marktwirtschaftlichen Regeln gehorchen, steht dem Prinzip Rundfunkfreiheit genau so entgegen wie der Versuch von Regierungen, die sogenannte Staatsaufsicht exzessiv anzuwenden, oder über Gebührenauflagen oder Steuerprüfungen mit Bedingungen Einfluß auf die Organisation des Rundfunks zu nehmen. Obwohl der Rundfunk auf vielfache Weise mit dem wirtschaftlichen System verbunden ist und obwohl die Großorganisation Rundfunk als Produzent der (nichtmateriellen) Güter „Information, Unterhaltung, Bildung" in ihren unterschiedlichen Formen zunächst als Ferti-

gungsbetrieb erscheint, hat er mit einem industriellen Fertigungsbetrieb wenig gemein. Hat er es auf bestimmten Gebieten augenscheinlich doch, so ist das Prinzip Rundfunkfreiheit verletzt. Der Rundfunk ist Käufer und Auftraggeber, Arbeitgeber und Verkäufer. Er kauft Geräte und Ausstattung, Einrichtungen für Studios, Werkstätten und Büros, Material, er gibt Arbeiten in Auftrag, ist mit der Filmindustrie durch Filmaufkäufe und Auftragsproduktionen eng verbunden. Er verkauft gelegentlich nach der Ausstrahlung von Fernseh- oder auch Hörfunkproduktionen die Filme und Magnetbänder, schließt Kooperationsverträge mit privaten Herstellern, die ihm die Ausstrahlung gestatten, den privaten Produzenten die anderen Rechte, Auslandsverkauf, gewerbliche und nichtgewerbliche Nutzung, etwa Schulungs- und Bildungszwecke. Die Einnahmen aus Auslandsverkauf und sogenannte „Randnutzung" machen einen so geringen Teil der Einnahmen der Rundfunkanstalten aus, daß sie in den Haushaltsabschlüssen gar nicht gesondert aufgeführt sind. Meist sind diese Einnahmen in den Gewinnabgaben von Tochtergesellschaften enthalten, die sich kommerziell gebärden, jedoch letztlich wie die Rundfunkanstalten selbst keine Gewinne machen können. Sie sind verpflichtet, die Gewinne an die Rundfunkanstalten abzuführen. Beim ZDF werden die Einnahmen aus der Randnutzung von Produktionen unter „Rechteverwertung und Produktionshilfeleistungen" verbucht. 1973 waren das 0,28 Prozent der Gesamteinnahmen des ZDF. Beim SFB betrug der Umsatz des Tochterunternehmens, das sich mit der Rechteverwertung befaßt, für diesen Geschäftszweig 1974 ca. 60.000 DM, 1975 166.000 DM. Der Auslandsvertrieb über Studio Hamburg brachte 1975 netto keine 100.000 DM. Im SFB-Haushalt ist für 1986 ein Ansatz von 750.000 DM für „Erträge aus Programmverwertungen" enthalten, bei einem Gesamtumsatz des Unternehmens von 276.992.00 DM. Das ZDF veranschlagte 1985 22,5 Millionen DM als „übrige betriebliche Erträge", bei einem Umsatz von insgesamt 1,4928 Milliarden DM.
Anfang der siebziger Jahre, als noch Kassetten- und Video herrschte, als Privatunternehmer noch glaubten, schon bald nähme der Handel mit Bildkonserven einen ähnlichen Platz ein wie der Handel mit Tonkonserven, gab es spürbare Reaktionen in den Rundfunkanstalten: Die Neigung zu Koproduktionen nahm zu, vor allem im Bildungsbereich, mit privaten Produzenten, wobei die Nichtfernsehrechte bei den privaten Koproduzenten blieben, die relativ günstige Bedingungen einräumten. Die Archive wurden nach vermarktungsfähigen Produktionen durchgesehen, wobei sich die Schwierigkeit ergab, daß von Autoren und Mitwirkenden meist nur die Fernsehrechte für eine Ausstrahlung erworben worden waren. So wurde versucht, Vertragsbedingungen, die alle Rechte der Fernsehausstrahlung im In- und Ausland, die gewerbliche und nichtgewerbliche Nutzung einschließen, für neue Produktionen durchzusetzen. In der Regel blieben die Vertragsbedingungen allerdings beim alten, so daß bei der Vermarktung die Urheberrechte gesondert abzulösen sind. Die Darsteller sind am Erlös beteiligt, mit dem Anteil ihrer Honorare an den Gesamtkosten. Beispiel: Ein Fernsehfilm, nach Österreich verkauft, bringt 10.000 DM. An alle Darsteller werden insgesamt 800 DM ausgeschüttet. Die Rundfunkmitarbeiter setzten eine Beteiligung an den Veräußerungsgewinnen der von ihnen erstellten Fernsehproduktionen durch, mit ähnlich geringem Ergebnis wie die Darsteller, theoretisch waren damit aber die Voraussetzungen für eine schleichende Kommerzialisierung des Rundfunkbetriebes besser geworden: Die Rundfunkmitarbeiter wurden am Gewinn beteiligt. Die Entwicklung des Bildträgermarktes

ließ es nicht zu einer Ausweitung kommen: das Geschäft mit Kassetten und Videobändern ließ sich schlecht an, und zwar wegen der mangelnden Bedürfnisse der Konsumenten, noch verstärkt durch die wirtschaftliche Rezession, und wegen des Durcheinanders und der schlechten technischen Qualität der Wiedergabeeinrichtungen. Das Auslandsgeschäft mit Fernsehproduktionen brachte nur bescheidene Gewinne, die beim ZDF nicht einmal ein drittel Prozent der Einnahmen, bei den ARD-Anstalten keinen wesentlich höheren Anteil der Aktiva ausmachen. Dabei ist zu bedenken, daß Auslandsverkäufe bundesrepublikanischer Produktionen in erster Linie in deutschsprachige Länder (Österreich, Schweiz) oder Länder mit deutschkundiger Bevölkerung (Niederlande) möglich sind, nicht zuletzt wegen der besonderen Machart deutscher Programme, die in den USA keinen Markt finden. Aber gerade diese Länder werden durch die deutschen Fernsehsender erreicht, so daß der Bedarf gering ist. Die erzielten Preise sind niedrig, pro Minute um 100 DM.

Wenn trotzdem einige bundesrepublikanische Produktionen auf den internationalen Markt kamen, so sind das Ausnahmen, die den Produzenten Ehre, aber kaum Gewinn einbrachten; denn die hohen Synchronisationskosten (Herstellung eines Geräuschbandes usw.) und die in jedem Fall im Verhältnis zum Aufwand geringen Lizenzerlöse schlagen kaum zu Buche. Beispiele für international erfolgreiche Programme sind der „Kommissar" (ZDF), die „Deutschstunde" (SFB), Teile aus dem Kinderprogramm „Sendung mit der Maus" (WDR). Der Weltmarkt wird beherrscht von nordamerikanischen Programmen, gegen deren Billigpreis-Konkurrenz nur mit gleichartigen Produktionsbedingungen und Programmen – Serien aus Massenfertigungsstätten – etwas zu bestellen wäre. Es gibt keinen Versuch, auch keine Absicht, in deutschen Rundfunkanstalten derartige Produkte zu fertigen und zu verbreiten. Jedenfalls noch nicht. Eigenproduktionen wären aus vielen Gründen weniger wahrscheinlich als Koproduktionen mit privaten Firmen. Denkbar wäre immerhin, daß die hohen Risiken solcher kommerzieller Produktionen von den Rundfunkanstalten getragen würden, während die Vermarktung von den privaten Koproduzenten übernommen würde, bei Rückfluß eines Teils der Verkaufsgewinne. Doch bisher hat sich niemand auf den internationalen Markt getraut, möglicherweise auch deswegen, weil die Kritik an solchen Produktionen, die in der Form preisgünstiger Übernahmen aus den USA im Vorabendprogramm gesendet werden, wächst. Bisher haben die für das Vorabendprogramm Verantwortlichen die Ausstrahlung der amerikanischen Massenware mit dem Argument vertreten können, daß eigene deutsche Produktionen das Fünf- bis Achtfache kosteten. Aus übergeordneten Gründen nämlich, um die Rundfunkanstalten nicht selbst zu Produzenten oder Auftraggebern kommerzieller Massenware werden zu lassen, erscheint der Anteil von 30 Prozent internationaler Übernahmen als Vorabendprogramm als das geringere Übel durchaus vertretbar. Die Produktion von Massenware bedeutet die konsequente Orientierung am Markt, das heißt die Einführung des US-amerikanischen kommerziellen Fernsehens durch die Hintertür. Denkt man an die inzwischen in den Anstalten besser gewordenen Voraussetzungen für eine solche Kommerzialisierung (Tendenz zur Übernahme aller Rechte, Beteiligung der Redakteure am Gewinn), so wäre eine Entwicklung denkbar, die öffentlich-rechtlich geschützte kommerzielle Anstalten entstehen ließe. Aber offenbar gibt es im Rundfunk keine Manager mit wirtschaftlichen Erfahrungen und Absichten.

Rundfunk-Finanzen

Die Funktion der Rundfunkanstalten als Auftraggeber und Käufer macht sie nicht zu Unternehmen mit Risiko-Einsatz und Gewinnerwartung. Wer wollte wohl andere Dienstleistungseinrichtungen der öffentlichen Hand, etwa Bahn und Post, nur deswegen als wirtschaftliche „Unternehmen" ansehen, weil sie Geld ausgeben und freie Unternehmer von ihnen abhängig sind? Hier drohen andere Gefahren als die Kommerzialisierung der Produkte, Gefahren, die öffentlichen Auftraggebern überall drohen: Schaffung von gegenseitigen Abhängigkeiten, Begünstigung, Übervorteilung durch Monopole, durch Absprachen der Anbieter, Eingehen auf die Bedingungen mächtiger privater Gruppen, im Falle der Rundfunkanstalten nachzuweisen bei der Einführung von Farbe und Stereo-Ton, Unterwerfung unter technischen Normen, die zu einem extrem hohen Qualitätsstandard mit der Folge hoher Apparate-Investitionen bei Anstalten, Produzenten und Verbrauchern führen. Gegenüber diesen möglichen Abhängigkeiten können die Anstalten sich nicht allein durch technische und administrative Kommissionen schützen, die ein Ausspielen der voneinander abhängigen Organisationen zu verhindern suchen; auch die verantwortlichen Rundfunkpolitiker in den Gremien sollten sich stärker um diese Gefahren kümmern. In diesem Zusammenhang muß auch die Abhängigkeit der Rundfunkanstalten von den Dienstleistungen der Deutschen Bundespost mit ihren Gebühren für Ausstrahlung und Übertragungen erwähnt werden, auch der Einzug der Rundfunkgebühren von den Anstalten mit ihrer eigenen, ab 1976 selbständig arbeitenden Gebühreneinzugszentrale (GEZ) als einer – möglicherweise von einem höheren Standpunkt gesehen, kurzsichtigen, aber wegen des Preisdiktats der Post allein möglich erscheinenden – Trotz- und Selbsthilfemaßnahme. Die 50 Jahre Gebühreneinzug durch die Post waren abgelaufen. Ein Staatsvertrag der Länder regelt die Zuständigkeiten der Anstalten; das Übertragungsmonopol der Bundespost ist grundgesetzlich geschützt; die Rundfunkanstalten sind wirtschaftlich abhängig von der Gebührenentwicklung der Post, die sie mit ihr nicht – wie mit privaten Partnern – frei aushandeln können. Die Kosten der Herstellung und Ausstrahlung von Programmen steigen; die Einnahmen der Rundfunkanstalten sind abhängig von der Höhe der Teilnehmergebühren – festgesetzt von den Ministerpräsidenten der Bundesländer und ratifiziert durch die Landtage –, der Verteilung der Gebühreneinnahmen an das ZDF und die einzelnen Landesrundfunkanstalten, festgelegt in Regierungsvereinbarungen und Beschlüssen der Arbeitsgemeinschaft der öffentlich-rechtlichen Rundfunkanstalten in der Bundesrepublik Deutschland (ARD), von den Rundfunkteilnehmerzahlen – negativ beeinflußt von den Beschlüssen der Ministerpräsidenten zur Gebührenbefreiung bedürftiger Personen und öffentlicher Einrichtungen – und von den Einnahmen aus Beteiligungen an den Werbegesellschaften und sonstigen Tochtergesellschaften. Kaum in's Gewicht fallen Einnahmen aus Veräußerungen, Zinsen, Kostenerstattungen etc. Die Gewinne der Werbegesellschaften, im Falle des ZDF der Anstalt selbst, die die Werbung in eigener Regie betreibt, hängen ab von Steuern und Kosten, vor allem von den Buchungen der werbungtreibenden Firmen. Der langen Aufzählung kurzer Sinn: Die Rundfunkanstalten haben nicht, wie Unternehmer der privaten Wirtschaft, die Möglichkeit, steigende Kosten über höhere Preise für die Produkte oder über die Ausweitung des Marktanteils hereinzuholen, sondern sind finanziell fast vollständig fremdbestimmt.

Variabel sind sie nur in der Gestaltung der Produkte; sie können am Aufwand sparen, doch ist der Spielraum eng. Sie können rationalisieren, doch wirksam nur, wenn sie die Programmvielfalt abbauen. Eine Kosten-Nutzen-Rechnung als Rationalisierungs-Instrument – wie von Politikern (so von Ursula Redepenning, FDP, Bayern), die sich gegen eine unpopuläre Gebührenanpassung sträuben, gefordert – ist unsinnig, weil der Nutzen der Rundfunkprodukte nicht gemessen werden kann. Bei der Produktion materieller Güter, bei der Herstellung von Produkten zur Investition oder zum Verbrauch, läßt sich der Nutzen über den zu erzielenden Verkaufserlös ermitteln. Wie ermittelt man aber den Nutzen eines Krimis, einer politischen Magazinsendung, einer Show? Über die Teilnehmerzahl? Was beweist eine solche Rechnung? Beispiel 1 : 45 Minuten politisches Feature zum Thema § 218, Kostenaufwand insgesamt 75.000 DM, spätabends mit einer Zuschauerbeteiligung von 8 Prozent gesendet. 1,66 Millionen Menschen konsumieren ein Produkt, das in der Herstellung 75.000 DM kostet; pro Mensch sind das 4,5 Pfennige. Beispiel 2 : 90 Minuten Unterhaltungssendung mit großem Aufwand, 20 Uhr 15 ausgestrahlt, Kostenaufwand 2,5 Millionen, von 47 Prozent der möglichen Zuschauer gesehen. Bei 9,61 Millionen Menschen ergibt das pro Kopf einen Kostenaufwand von nur 1,56 Pfennigen, auf die Sendedauer bezogen von nur 0,78 DM. Die Show ist kostengünstiger! Ist ihr Nutzen höher?
Wie steht es mit den Sendegrundsätzen: Welche Sendung erfüllt sie mehr? Wie lautet die Kosten-Nutzen-Formel? Soll gar die Randnutzung in die Rechnung einbezogen werden? Kostenvergleiche ähnlicher Sendungen, wie sie in den Rundfunkanstalten angestellt werden, erscheinen als sinnvoller, doch läßt sich kaum eine Produktionssituation mit einer anderen vergleichen, ganz abgesehen von unterschiedlichen Abrechnungsverfahren, die ja nach dem Beschluß der Ministerpräsidenten vom 5.7.1973 anläßlich der Gebührenanpassung zu vereinheitlichen sind. Jede einzelne Produktion unterscheidet sich als ein Unikat, ein handwerklich erstelltes, nicht massenhaft fabriziertes Werk vom anderen. Ich will nicht etwa einer Kalkulationswillkür das Wort reden, sondern nur deutlich machen, daß ein wesentlicher Unterschied besteht zwischen Fernsehproduktionen und fabrizierten Massengütern, zwischen einem wirtschaftlichen Produktionsunternehmen und einer Rundfunkanstalt. Die Vergabe der Produktionen von den Rundfunkanstalten an private Hersteller, die wiederum Unikate herstellen, ändert nichts an dieser grundlegenden Tatsache. Vergleiche der Minutenpreise zwischen ZDF und ARD-Anstalten, die angestellt wurden, weil das ZDF bis zu 35 Prozent seiner Produktionen nach außen vergibt, während die ARD nur 11 Prozent von Privaten herstellen läßt, ergaben keine Kostenunterschiede von Belang, eher – wohl wegen der privaten Gewinnentnahmen – leicht höhere Minutenpreise des ZDF. Doch sind die Berechnungsgrundlagen umstritten, weil wegen der Haushaltsautonomie der Anstalten und unterschiedlicher, im Laufe der Jahrzehnte gewachsener Kalkulationsverfahren, die in mühsamen Kommissions-Sitzungen aufeinander abgestimmt werden, keine wirklichen Vergleiche möglich sind. Letztlich gilt auch hier: Da die Produkte jeweils voneinander verschieden sind, können die Kosten der Produkte im Hinblick auf das unterschiedliche Ergebnis nicht lückenlos verglichen werden. Selbst Vergleiche von Honorarrahmen und Stargagen, von Gehältern und Ausstattungsaufwendungen sind schwierig, wenn nicht gar unmöglich, nimmt man den Föderalismus, die Selbständigkeit der Anstalten und die Originalität der Produkte ernst. Streng genommen, verstößt der Ministerpräsiden-

tenbeschluß vom 5.7.1973 gegen das Prinzip Rundfunkfreiheit. Finanz- und Rationalisierungskommissionen versuchen, vergleichbare Größen festzulegen; doch nicht einmal der gemeinsame Manteltarifvertrag der Rundfunkanstalten, zwischen den Gewerkschaften und einem ARD-Gremium 1974 ausgehandelt, ist bis heute von allen Anstalten unterschrieben worden, ganz zu schweigen von den Schwierigkeiten der Anpassung der Gehaltsstrukturen.
Die leichtfertige Forderung von Spitzenmanagern in den Rundfunkanstalten, so von Dieter Stolte (ZDF), die Rundfunkanstalten als Unternehmen zu betrachten und betriebswirtschaftlich durchzuorganisieren, was die Konsequenz dieser Forderung ist, müßte zwangsläufig zu denselben Ergebnissen wie die Kommerzialisierung führen. Für ein kommerzielles, auf Gewinn gerichtetes Unternehmen ist die Standardisierung selbstverständlich. Für das Produkt „Sendung" bedeutet die Rationalisierung letzten Endes Uniformität, denn die Standardisierung der Produktionsbedingungen bringt die Standardisierung des Produkts mit sich. Die Finanznot der Rundfunkanstalten wegen steigender Kosten bei etwa gleichbleibenden Einnahmen machte die Wirtschafter mächtig. So kam es zu einem Überhandnehmen wirtschaftlicher Maximen. In den Anstalten durch das explosionsartige Anwachsen von administrativen Geboten, Kalkulationsrichtlinien, kodifizierten Produktionseinrichtungen zu erkennen. Hierarchische Entscheidungs- und Kontrollgewalt bändigt nur mühsam die auseinanderfallenden, unökonomischen Produktionsprozesse, durch Arbeitsteilung und Vereinzelung der Interessen der am Produktionsgeschehen Beteiligten gekennzeichnet; die Produktionsinitiative wird von den „Kreativen", den Redakteuren, Autoren, Realisatoren verlagert zu den Hierarchen und Administratoren, deren Kriterien bei immer geringer werdenden frei verfügbaren finanziellen Mitteln und immer größer werdenden Reibungsverlusten beim Einsatz der Mittel vom wirtschaftlichen Mangel diktiert werden. Eine falsch, nämlich rein betriebswirtschaftlich angesetzte Rationalisierung, die vom Mangel als Regelfall ausgeht, beschleunigt den bisher nur schleichenden Verfallsprozeß des Programms. Ein Irrweg aus der Not ist – wie gesagt – die betriebswirtschaftlich orientierte Rationalisierung; sie muß auf eine offene oder versteckte Kommerzialisierung hinauslaufen. Das Kassetten- und Bildplattengeschäft, das glücklicherweise noch keins wurde, war für manche Verwalter des Mangels eine Hoffnung. Die vorausgeplante Weiternutzung der Fernsehprodukte nach der Ausstrahlung wäre ein erster, entscheidender Schritt zum kommerziellen Rundfunk. Man denke nur an die peinlichen Koproduktionsgeschäfte mit Schallplattenfirmen, bei denen die Interessen der Vermarktung von Showgrößen und Sängern bestimmter Firmen das – für das Fernsehen äußerst preisgünstige – Programm bestimmen! Ein Höhepunkt war die von der Automobilindustrie bezahlte Supershow des Süddeutschen Rundfunks Anfang 1986.
Die betriebswirtschaftliche Rationalisierung in den Rundfunkanstalten, die zur Standardisierung von Fernsehproduktionen wegen exakter Kalkulationsvorgaben führen muß, hat einen ähnlichen Effekt wie das Schielen nach privaten Partnern bei der Weiterverwendung. Auch die oft geforderte Spezialisierung von einzelnen ARD-Anstalten auf bestimmte Sparten des Programms – jetzt liefert jede Anstalt nach ihrem Schlüssel das ganze Spektrum des Programmangebots – oder gar die von den Politikern zu entscheidende Zusammenlegung von Anstalten gehen in Richtung Standardisierung der Produkte, weg von der relativen Vielfalt, hin zur Monotonie von Fließbanderzeugnissen.

Die Fehlentwicklung setzt ein, wenn der Rundfunk als Unternehmen betrachtet wird, als integraler Bestandteil unserer Gesellschafts- und Wirtschaftsordnung. Er steht jedoch – wenn auch leicht angeschlagen durch seine Abhängigkeiten von Politik und Geld, durch Leichtfertigkeiten von Politikern und Spitzenmanagern – als ein unabhängiges Institut vom Verfassungsauftrag her zugleich in und neben Staat und Gesellschaft der Bundesrepublik Deutschland. Er nimmt sich aus wie ein Fremdkörper, wie ein Fossil aus idealistischer Zeit des demokratischen Neubeginns, zu der in der CDU noch das Ahlener Programm galt und das Sozialstaatsprinzip ernstgenommen wurde, zu der die Teilhabe des Bürgers an politischen und wirtschaftlichen Entscheidungen Konsens der demokratischen Parteien war.

Unternehmensfreie Chancen

Der Rundfunk hat aufgrund seiner Stellung als unabhängig gedachte Einrichtung in der vom Volkswillen getragenen föderativen Bundesrepublik Deutschland heute noch die Chance, Innovationen zu verbreiten, Kreativität zu entfalten, Kritik und Kontrolle zu üben. Wenn er frei bleibt von den Gesetzen des Marktes, von der Orientierung am Absatz – etwa durch die Bindung von Programmentscheidungen an Zuschauerzahlen – und von der zur Uniformität der Produkte führenden Standardisierung von Produktionsbedingungen, nicht zuletzt von der vorausgeplanten, einkalkulierten Weiterverwendung der Produkte nach der Fernsehausstrahlung. Nur der Vollständigkeit der Aufzählung halber sei das Filmförderungsabkommen erwähnt, das als Ausnahme zugelassen werden sollte; denn die Koproduktion von Filmen fürs Fernsehen und fürs Kino erweist sich als fruchtbar und realisiert gerade kommerziell schwer nutzbare Kinostoffe. Es bleibt ein moralischer Appell: Verhindert die Kommerzialisierung des Rundfunks, laßt ihn nicht zum Unternehmer verkommen! Wie aber lautet die politische Strategie! Ganz kurz angedeutet: Rundfunkfinanzierung ohne politische Auflagen; Sicherung und Ausbau der Unabhängigkeit durch Toleranz der Parteien und Gremien auch gegenüber unbequemen Meinungen (auch das Ausgewogenheits-Geschrei gefährdet die Rundfunkfreiheit!), Abbau von Arbeitsteilung und Hierarchie, Beteiligung aller am Produkt Beteiligten an Entscheidungen, kontrolliert allein von Gremien, die der Öffentlichkeit **verantwortlich** sind, nicht nur qua Gesetzesauftrag die Öffentlichkeit **vertreten,** organisatorisch am besten über die Parteien zu gewährleisten; Beachtung des Grundsatzes: Der Rundfunk ist kein wie auch immer geartetes „Unternehmen“, das wirtschaftlichen Regeln primär zu gehorchen hat, sondern eine öffentliche Dienstleistungseinrichtung besonderer Art, gesetzlich geschützt, doch politisch und wirtschaftlich ständig in Gefahr! Der öffentlich-rechtliche Rundfunk ist als unwirtschaftliches Unternehmen gegründet worden. Er kostet Geld und verbraucht Geld und gibt Geld aus. Er nimmt öffentliche Aufgaben wahr, wird über die Rundfunkräte von der Öffentlichkeit kontrolliert. So sollte er bleiben.

Defizite und Chancen im Rundfunkjournalismus

Gesellschaftliche und politische Entwicklungen, Veränderungen im Freizeitverhalten, kommunikationstechnische Neuerungen machen ein Überdenken von Position und Funktion des Rundfunkjournalismus möglich und nötig. Auch die mit vordergründigen Argumenten geführte Debatte über die angeblich wahlentscheidende Macht der Fernsehredakteure (Peter Radunski, Wahlkämpfer 1980) oder gar über die der Sympathie oder Antipathie vermittelnden Kameraleute und Regisseure (Hans Mathias Kepplinger, Angepaßte Außenseiter, 1979) provoziert die Frage, was zu erwarten sei vom Rundfunkjournalismus als Element und Faktor unserer politischen Kultur. Sind die wirklich Mächtigen in der gelegentlich so genannten „Fernsehdemokratie" die Journalisten, denen die Politiker hinterherlaufen, oder Prügelknaben, die von den Politikern beschimpft und eingeschüchtert werden, wenn sie anders als erwartet berichten und kommentieren? Hat sich die von Martin Löffler als „Vierte Gewalt" im Staate beschriebene Presse einschließlich der elektronischen Medien vor die vom Grundgesetz vorgesehenen Gewalten Gesetzgebung, Regierung und Rechtsprechung geschoben?
Es wäre reizvoll, die Frage nach der Bedeutung der Massenmedien in unserem demokratischen Gemeinwesen weiter aufzufächern, nach der Legitimation und Legitimität zu fragen, nach dem Selbstverständnis der Journalisten, nach ihrem Verhältnis zu den Politikern und zur Politik. Doch gibt es andere Gesichtspunkte, weniger abstrakt und theoretisch, die auch in die Diskussion um den Rundfunkjournalismus eingeführt werden sollten: Immer mehr Menschen in der Bundesrepublik Deutschland einschließlich Berlin (West) entdecken ihre unmittelbare Lebensumwelt als politischen Aktionsraum; Bürgerinitiativen, Demonstrationen, am spektakulärsten die Hausbesetzungen und Krawalle in den Großstädten, alternative Wohn-, Arbeits- und Kulturgruppen suchen und finden ihre Plätze in Hörfunk- und Fernsehberichten, meiner Einschätzung nach übrigens stärker als in den Zeitungen, abgesehen von alternativen Blättern und politisch-unterhalterischen Wochenmagazinen. Die Regionalisierung der Rundfunkanstalten wurde innerhalb weniger Jahre zur bestimmenden Tendenz der Rundfunkorganisation, nachdem zuvor noch Zentralisierungs- und Zusammenlegungsforderungen aus wirtschaftlichen Gründen die Diskussion beherrscht hatten.
Im Bereich des Norddeutschen Rundfunks wurde auch die Besinnung auf landsmannschaftliche Bezüge, was auch immer das sei, zu einem Spaltmotiv; die Stärkung der Landesprogramme von Niedersachsen, Schleswig-Holstein und Hamburg war der Kompromiß mit großen Entwicklungschancen. Bayerischer Rundfunk und Westdeutscher Rundfunk bereiten die bessere Versorgung von Landesteilen vor; der Süddeutsche Rundfunk führte sein Versuchsprogramm mit „Kurpfalzradio" ein; Radio Bremen entwickelte ein eigenes Regionalfernsehen mit lokalen Akzenten von Unmittelbarkeit und Ernstnehmen der Bürgerinnen und Bürger. Auch anderswo denken die Verantwortlichen über Programme aus und für Region, Subregion und Wohnbezirk nach. Das Publikum scheint die Angebote anzunehmen; Umfragen ergaben sogar eine wachsende Bereitschaft zum Mitmachen und Selbermachen. Schwarzsender wie „Radio Utopia", „Radio Freies Wendland", „Radio Zebra", „Radio Freies Brokdorf" stoßen offenbar auf latente Bedürfnisse kleiner lokaler Gruppen.

Die weiterentwickelten Kommunikationstechniken bieten Chancen und Gefahren. Die größte Gefahr bestände im Wildwuchs zusätzlicher Programmangebote, darin, daß Vielfalt und Pluralität nicht ausgebaut, sondern durch mehr ähnlicher werdende, fiktionale Programme eingeschränkt werden. Die Chance besteht in der Ausweitung der inhaltlichen und formalen Bandbreite der Programmangebote von mikrolokalen Berichten (Interview mit dem Kontaktbereichsbeamten) über regionale Service-Sendungen (Wandertips oder auch Kulturhinweise) bis zu nationalen und internationalen Beiträgen (wie gehabt). Unterhaltungs- und Bildungsprogramme, deren Ausfächerung nach Spezialgeschmäckern von der Anzahl der zur Verfügung stehenden Übertragungskanäle und von den Ressourcen abhängt, machen die Auswahl zu einer wirklichen Entscheidung für den Rezipienten. Bildschirmtext der Post oder gar noch wesentlich leistungsfähigerer Kabeltext lassen spezielle Anfragen und Antworten zu, machen Interaktion möglich, erleichtern wissenschaftlichen und journalistischen und vor allem kommerziellen und halbkommerziellen Informationsverkehr. Satelliten schaffen weitentfernte Programme für die Kabelnetze herbei. Möglicherweise wird es auch mehr oder weniger leistungsfähige Rückkanäle geben, die Informationsströme vom Publikum in die Kommunikationszentralen lenken.
Die angedeuteten technischen Möglichkeiten gibt es ansatzweise heute schon; die praktische Einführung dürfte – je nach gesellschaftlicher Prioritätensetzung und finanziellen Ressourcen – einige Jahrzehnte dauern. Heute schon spielt die Miniaturisierung der Übertragungseinrichtungen für Hörfunk und ganz besonders für's Fernsehen (mit tragbaren elektronischen Kameras und Aufzeichnungs- und Sendeeinheiten, die Live-Sendungen, Einspielungen in aktuelle Programme sowie größte Beweglichkeit zulassen) eine wichtige Rolle. Tätigkeitsbeschreibungen von Fernsehjobs verändern sich; Konflikte treten auf; die Chance zur Qualifizierung von Hilfsdiensten bietet sich.
Um einem Mißverständnis vorzubeugen, das sich leicht einschleicht, wenn von den kommunikationstechnischen Neuerungen die Rede ist: Die Entwicklung birgt, betrachtet man den gegenwärtigen Stand der Diskussion und die hinter den auftretenden Interessen stehende Machtverteilung, mehr Gefahren als Chancen für Pluralität und Vielfalt, Informations- und Meinungsfreiheit. Ausdrücklich gewarnt sei vor medientechnologischem Wildwuchs ohne ordnungspolitische Voraussetzungen, die orientiert sein müssen an dem Verfassungsauftrag des Artikels 5 unseres Grundgesetzes. Eine Politik der bedenkenlosen Verkabelung der Bundesrepublik Deutschland einschließlich Berlin (West), die absieht vom grenzüberschreitenden Informationsverkehr etwa zwischen der Bundesrepublik und dem Ausland, vom „Overspill" der Sender, auch in Richtung Osten und östlicher Programme Richtung Westen, die nicht zugleich die Erweiterung des terrestrischen Sendernetzes im Auge hat, baut einerseits Kommunikationsbarrieren im Inneren ab und errichtet andererseits unübersteigbare Mauern nach außen. Für unseren journalistischen Zusammenhang wird an diesem Problem deutlich, daß die technischen Möglichkeiten durchaus ambivalent sind. Ein dichtes Netzwerk von Informationsbeziehungen innerhalb immer kleinerer Systeme kann das Abreißen der Außenkommunikation zur Folge haben und damit – um mit Karl Deutsch zu sprechen – lernpathologisches Verhalten auslösen. Die besondere Lage von Berlin macht die Stadt zu einem Symptom von Kommunikationslebensnotwendigkeit. Eine Vollverkabelung von Berlin (West) darf nicht Verzicht auf drahtlose Außenverbindungen bedeuten!

Die Chancen technischer Entwicklungen und gesellschaftlicher Bewegungen zu nutzen, bedeutet gedankliche Anstrengung, Lern- und Innovationsbereitschaft in den Rundfunkanstalten. Von den Gremien, die gegenüber dem Rundfunk die Öffentlichkeit vertreten, ist bestenfalls Unterstützung zu erwarten, nicht Initiative, ganz im Sinne der Einsicht Norbert Schneiders, der in einer Betrachtung über die Funktion des Intendanten feststellt: „Dem Rundfunk wird jedenfalls von außen nichts zuwachsen, was er selbst nicht in die Ordnung bringen kann."

Maßstäbe

Unter einer anderen Fragestellung, mit einem anderen „erkenntnisleitenden Interesse", zu einem anderen Zweck wäre es genausogut möglich, von Erfolgen des heutigen Rundfunkjournalismus zu berichten. Die Beschreibung von Mangelsituationen kann dazu dienen, einige Maßstäbe für notwendige Erneuerungen zu gewinnen. Selbstbesinnung wird nötig. Wenig hilfreich scheint es zu sein, einen Kodex journalistischer Berufsethik zur Grundlage zu nehmen; denn er handelt mehr von Handwerkszeugen und Methoden als von den Aufgaben und Möglichkeiten des Journalismus im demokratisch verfaßten Staat. Journalismus, speziell der Rundfunkjournalismus – Bundesverfassungsgerichtsentscheidungen und Gesetzen mit Programmrichtlinien verpflichtet – hat Öffentlichkeit herzustellen; er ist Medium und Faktor der Meinungsbildung und Entscheidungsfindung; er hat zu informieren, zu bilden und zu unterhalten. Er hat alle wichtigen Strömungen der Gesellschaft angemessen zu Worte kommen zu lassen. Er geht aus vom Grundsatz freiheitlich demokratischer Willensbildung. Die beiden letzten Aussagen sind wohl, was die Grundlagen des Journalismus im öffentlich-rechtlichen Rundfunk angeht, die wichtigsten. **Pluralitätsgebot** und **Volkssouveränität mit allen Konsequenzen** für die Programmplanung wie für die tagtäglichen Programme sind die Leitsterne unserer öffentlich-rechtlichen Rundfunkanstalten.
Pluralität ist Existenzprinzip. Die Forderung nach mehr „Ausgewogenheit" greift zu kurz. Es gibt jeweils nicht nur eine andere Seite, die auch zu Worte kommen sollte; es gibt häufig eine Vielfalt der Positionen. Für Denker, die vom Kritischen Rationalismus gelernt haben, gibt es seit Kant und Popper nicht mehr eine zweifelsfrei erkennbare „Wahrheit". Einzelne Redakteure, Reporter und Kommentatoren dagegen erheben häufig noch den Anspruch auf allein richtige Wiedergabe der Wirklichkeit und bestärken einander in diesem Irrtum durch gruppendynamisch erklärbare Bestärkungen. Elisabeth Noelle-Neumann gibt den richtigen Hinweis auf personal-politische Konsequenzen: „Die verfassungsrechtlich gebotene Ausgewogenheit läßt sich nur über die Personen erreichen, und zwar nur über die produzierenden, nicht die beaufsichtigenden Personen, also nicht durch Vorschriften und Zwänge, sondern nur durch die natürliche Artikulation verschiedener Auffassungen in verschieden orientierten Redaktionen. Zur pluralistischen Demokratie gehört ein in seinen Einstellungen pluralistisch denkender journalistischer Berufsstand."
Nicht gemeint sein kann der Journalismus-Profi mit drei, vier Meinungen in seinem einen Kopf. Elisabeth Noelle-Neumann zielt auf organisatorische Vielfalt mit privater Konkurrenz zu den öffentlich-rechtlichen Rundfunkanstalten. Mir scheint der Ausbau des

Binnenpluralismus im Integrationsrundfunk mehr Erfolg zu versprechen als die ruinöse wirtschaftliche Konkurrenz, die zu uniformen Denk- und Gestaltungsmustern führen könnte, ganz dem Geschäftsmotto folgend: Wichtig und wahr ist, was den Umsatz steigert. Der intuitive Journalismus der Boulevardpresse, der nach dem Grundsatz verfährt, das Berichtete hätte so geschehen sein können, weil die Leser es so erwarten, dient nicht dem Pluralismus, sondern folgt poetischen Prinzipien.
Volkssouveränität ist die Grundlage unserer politischen Organisation. Weder Staatsdiener noch Journalisten sind höhere Wesen. Der Rundfunk ist kein Leitorgan, keine lebenslange Lehranstalt für jedermann, schon gar kein Transmissionsriemen obrigkeitlicher Entscheidungen wie etwa in der Deutschen Demokratischen Republik. Der Rundfunk hat weder Gruppen noch Parteien, weder dem Staat noch Einzelpersonen dienlich zu sein (auch nicht einzelnen Journalisten), sondern er ist Artikulationsorgan der Volkssouveränität. Als Medium hat er das Gespräch aller Bürgerinnen und Bürger aller wesentlichen gesellschaftlichen Strömungen zu befördern. Als Faktor wirkt er – nach dem Pluralitätsgebot – auf das Gespräch ein. Das Bundesverfassungsgericht hat ihm ausdrücklich eine „Integrationsfunktion" zuerkannt.

Mängel und Ursachen

Unter den Kriterien Pluralität und Volkssouveränität bekommen manche Vorwürfe gegenüber dem in der Bundesrepublik Deutschland praktizierten Rundfunkjournalismus ein ganz besonderes Gewicht. Wenn etwa Wolfgang R. Langenbucher das Fernsehen bei uns „Das Medium einer personalisierten Politik, des Verlautbarungsjournalismus, die Bühne des Spektakels Staat" nennt (Journalismus und Journalismus, 1980). Oder wenn es auf dem Waschzettel für ein von Langenbucher herausgegebenes Buch heißt: „Verlautbarungsjournalismus und Hofberichterstattung sind in den letzten Jahren zu zwei typischen Begriffen der kritischen Analyse geworden: Das öffentliche Leben ist zu einer Marathon-Public Relations-Veranstaltung denaturiert. Noch immer aber machen Journalisten, die lieber gleich ihre Meinung sagen, anstatt zu recherchieren, Kommentatoren, die über die Köpfe des Publikums hinweg argumentieren, den Alltag der Medien in der Bundesrepublik Deutschland aus." Bisher fehlt die schlüssige und komplexe Analyse der Mängel, ihrer Ursachen und der Folgen des heutigen Journalismus. Es gibt Einzelstudien und Forderungskataloge, so zum journalistischen Arbeitsfeld Lokaljournalismus; es gibt Untersuchungen über Nachrichtenjournalismus, über die Praktiken des Boulevardjournalismus, über politischen Fernsehjournalismus und vermutete Wahlbeeinflussung. Die kritische Gesamtanalyse steht noch aus. Ich greife nur einige Erscheinungsformen des heutigen Rundfunkjournalismus heraus, ausgewählt nach dem Kriterium der Nachvollziehbarkeit der Erfahrung.
Die Rundfunkjournalisten sprechen meist in einem offiziösen Tonfall, gewählt, die Bühnenaussprache anstrebend. Menschliche, landsmannschaftliche oder umgangssprachliche Töne sind selten. Auch in den populären Magazinprogrammen des Hörfunks, in denen – mit Musik verbunden – Ereignisse aus nah und fern präsentiert werden, viel Verschiedenartiges, durch einen Moderator oder eine Moderatorin zusammengehalten, wird selten „privat" gesprochen; Bildung schlägt durch in beziehungsreichen

Wortspielen oder Zitaten; Vertrautheit mit dem weltweiten politischen Geschehen wird signalisiert. Auch Kommentatoren reden meist gestelzt, schriftgedrechselt, gewählt. Für die meisten Hörerinnen und Hörer muß der Abstand groß sein; die Vertrauenswürdigkeit mag gewinnen; das Verständnis ist – wie Untersuchungen zeigen – gering. Auffällig ist die Vielfalt der Themen. Die thematische, nicht positionelle Vielfalt ist Auswahlprinzip. Doubletten treten kaum auf. Sie scheinen wegkoordiniert zu werden. So gibt es nur selten Berichte aus unterschiedlichen Blickwinkeln. Der Journalist zeigt seine Recherchenergebnisse vor, ist souveräner Präsentator der Ergebnisse, letzte Instanz der Wahrheitsfindung. Die Komplexität der Weltereignisse wird reduziert zu einem bunten Puzzle unverbundener Berichte. In den Magazinsendungen hält die Stimme des Moderators oder der Moderatorin die Einzelteile zusammen.
Das Programm lebt von lauter bunten Eintagsfliegen. Das Angebot an immer neuen Ereignissen mit angeblichem Informationswert ist so groß, daß das Verfolgen von Entwicklungsprozessen vernachlässigt werden kann. Eine Neuigkeit jagt die andere. Was ist im Moment in Afghanistan los? Nicht so wichtig. Polen ist das Thema dieser Tage mit immer neuen Nachrichten. Was ist aus dem angeblichen Bestechungsfall des Bundesministers Ertl geworden? Sind die asylsuchenden Ausländer, die eine Kirche besetzt hatten, inzwischen abgeschoben worden? Prozessualer Journalismus ist selten. Wie steht es mit dem sogenannten „investigatorischen Journalismus"? Mit dem Entdecken, Verfolgen, Nachforschen? Ist es Zeitmangel, Überangebot an wirklichen Neuigkeiten, Fehlen von Programmplätzen, wenn so wenig verläßlich nachgeforscht wird? Nehmen wir einen Fall. Immer wieder wird von Hausbesetzern und ihren Freunden behauptet und von den Medien verbreitet, auch mit Einzelbeispielen belegt, daß leerstehende, vom Verfall bedrohte Wohnhäuser instandgesetzt werden mit Farbe, Mörtel, Holz, Kabeln, Rohren und viel Arbeit. Wer hat sich die Mühe gemacht, die besetzten Häuser in Berlin zu begehen und mal wirklich festzustellen, wie es mit den Instandsetzungsarbeiten steht? Solche Recherchen dauern Tage, vielleicht Wochen. Lohnt es sich, für eine kleine verläßliche Meldung soviel Zeit zu investieren? Da ist es doch vielleicht auch ausreichend, von Einzelbeispielen auszugehen und – objektiv unzulässigerweise, aber journalistisch offenbar zureichend – zu verallgemeinern. Es ist bequemer, Aktionen von spektakulärem Erscheinungsbild nachzujagen, als selbst Themen zu entdecken oder Hintergründe aufzuhellen. Es passiert ja auch immer genug. Die Aufgabe, Lotse der Hörerinnen und Hörer, der Zuschauerinnen und Zuschauer zu sein, Schneisen durch das Dickicht der komplexen Wirklichkeit zu zeigen, die im Programm notwendigerweise reduzierte Realität vorzustellen, mag eine Art Sendungsbewußtsein erzeugen. Dagegen stehen das Gebot der Pluralität, das viele Positionen möglich und nötig macht, und das Prinzip Volkssouveränität, das niemanden als Führer des Volkes legitimiert, es sei denn den Gewählten und Kontrollierten, und das auf Zeit. Frequenzmangel, Überangebot an Informationen, der Vielfaltsanspruch führten zu Programmschemata mit strengen Zeitvorgaben und zu rationellen Produktionsweisen. Vordergründig gesehen, arbeiten die Rundfunkjournalisten unter vielen äußerlichen Zwängen:
- Programmschema (Zeitknappheit, Verplantheit, Ressortismus)
- Abhängigkeit von Apparaten aller möglichen Art: technischen und administrativen
- Erwartungen der Verantwortlichen, die wiederum den Erwartungen der gesellschaftlichen Instanzen zu entsprechen haben.

Diese Zwänge und die besondere Vorbildungs- und Ausbildungssituation produzieren einen Typ Journalist, der den Kriterien von Pluralität im Sinne des Kritischen Rationalismus und der Funktionszuweisung des Integrationsrundfunks und von Volkssouveränität im Sinne vom Ernstnehmen aller Beteiligten im Kommunikationsprozeß, seien sie Anbieter oder Konsumenten von Informationen, nicht gerecht werden kann. Dieser – bewußt als Schreckenserscheinung stilisierte – Typ Journalist ist ein bemühter Bildungsbürger, häufig ohne bürgerliche Berufskarriere und daher bestrebt, seine „Bildungs"-Defizite durch Eloquenz auszugleichen. Er ist ein Sprechgewandter, Hochsprache sprechend, Maßstäbe setzend, Berufsethos praktizierend; er ist ein Vielfaltsfetischist – kein Pluralist – mit Ängsten bei Doubletten, Wiederholungen, Nachrichten von gestern, in allen Sätteln zu Hause; er ist ein Besserwisser, der hurtig zusammenfaßt, das Wort abschneidet, unterstellt; er ist ein Mobilist, ständig mit aller Welt verbunden, gelegentlich aus seinem Glaspalast ausschwärmend, scheinbar über die Technik verfügend, in Wirklichkeit aber ein Sklave der Technik. Er hat entweder eine ganz feste weltanschauliche Position oder die, keine zu haben. Er ist eher Chamäleon als Mitmensch. Er fragt nicht aus eigenem Interesse, sondern von Berufs wegen. Er mißbraucht Interviewpartner als Programm-Materialien. Sein Fragen ist kein hermeneutisches, sein Gegenüber sich entwickeln lassendes Ergründen, sondern Bestätigung und Selbstdarstellung. Groteskes Beispiel: Ein Interview, in dem der Befragte auf die Feststellungen des Fragers immer nur „ja" antworten kann. Das Gegenbeispiel, ebenso ungeeignet als Modell journalistischen Tuns, ist das bloße Mikrofonvorhalten vor die Münder der Leute, die was zu sagen haben. Der Negativ-Typ Journalist verfertigt auch bisweilen sinnlose oder sinnleere Produkte, nur um Programmlöcher zu stopfen; er arbeitet nicht, um dem Publikum Sinnvolles zu bieten, nur weil die Programmstruktur seine Tätigkeit verlangt. Das Bewundern optisch gelungener, inhaltlich leerer Fernsehproduktionen von Profis kennzeichnet diese Produktionsweise. Das Schielen auf hohe Zuschauerzahlen ist charakteristisch: sensationelle, flächendeckende Angebote, rationell verfertigt, sollen massenhaft konsumiert werden. Hier muß der Gerechtigkeit wegen angemerkt werden, daß nicht persönliche Unzulänglichkeit, sondern das Paradigma unseres Massenmediengeschehens, das Absatzdenken von Informationsangeboten (notwendigerweise Sensationelles, Schreckliches, Emotionales bevorzugend) die Themenwahl bestimmt.
Pluralität und Volkssouveränität erfordern andere Entscheidungskriterien für die Programmproduktion. Übrigens kann für bestimmte Sendungen auch die hohe Einschaltzahl der Fernsehgeräte ein legitimes Ziel der Rundfunkjournalisten sein, ein Ziel unter anderen allerdings, nicht als Selbstzweck, wie er kommerziellen Angeboten unterstellt werden kann. Hohe Einschaltzahlen machen es möglich, viele potentielle Käufer zwischendurch angepriesener Produkte an die Werbetreibenden zu verkaufen. Im öffentlich-rechtlichen Rundfunk dagegen, solange er ohne kommerzielle Konkurrenz ist, könnte massenattraktive Unterhaltung zugleich bildend und informativ sein; Bildung unterhaltend und informierend, Information durchaus unterhaltsam und bildend. Bei kommerzieller Konkurrenz, das zeigt die britische Entwicklung, wird der Unterhaltungsakzent dominierend auch in den nichtkommerziellen Programmen.

Chancen

Es wäre wohl naiv, behaupten zu wollen, durch neue Kommunikationstechniken, durch eine bessere Aus- und Weiterbildung der Rundfunkleute, durch einige organisatorische Änderungen ließen sich die meisten Mängel des Rundfunks in der Bundesrepublik Deutschland einschließlich Berlin (West) beheben. Die kommunikativen Mängel allerdings können weitestgehend behoben werden, wenn bei günstigen Rahmenbedingungen, von denen im letzten Abschnitt dieser Überlegungen die Rede sein soll, heute schon bekannte und in Ansätzen praktizierte Techniken und Methoden ausgebaut werden. Nicht aus eigener Kraft können die Rundfunkanstalten die finanziellen Engpässe beheben, unter denen vor allen anderen die kleineren, „gebührenschwachen" Anstalten leiden. Nicht allein abwehren können die Journalisten und die Verantwortlichen die unangemessenen Einfluß- und Einschüchterungsversuche etlicher Staatskanzleien und Parteizentralen, die zumindest zu einer Verunsicherung der Programmproduzenten führen. Die im ganzen unbefriedigende Repräsentanz der „Öffentlichkeit" in den Selbstverwaltungsgremien ist nur selten eine Hilfe. Häufig werden die Gremiensitzungen als Schauplätze von Partei- und Richtungskämpfen mißbraucht.
In den Rundfunkanstalten wächst das Interesse bei den Kolleginnen und Kollegen, über die eigene Rolle der Rundfunkjournalisten nachzudenken, nicht nur der Journalisten, sondern auch über das Zusammenspiel unterschiedlicher Funktionen innerhalb der Produktionsprozesse, über die Aufgabe des öffentlich-rechtlichen Rundfunks in Gesellschaft und Politik, über Publikumsbeziehungen, über Legitimation und Kommunikationsziele. Ein äußeres Ereignis hat die Diskussion mit in Gang gesetzt: die Kündigung des Staatsvertrages über den Norddeutschen Rundfunk, dessen Auflösung zu tiefgreifenden Konsequenzen für alle Rundfunkanstalten und für alle Rundfunkbeschäftigten geführt hätte. Da mußten Rundfunkleute ihre besondere Position gegenüber anderen Leuten, gegenüber dem Publikum erläutern und rechtfertigen. Sie taten das in Sendungen, auf Marktplätzen und in allen möglichen Versammlungen. Die andauernde rundfunkpolitische Debatte über Kabelpilotprojekte, Programmvermehrung, Satelliten, neue Techniken, Privatfunk hält die Diskussion lebendig. Für eine stärkere Öffnung des Rundfunks gegenüber gesellschaftlichen Problemen mit mehr Lebensnähe in den Programmen setzt sich eine Gruppe von „Journalisten für den offenen Rundfunk" ein, der unter anderen Franz Alt (SWF), Klaus Bresser (ZDF), Conrad Dawo (SR), Lutz Lehmann (NDR), Fritz Pleitgen, Hansjürgen Rosenbauer und Ulrich Wickert (alle WDR) angehören. Mit einem Thesenpapier, das ein zwiespältiges öffentliches Echo fand, dokumentieren die Initiatoren mehr Selbstreflexion und programmliche Konsequenzen.
Erschreckend sind das geringe Interesse und die mangelhafte Informiertheit der Öffentlichkeit über Rundfunkprobleme. Sicherlich liegt die Schuld bei den Rundfunkanstalten, die sich bisher in falscher Bescheidenheit zurückhielten, wenn es um Medienthemen oder gar den Rundfunk selbst ging. Chancen liegen in der stärkeren Zuwendung der Rundfunkjournalisten zum Publikum, in der Präsenz des Rundfunks in der Wohn- und Arbeitsumwelt mit mobilen Aufnahme- und Übertragungseinrichtungen, im Aufgreifen von Alltagsthemen, in der Wahrnehmung und Spiegelung von Alltagserfahrungen des sich immer stärker differenzierenden Publikums. Der Sender Freies Berlin hat gute Erfahrungen gemacht mit seinem Hörfunk-Übertragungswagen „Ü 1", der tagtäglich an

wechselnden Alltagsschauplätzen auftaucht und live nicht nur Statements von Institutionenvertretern überträgt, sondern auch ungeschminkte Meinungen von Passanten oder unmittelbar Betroffenen. Dabei geht es, wie im Leben auch, nicht nur um spektakuläre Ereignisse wie Hausbesetzungen oder Verkehrsunfälle, sondern auch um alternative Ernährung, Schulferien, Eheberatung. Im WDR hat Carmen Thomas seit Jahren ähnliche Erfahrungen an allen möglichen Orten des Landes Nordrhein-Westfalen machen können. Für Berlin ist die Überschaubarkeit des Kommunikationsraumes z.B. eine zusätzliche Chance, Vertrauen, Glaubwürdigkeit, Identifikation mit dem Sender Freies Berlin zu erzeugen. Die unmittelbare Anwesenheit des „Heimatsenders", das Ernstnehmen sonst im Rundfunk kaum gebrachter Alltagsprobleme und kaum zu Worte kommender sogenannter „einfacher Menschen", die Konkretisierung des sonst nur im Radio, eigentlich ganz abstrakt, unsinnlich, existenten SFB, trägt wahrscheinlich mehr bei zur medienpolitischen Debatte als eine noch so anschaulich gemachte Hörfunk- oder Fernsehsendung zu einem medienpolitischen Thema. Auch die ständige Einladung in's Rundfunkgebäude, beim SFB zunächst jeden zweiten Mittwoch im Monat zum „Mittwochgespräch" mit Programmverantwortlichen, Technikern, Rundfunkverwaltern, kann das Verhältnis zwischen der Rundfunkanstalt und ihren Eignern, den Gebührenzahlern, verbessern helfen. Doch die gelegentliche Präsenz in den Wohnquartieren und vielleicht auch gelegentlich am Arbeitsplatz ist wirksamer für die Kooperation zwischen Rundfunk und Publikum, die etabliert werden muß. Übrigens gehört auch die Öffentlichkeit der Rundfunkratssitzungen in diesen Zusammenhang, auch die Verbesserung der Vertretung von Publikumsinteressen durch die Gremien, die füglich dieses Interesse gegenüber dem Rundfunk zu vertreten haben.

Der unmittelbare Umgang mit dem Publikum schafft Probleme; er fördert Defizite bei den Programmleuten zutage. Wie spricht ein Reporter mit einem Senatsdirektor, einem Bezirksstadtrat? Das weiß er. Wie aber mit einem türkischen Bauhandwerker? Hier liegt ein weites Feld für die Weiterbildung, die im Aufwind der allgemeinen Zuwendung zu Selbstverständnis, journalistischem Handwerkszeug, medienpolitischen Zieldiskussionen in den letzten Jahren aufblühte. Die Zentralstelle für die Fortbildung von Programmitarbeitern von ARD und ZDF (ZFP) in Frankfurt muß ihr Angebot ständig erweitern. Die Zentralstelle Fortbildung Programm stieß auf ein latentes Bedürfnis, wie ihr Leiter Franz Wördemann in seinem Bericht nach Abschluß der Versuchsphase 1977 – 1980 feststellte: „Bei einem großen Teil der Mitarbeiter war ein Interesse an den Möglichkeiten der Fortbildung auf Anhieb erkennbar, wenngleich dies vornehmlich als professionelles Training mit betriebsweise wechselnden Schwerpunkten verstanden wird. Deutlich zeigt sich, daß die Intendanten etwas beschlossen hatten, was von den Mitarbeitern längst erwartet (und gefordert) worden war." Die Offenheit der Programmkolleginnen und -kollegen ist eine Chance. Weiterbildungsangebote innerhalb der einzelnen Rundfunkanstalten, von der ZFP eingebrachte und koordinierte Möglichkeiten, Veranstaltungen anderer Träger wie Universitäten, wissenschaftliche Vereinigungen wie Studienkreis Rundfunk und Geschichte oder internationale Kommunikationsgesellschaften, Bundeszentrale für politische Bildung, auch Industrie und private Fortbildungsinstitutionen müssen wahrgenommen werden. Oft gibt es unüberwindbare Schwierigkeiten mit Arbeitsplatzvertretungen; die Weiterbildung erfordert personellen Spielraum, der nur selten vorhanden ist. Unter dem Kriterium der Pluralität bietet das vielfältige Ange-

bot von Weiterbildungsmöglichkeiten die besten Voraussetzungen. Übrigens gilt diese Feststellung auch für den Zugang zu den Rundfunkanstalten, für die Vorbildung und Ausbildung. Einheitliche Zugangsregelungen mit einem Pflichtkanon von Fächern und Voraussetzungen könnten Pluralität abbauen und Uniformität fördern. Unter diesem Gesichtspunkt sind die vielfältigen Modellversuche und Ausbildungsanstrengungen der Universitäten nur zu begrüßen, auch die Seminare und Kurse der Berufsvereinigungen und anderer Träger. Praxis wird nur in den Rundfunkanstalten vermittelt; geeignete Einrichtungen für eine angemessene Praxisvermittlung, nicht nur am Arbeitsplatz, sind auszubauen und zu schaffen. Der Gedanke einer Kommunikationswerkstatt, an ein Kabelpilotprojekt in Berlin angegliedert, von Wolfgang R. Langenbucher favorisiert, wäre weiterzuverfolgen. Eine „Kommunikationswerkstatt" hätte den Vorteil, nicht nur „Trockenschwimmen" zuzulassen, wie die Hörfunk- und Fernsehlabore der Universitäten (aus denen nur ganz selten etwas im Programm erscheint), sondern für begrenzte Zuschauer- und Hörergruppen Programmproduktion unter Ernstfallbedingungen zu ermöglichen. Ein kleines Modell ist die Rundfunkwerkstatt zur Funkausstellung 1985. In Zusammenarbeit mit der Zentralstelle Fortbildung Programm ARD/ZDF, der Schule für Rundfunktechnik und mit Unterstützung von privater Seite arbeiteten 35 erfahrene und unerfahrene Kolleginnen und Kollegen aus allen Hörfunkbereichen für 10 Tage zusammen, um unter dem Stationsnamen „Kanal 37. Messeradio zur Funkausstellung" ein 8-Stunden-Programm live zu realisieren.
Die technischen Möglichkeiten, wie wir sie heute schon im Ansatz praktizieren, bieten gute Zukunftsaussichten für einen besseren Journalismus, wenn sie vernünftig, das heißt im Interesse der Bürgerinnen und Bürger gebraucht werden. Eine Fehlentwicklung wäre leicht möglich bei Wildwuchs, etwa der Kabelkanäle, nur dem Gebot der Maximierung der Zuhörer- und Zuschauerzahlen verpflichtet, bei bedenkenloser Privatisierung und Kommerzialisierung von terrestrischen Stationen, Einspeisung von Satellitenangeboten mit Werbefinanzierung in Großgemeinschaftsantennenanlagen. Das öffentlich-rechtliche Rundfunksystem muß verkümmern oder verkommen, wenn nicht ordnungspolitische Vorstellungen sich durchsetzen, die im Rundfunk ein wesentliches Element demokratischer Gesellschaftsorganisation mit besonderen Aufgaben sehen. Rückkanal und Bestellfernsehen, Vermittlung aller möglichen Dienste über Draht, Behördenverkehr und Geschäftsbeziehungen nur noch per Glasfaser können soziale Folgen haben, die wir heute noch gar nicht übersehen. Hier gilt es, nach einschlägigen Versuchen und Prognosen politische Entscheidungen zu treffen. Angesichts der angedeuteten Möglichkeiten und ihrer möglicherweise schlimmen gesellschaftlichen Folgen nehmen sich die Entwicklungen der Rundfunktechnik, von Videotext bis Stereoton im Fernsehen, vom Verkehrsdecoder zur Programmkennung, von der Nutzung der elektronischen Recherchenmöglichkeiten über Bildschirm mit Hilfe von Datenbanken bis zu Satelliteneinspielung ins laufende Aktualitätenprogramm harmlos aus. Für den Funkalltag bedeuten neue Techniken gewisse Erleichterungen der journalistischen Arbeit, Veränderung und zum Teil Erschwerung der Arbeit der Techniker, Zwang zur Höherqualifizierung für viele Kolleginnen und Kollegen, Wegfall bestimmter, meist weniger qualifizierter Arbeitsplätze, dafür aber Möglichkeiten zu mehr Programmproduktion, zu größerer Vielfalt und Unmittelbarkeit. Diese Andeutungen weisen schon hin auf die Herausforderungen, auf Weiterbildungs- und Qualifizierungsnotwendigkeiten, auf zu

entwickelnde Umstellungsbereitschaft. Die Recherche in der Datenbank, vom redaktionsinternen Bildschirm aus, bedeutet größere Chancen der Nachprüfung, der Begründung, der Hintergrunderläuterung. Gefährlich wäre die Entwicklung nur, wenn die Spezialisierung der Journalisten zu einer noch größeren Kluft zwischen Informationsprofi und Publikum führte. Der Vermittlungsfunktion, der Informationsaufgabe, der Informationsaufbereitung im Interesse des Publikums oder besser: vieler Publika, kommt immer größeres Gewicht zu. Das Rollenverständnis der Journalisten wird sich ändern in die skizzierte Richtung: Es wird gekennzeichnet sein von seiner sozialen Rolle als Informationsexperte im Interesse des Publikums. Er wird mehr Vermittler sein als „Persönlichkeit" und Selbstdarsteller.

Organisatorische Veränderungen in den Rundfunkanstalten werden durch neue Techniken erleichtert. Heute schon haben elektronische Datenverarbeitung, Prozeßsteuerung, Automation viele Erleichterungen gebracht. Es darf allerdings nicht verschwiegen werden, daß viele Probleme, vor allem im administrativen Bereich, gerade vom Perfektionismus der Rationalisierung herrühren. Ein Überdenken der überkommenen hierarchischen Strukturen, der Spezialisierung und hochgradigen Arbeitsteilung in den Funkhäusern wäre sicherlich nützlich. Gerade im Sinne von Pluralität sind Einzelentscheidungen, wenn sie letzte Instanz sind, bedenklich. Das gilt auch für die unteren und mittleren Entscheidungsebenen, auf denen mehr Kollegialität, mehr Teamwork und Beratung effizienter und befriedigender sein könnten. Ziel wäre: Fachliche Spezialitäten und weltanschauliche Positionen werden eingebracht in ein kollegiales Entscheidungssystem. Die Abschaffung der Position des angeblich allein entscheidenden Intendanten an der Spitze wäre nur eine Scheinlösung dieser Problematik; auch der Intendant bedarf bei wichtigen Entscheidungen der Zustimmung des Personalrats und der Gremien; es handelt sich also um kollegiale Entscheidungsvorgänge. Die moderne Kommunikationstechnik sollte angewendet werden, um der immer weitergehenden Arbeitsteilung entgegenzuwirken. Das ist möglich. Die tragbaren elektronischen Übertragungsanlagen, angeblich einfacher zu bedienen als alle früheren vergleichbaren Apparate, weisen in die richtige Richtung. Nur wenn es gelingt, das Maß an Identifikation aller am Rundfunkproduktionsprozeß Beteiligten mit ihrer Arbeit und ihrem Arbeitsergebnis zu erhöhen, wenn Arbeitsfreude an die Stelle von weiterverbreitetem Desinteresse tritt, wenn die Entscheidungswilligkeit auf allen Ebenen vergrößert wird, kann es auch gelingen, die notwendige Innovationsbereitschaft für technische und organisatorische Neuerungen zu provozieren, die nötig ist als Voraussetzung für einen besseren Rundfunkjournalismus im Interesse des Publikums.

Plädoyer für Radio Kiel

Ein Beitrag zur Regionalisierungs-Debatte 1980*

Welch tolle Aussichten für Hörerinnen und Hörer, Zuschauerinnen und Zuschauer des nördlichsten deutschen Programms! Da hält ein rasender Reporter einer Rotbunten, hochträchtig, das Mikrofon vor's Maul, um den Landsleuten den Originalton einer schwangeren Kuh in's Haus zu bringen; da richten Fernsehleute die Kamera auf einen eben prämierten Zuchteber, der so lang ist, daß er – wie der Kommentator auch bemerkt – eigentlich sechs Beine haben müßte. Und was sonst noch alles an Originellem, auch an Alltäglichem, das nun einmal dazugehört, wenn es darum geht, Umwelt zu spiegeln, die Region zu erschließen, dem Publikum Identifikation zu ermöglichen und Orientierungshilfe zu geben? Vielleicht mal ein alter Mann, der aus seiner Jugend erzählt, als es noch Streit mit den Dänen gab, vielleicht mal ein Schützenkönig, der ein plattdeutsches Lied singen kann, ein Chor, ein Jugendorchester mit Trommeln und Blasinstrumenten und einem feschen blonden Tambourmajor, das für die Kultur. Und für die Wissenschaft gelegentlich Bilder von komplizierten Apparaten aus der Universität, und unverständlich redende Brillenmänner vor Bücherwänden für die Wissenschaft, und vor allem wieder und wieder Amtspersonen, Bürgermeister, die entweder gerade einer Rattenplage Herr geworden sind, Kurdirektoren, die ein neues Kurmittelhaus vorstellen, in dem nicht nur inhaliert und gelesen wird, sondern in dem in Zukunft gedämpfte Musik ertönen wird, die nach amerikanischen Forschungsergebnissen die Heilung beschleunigen kann. Auch Chefpolizisten, die Erfolge melden und Ratschläge geben („Lassen Sie, wenn Sie das Haus verlassen, immer ein Licht brennen, damit Einbrecher denken, Sie haben das Haus gar nicht verlassen"), Frühlingsblumen jedes Jahr im Frühling, im Sommer Badebilder, wieder mit Tips („Sonnenbaden kann gefährlich werden, tragen Sie Sonnenschutzcreme auf!"), bunte Wälder im Herbst, ab und zu ein Verkehrsunfall mit gräßlich verbeulten Autos und rotblutenden Menschen, die eilig abtransportiert werden, und dann Segelregatten aller Klassen, Wandertips, Sportberichte von dreckspritzenden Sandbahnrennen, Fußball, Damenhandball-Liga, Wasserball mit Tropfen auf der Linse des Berichterstatters, nicht zu vergessen immer wieder Berichte von Reisen, Reden und Erklärungen der Minister, des Ministerpräsidenten, ab und zu auch des Oppositionsführers, der im Fond seines Dienstwagens sitzend die Hand schon genau so gravitätisch grüßend bewegen kann wie der Ministerpräsident selbst. Was für ein Programm! Für Ästheten und professionelle Rundfunkleute mag das alles wie die Karikatur eines Programms klingen; aber viel anders könnte es sich auf weite Strecken nicht anhören und ansehen. Es sei denn, man wollte nur Importe zeigen

---

(Diese Betrachtung entstand 1980 als Beitrag zur Regionalisierungsdebatte im Norden, als die Ministerpräsidenten Gerhard Stoltenberg und Ernst Albrecht den NDR auflösen wollten).

wie in den meisten Entwicklungsländern: amerikanische Serien, die auf der ganzen Welt gespielt werden („Daktari", „Delvecchio", „Drei Engel für Charly"); oder Fernsehspiele von Studio Hamburg oder aus München von der Bavaria, Opern aus Berlin, Hamburg oder München, Kinderprogramme aus den USA oder als Nahimporte ebenfalls aus den Fernsehküchen der Großstädte; Musik käme von der Industrie wie überall: Erfolgshits genau so wie Klassik oder Übertragungen aus den Musikmetropolen der Welt, aus Konzertsälen außerhalb des Landes, von Ensembles außerhalb Schleswig-Holsteins. Wofür braucht man da ein eigenes „Radio Kiel"? Nur um Rundfunkleute zu beschäftigen, aufwendige Technik zu installieren und zu unterhalten? Übrigens wäre das immerhin schon etwas, mehr als nichts; denn bisher werden die Rundfunkgebühren aus Schleswig Holstein zur NDR-Zentrale abgeführt; von dort fließt nur ein Bruchteil zurück für die Technik, sehr wenig für Honorare freier Mitarbeiter, ein gewisser Posten für die knapp 100 Rundfunkangestellten. Das große Geld bleibt in Hamburg; ein Teil geht nach Hannover, fast nichts kommt zurück nach Kiel.
Nun ist ganz sicher, daß die Schleswig-Holsteiner aus Hamburg und Hannover eine Menge Leistung bekommen für ihr Geld: Rundfunkprogramme, bisweilen auch Gastspiele von Chören und Orchestern des NDR, Gastspiele von Ensembles, die der NDR engagiert und auch nach Kiel oder – seltener noch – in andere Städte des Landes schickt. Aber: diese Art kultureller Betreuung hat die Wirkung von Fronttheateraufführungen. Zwei Stunden Genuß und Freude, dann ist alles vorbei; es bleibt nichts. In Hamburg dagegen und zum geringeren Teil auch in Hannover gibt es bleibende Wirkungen, die der NDR als Mäzen, Förderer der Kultur und der Künste auslöst. Das Programm, das ich eingangs schilderte, kommt der berichtenswerten Wirklichkeit nahe. Schleswig-Holstein ist ein kulturelles und politisches Entwicklungsland, weil es seit Jahrzehnten – im Gegensatz zu anderen Bundesländern – auf dem Gebiet des Rundfunks unterversorgt ist. Rundfunkleute, die Karriere machen wollen, Künstler, Musiker, Darsteller, auch qualifizierte Techniker, Tonmeister, Cutterinnen beispielsweise, müssen auswandern in andere Länder. Meist gehen sie nach Hamburg. Im Lande Schleswig-Holstein gibt es kaum Film- und Fernsehleute, keine Darsteller und Darstellerinnen von Rang, keine Chöre und Orchester, und gäbe es die Zeitungen nicht, dann wären landespolitische Themen für den Bürger auf dem Lande und in den vielen kleinen Städten gar nicht existent. Denn die Regionalprogramme auf NDR 2 und im Fernsehen von Zeit zu Zeit (weil der Verbund mit Radio Bremen und Hamburg und Niedersachsen keinen Platz läßt) kann man getrost vergessen. Was wäre das Land Bremen ohne seinen Rundfunksender, ohne Radio Bremen? Was wäre Berlin heute überhaupt noch, abgeschnitten vom Hinterland, von den eine Metropole durchziehenden Informationsströmen, nicht mehr selbstverständliches, weil geografisch und traditionell geistiges und wirtschaftliches Zentrum Deutschlands? Was wäre ohne RIAS Berlin und den Sender Freies Berlin? Was ist das Land Schleswig-Holstein ohne Radio Kiel? Die Antwort ist kurz: nichts!
Rundfunkstationen sind Innovationszentren, überall auf der Erde. Bisher wurde allerdings dem Gedanken der Kultur- und Wissensvermittlung, der Information und Sozialisation des Publikums von wenigen, starken Zentren aus, zu viel Gewicht beigemessen. Rundfunkanstalten funktionieren glücklicherweise nicht nach dem einfachen Schema, an das viele Politiker – auch Rundfunkleute – immer noch zu glauben scheinen: Im

Funkhaus werden von Spezialisten, den Rundfunkprofis, Unterhaltung, Kultur und Politik gut gemixt, von den Technikern an einen starken Sender gegeben, und sie landen dann über die Luft, durch die häuslichen Empfänger letztlich ganz so, wie abgesandt, in den Köpfen der Hörerinnen und Hörer, der Zuschauerinnen und Zuschauer. So gesehen, wäre der NDR eine Art Hamburger Trichter; ein Massenbildungs- und Unterhaltungsinstrument, und wie viele politisch Engagierte – leider? – immer noch meinen, eben ein Hamburger Trichter, eine Lernmaschine, ein Transmissionsriemen kritischer Informationen. Mit einem ganz einfachen Denkspiel kann sich jeder von der Irrigkeit der Hamburger Trichterlehre überzeugen, auch Ministerpräsident Gerhard Stoltenberg: Wenn in Hamburg Hamburger Profis die Informationen in ihrem Sinne mixen und diese Informationen mir nichts dir nichts in die Köpfe der Menschen fallen, dann ist doch wohl nicht zu erklären, warum in Schleswig-Holstein die CDU immer noch die stärkste Partei ist, während in Hamburg die SPD mit absoluter Mehrheit regiert. Die Nachricht entsteht nicht allein im Funkhaus, sondern auch in den Köpfen der Menschen, die sie aufnehmen oder nicht aufnehmen oder verändern, während sie sie aufnehmen. Die Verhältnisse sind entscheidend, die Lebensumstände, die politische Kultur. Nicht die unmittelbare Kulturverbreitungs- und Belehrungsfunktion des Rundfunks, die Informationsvermittlung, die Stärkung kritischen Potentials bei den Bürgern ist entscheidend für die Entwicklung von Kultur und Politik, sondern auch die mittelbare Wirkung und vor allem die Wirkung in die Region hinein, wenn diese Wirkung beabsichtigt und auch möglich ist. Überall beginnt man zu entdecken, daß die Zeit der flächendeckenden Rundfunkprogramme im Hörfunk und Fernsehen vorbei ist. Flächendeckend ist übrigens ein Wort aus der Bombersprache! Das Bombardement mit großflächig verbreiteten Informationen funktioniert nicht, und es verhindert kulturelle und politische Entwicklung eher als daß es sie fördert. Marie Winn („Die Droge im Wohnzimmer") und Jerry Mander („Schafft das Fernsehen ab!") sind Beispiele für kritische Distanzierung vom konfektionierten, Aktivität und Engagement, menschliche Gesellung und politisches Tun lähmenden Massenmedienmißbrauch in den USA. Der NDR als dreiländerdeckende Anstalt ist ein Monster aus der Urzeit des Rundfunks, als die Trichtertheorie noch unumstritten war. Radio Kiel wäre zeitgemäß als Zentrum für weitere Unterzentren; denn auch das Land Schleswig-Holstein wäre viel zu groß als Einzugsgebiet von Programmen, die menschliche Gesellung fördern sollten, politische Kultur entwickeln könnten, Angelegenheiten reportieren müßten, die die Menschen angehen, die sie tagtäglich bewegen und die sie selbst ändern könnten und wollten. Regionalisierung kann auf Dauer nicht als Aufgabe neben anderen Aufgaben eines Riesengebildes wie des NDR für drei Länder begriffen werden; Regionalisierung bedeutet auch Kontrolle vor Ort, durch eigene Aufsichtsorgane, Bürgernähe, bedeutet Entwicklung der kulturellen Infrastruktur. Ich rede nicht der Provinzialisierung im Sinne „geistiger und kultureller Versteppung" das Wort, wie Kritiker der Auflösungsforderung des NDR leichtfertig unterstellen. Die Entdeckung der Provinz, des Lebens in der nicht anonymen, sondern in der vertrauten Umgebung, im gemeinsamen Handeln, in der menschlichen Gesellung im Austausch auch mit der Natur, ist Traumziel vieler Alternativer, denen die Technisierung, Anonymisierung, Organisation des menschlichen Zusammenlebens und Zusammenarbeitens stinkt. Die Provinz, angeschlossen an andere Provinzen, an die Welt, läßt erst die eigene Eigenart deutlich werden, läßt Erfahrungsaustausch zu, bringt Anregungen und wichtige Informationen von außen in das lernende System Region oder Subregion. Selbstverständlich muß es neben der Provinzpolitik und Provinzkultur auch „höhere Politik“ und „höhere Kultur“ geben, auch Spitzenleistungen der Tradition und der Moderne. Aber nicht **nur** wie bisher und daneben dann noch zynischerweise Kulturverschnitt für die Massen, verbreitet in länderdeckenden Magazinprogrammen und Tralala mit Industrieschallplatten und Plattenplaudereien, jovialen Sprüchen, vorgegaukelter persönlicher „Ansprache“ des Publikums.

Die Tatsache, daß das Plädoyer für Radio Kiel von außen kommt, nicht aus dem Lande zwischen den Deichen, auch nicht vom Ministerpräsidenten, der das Rundfunkabenteuer wohl auch aus anderen als aus landsmannschaftlichen Gründen begann, die Tatsache der Zurückhaltung der Schleswig-Holsteiner ist ein Zeichen ihrer Bescheidenheit, ihres mangelnden Selbstbewußtseins, ihres kulturellen und politischen Rückstandes. Und hier beißt sich die Katze in den Schwanz. Warum denn ist das nördlichste Land ein kulturelles Entwicklungsland ohne Selbstbewußtsein seiner Bewohner, ohne Bewußtheit der Politiker, ohne den Ruf nach Radio Kiel? Weil es Radio Kiel bisher nicht gab und die Impulse ausblieben, die eine Rundfunkstation für die Entwicklung kultureller und politischer Identität geben kann. Allen Ernstes wären manche Programmvorschläge, die ich eingangs nannte, für den gegenwärtigen Stand charakteristisch, und ich finde das auch nicht schlimm. Hier müßte man ansetzen. Man kann nur spiegeln, was es gibt. Aber der Rundfunk ist nicht nur Spiegel der Verhältnisse; durch seine bloße Existenz trägt er schon zur Veränderung der Verhältnisse bei. Hamburger Hochnäsigkeit hat die Entwicklung verzögert; Schleswig-Holsteinische Zurückhaltung hat sie bisher aufgehalten. Der Teufelskreis: „Wo nichts ist, kann auch nichts kommen“ kann nur durch den Gründungsakt von Radio Kiel durchbrochen werden. Mit Unmut denke ich an die als polemische Scherze verbreiteten fiktiven Radioprogramme von Radio Kiel und Radio Niedersachsen (dort gilt ganz Ähnliches!), in denen Folklore und Politikerreden die Höhepunkte sind. Ja, so ist es nun mal, und nun machen sich dieselben Leute darüber lustig, die diesen beklagenswerten Zustand mitverschuldet haben!

Hier läge die Chance von Radio Kiel: Es könnte dazu beitragen, den kulturellen Rückstand des nördlichsten Bundeslandes auszugleichen und die Potentiale des Nordens zu entwickeln und bewußt zu machen: alte bäuerliche Kultur, moderne Hochschulen und Forschungsinstitute, Brückenlage nach Skandinavien, von Nord- und Ostsee eingeschlossenes Land mit reicher Vegetation, Kleinstadtkultur und mittlere Industrie, Tourismus, Entdeckung alternativen Lebens und alternativer Landwirtschaft. Die nördlichste Rundfunkanstalt hätte die Chance, kulturelle Impulse zu geben, Künstler, Autoren, Zulieferer nach Schleswig-Holstein zu holen, Film- und Videogruppen zu unterstützen, die Volks- und Popmusikszene zu fördern, Orchester und Theater zu qualifizieren, Talente zu entdecken, eine politische Kultur mit Dialog und Teilhabe des Bürgers etablieren zu helfen und mit all diesen Aktivitäten den Bewohnern des Landes eine stärkere kulturelle, politische, gesellschaftliche und damit auch menschliche Identität zu vermitteln.

Nun sage niemand, das ging alles nicht aus finanziellen oder aus technischen Gründen! Rundfunkanstalten sind heute preiswerter denn je, man erkundige sich in den USA. Und was dem Saarland recht ist, sollte doch wohl Schleswig-Holstein billig sein. Das Ganze geht selbstverständlich nicht von heute auf morgen, vor allem nicht so schnell wegen der klebrigen Köpfe der Verantwortlichen (Warum gibt es eigentlich keine Bürgerinitiative für Radio Kiel?). Daher bin ich ja schon mit den Regionalisierungsplänen des alten NDR zufrieden. Das wäre ein erster Schritt: weitestgehende Eigenständigkeit des Funkhauses Kiel (das erst gebaut werden müßte; was in Kiel am Wasser steht, ist bestenfalls ein Nebenstudio, wie es nach Neumünster oder Husum gehörte), eigene Aufsichtsorgane, viel eigene Programmzeit. Der Verbund mit Hamburg und Niedersachsen in technischer, archivlicher und organisatorischer Hinsicht hätte zunächst noch große Vorteile. Auch die Erprobung von dringend notwendigen technischen Neuerungen wäre weniger riskant unter dem Dach des NDR. Aber irgendwann, ich meine, so in 5 bis 10 Jahren, muß und wird es ihn geben, den nördlichsten Rundfunksender, das Radio Kiel!

III Neue Kommunikationstechniken und neue Inhalte

Zukunftsaussichten neuer Kommunikationstechniken

Quantitativ gesehen, lassen sich die Zukunftsaussichten neuer Kommunikationstechniken als gut bis sehr gut beurteilen. Allein, wenn weltweit eingeführt würde, was in den hochindustrialisierten Ländern bereits an Kommunikations-Infrastruktur besteht, wäre eine explosionsartige Ausdehnung der Kommunikationsindustrie nötig. Das Telefon ist die Schlüsseltechnik für neue Kommunikationstechniken. Nehmen wir als Beispiel nur die Fernsprecherdichte in verschiedenen Staaten der Erde: Pro 100 Einwohner gibt es in der Bundesrepublik Deutschland über 50 Hauptanschlüsse, in den USA an die 80, in Dänemark über 70. In Indien dagegen gibt es nicht einmal einen einzigen Hauptanschluß für 200 Einwohner; in den meisten afrikanischen Ländern, in Südamerika und in Asien liegt die Anschlußrate von einem Hauptanschluß pro 100 Einwohner schon über dem Durchschnitt. Im Gefolge der Fernsehtechnik kommen Daten- und Textübertragung daher, Fernmessen und Fernwirken, Fernseh- und Hörfunkübertragung, Verwaltungs- und Geschäftskommunikation. Ich weiß, daß in den neunziger Jahren, wenn in der Bundesrepublik Deutschland und in anderen europäischen Ländern mit dem Aufbau des ISDN-Netzes und des Universalnetzes begonnen wird, nach allen Prognosen die Fernsprecherdichte in den höherentwickelten Ländern sich auf nordamerikanische Verhältnisse zubewegen wird, während in den weniger entwickelten Staaten nur geringe Zuwächse zu verzeichnen sein werden. Um die Größenverhältnisse klarzumachen: Weltweit gibt es etwa 600 Millionen Telefone; aber die Hälfte der Erdbewohner verfügt nur über 10 Millionen davon. In zehn Jahren dürfte diese Zahl von 10 Millionen sich verdoppeln, nicht mehr. Also bleibt für die fernere Zukunft immer noch die Aussage richtig: die Aussichten für neue Kommunikationstechniken sind gut bis sehr gut.
Dasselbe gilt für Rundfunk und Fernsehen, Video, Satelliten, Text- und Datenbereiche, Steuerungstechnik: In den hochindustrialisierten Ländern, und dort besonders in Ballungsgebieten, nehmen die Kommunikationsmöglichkeiten sprunghaft zu; in den weniger weit entwickelten Gebieten und Ländern hinkt die Entwicklung hinterher, so daß tagtäglich Nachholbedarf gigantischen Ausmaßes erzeugt wird.
Ich habe einige politische Erfahrung und einige Einblicke: In den letzten beiden Jahren war ich in Thailand, in Zimbabwe und in Südindien, um über die Möglichkeiten von modernen Texttechniken via Telefonnetz zu sprechen. Dort ist man froh, überhaupt eine ganz normale Verbindung zu bekommen; aber die Chancen der Textübermittlung für Verwaltung, Kommerz und Bildung werden erkannt. In den Hotels übrigens kommen aber die Reuter-Meldungen aus aller Welt per Telefon in den Fernsehapparat. So habe ich in Harare / Afrika die Ermordung der indischen Ministerpräsidentin aus dem Fernsehtextdienst von Reuters erfahren und über Präsident Reagens Bitburg-Besuch den Fernsehbericht im Hotel in Madrash/Südindien gesehen.

Weltweiter Bedarf

Wir streiten uns über die Chancen und Gefahren zusätzlicher Fernsehunterhaltungsprogramme, während die Hälfte der Menschheit nur sehr selten und ein Drittel überhaupt nie Fernsehen sieht. Wir finanzieren über die Deutsche Bundespost vier Satellitensysteme mit 3 Milliarden Deutsche Mark innerhalb der nächsten 5 Jahre, neben dem Auf- und Ausbau des mehrstellige Milliardensummen kostenden ISDN- und Universal-Netzes; während in der sogenannten Dritten Welt an fortgeschrittene Technik nur in sehr begrenzten Anwendungsfeldern gedacht wird: Verwaltung und Militär bedienen sich moderner Technik, benutzen internationale Satelliten zum Datentransport und – in Ausnahmefällen – auch zur landesweiten Versorgung der Bevölkerung mit Fernsehprogrammen.
Ich sage das alles nicht, um unsere eigene Entwicklung zu kritisieren, sondern – wie schon erwähnt – um auf die Zukunftssaussichten hinzuweisen: Der Bedarf an neuen Kommunikationstechniken ist weltweit in absehbarer Zeit nicht zu decken. Es bleibt viel zu tun, und zwar für Jahrzehnte. Ganz gleich, ob in den weniger entwickelten Ländern eigene Elektronikindustrien aufgebaut werden oder nicht: Für die Staaten der westlichen Welt und für die sozialistischen Länder – wenn auch in geringerem Maße wegen eigenen Nachholbedarfs – wird weltweites Engagement nötig sein: Finanzierungshilfe, Beratung und nicht zuletzt Export von elektronischem Gerät. Weltweit gesehen besteht keine Gefahr, an Sättigungsgrenzen zu stoßen. Für die deutsche Industrie besteht nicht einmal die Gefahr, von Konkurrenten wie USA oder Japan abgehängt zu werden; es ist einfach unmöglich, die ganze Welt zu beliefern. Allerdings gibt es unterschiedliche Gewinnmöglichkeiten und Risiken. Die Chancen zu erhöhen und die Risiken zu mindern, wäre Aufgabe europäischer Zusammenarbeit auf dem Gebiete neuer Kommunikationstechniken. Die Beteiligung an europäischer Zukunftstechnik, nicht die ungeprüfte Zusammenarbeit mit den USA, erhöht die deutsche Wettbewerbsfähigkeit.

Die Entwicklung

Brauchen wir überhaupt die neuen Techniken, die unser Leben – hier in den relativ hochentwickelten Ländern – so gründlich beeinflussen, die Arbeitswelt und Freizeit, Beruf und Vergnügen, Lernen und Geselligkeit bestimmen? Wollen wir unseren Alltag überhaupt verändern lassen? Oder sollten wir die neuen Kommunikationstechniken nicht ablehnen, verhindern, zumindest verzögern oder aus einigen Bereichen unseres Lebens heraushalten? Dabei möchte ich nicht unterscheiden zwischen unterschiedlichen Techniken zu unterschiedlichen Zwecken, sondern Organisations- und Kommunikationstechniken betrachten; Automationstechniken, Bearbeitungs- und Verfahrenstechniken, die auf Kommunikationstechniken beruhen, müssen mit ihren Zukunftsaussichten genau so ernst genommen werden wie der Bereich der geschäftlichen und privaten Kommunikation, von der Videokonferenz über den Bürofernschreiber bis hin zum Kabelfernsehen per Breitbandnetz mit mehr als einem Dutzend Fernsehprogrammen.

Doch wähle ich nicht die Form einer wissenschaftlichen Abhandlung mit vielen Zahlen und Ableitungen. Ich werde versuchen, mit Hilfe von Szenarios einige Problemfelder zu beschreiben. Zunächst aber noch einige Zahlen zur Einstimmung; so werden die Dimensionen der Entwicklung leichter deutlich:
Setzt man den Nutzungsgrad der Mikroelektronik als die Basis der neuen Kommunikationstechniken für das Jahr 2000 mit 100 Prozent an, so beträgt er gegenwärtig nur 5 Prozent; im Jahre 1990 soll er 25 Prozent betragen! In nächster Zeit werden 25.000 neue Produkte auf den Markt kommen. 1990 werden Produkte auf dem Markt sein, von denen wir heute erst 40 bis 50 Prozent kennen. Nur als Hinweis zur Verdeutlichung dieser Aussage: Der Umsatz von Siemens besteht zu über 40 Prozent aus Produkten, die jünger als fünf Jahre sind, und zu weiteren gut 35 Prozent aus Produkten, die sechs bis zehn Jahre alt sind. Auf die Beschäftigungsstruktur schlägt diese gewaltige Erneuerung durch: Schon mittelfristig wird sich die industrielle Veränderung auf 60 Prozent aller Beschäftigten auswirken und bis zu 30 Prozent aller Arbeitsplätze umgestalten. Eine Siemens-Studie stellt fest, daß bis 1990 nicht weniger als 25 bis 30 Prozent aller Büro- und Verwaltungstätigkeiten automatisierbar sind, in der öffentlichen Verwaltung sogar 30 Prozent.
Stellen wegfallen zu lassen (Kw-Vermerk), bedeutet zwar keine Härten für uns Kolleginnen und Kollegen, die wir kennen, aber eine Belastung des Arbeitsmarktes insgesamt. Der DGB sieht 2 bis 3 Millionen Arbeitsplätze in Gefahr. Eine Gewerkschaftsstudie kommt zu dem Ergebnis, daß der Schaffung eines neuen Arbeitsplatzes der Verlust von fünf Arbeitsplätzen gegenübersteht. Eine Untersuchung der Bremer Universität ergab, daß jeder Industrieroboter durchschnittlich vier Arbeitsplätze einspart, jede NC-gesteuerte Werkzeugmaschine zwei Arbeitsplätze kostet. Nun ist es angebracht, auf die Exportabhängigkeit der deutschen Industrie hinzuweisen, auf den Konkurrenzdruck ausländischer Firmen, somit auf Rationalisierungszwänge. Arbeitslosigkeit erweist sich letztlich als eine unvermeidliche schädliche Nebenwirkung industrieller Erneuerung; Arbeitslosigkeit ist nichts anderes als ein ungelöstes Organisationsproblem. Die freie Zeit mit zusätzlichen Programmangeboten im Fernsehen, mit Video und Telespielen ausfüllen zu wollen, wäre ein zynisches Rezept, kein ernsthaftes gesellschaftliches Mittel, die heraufdrohenden Probleme und Konflikte zu lösen.
Nun zu den Szenarios, zu den Zukunftsbildern, eines aus dem Jahre 1990, das andere aus dem Jahre 2000. Zum Schluß werde ich dann noch einige Folgerungen ziehen und Forderungen stellen.

1990, Szenario Nummer 1

Vier Menschen sitzen, über eine Tastatur gebeugt, gelegentlich den Blick auf die ihnen zugewandte Wand richtend, in einem mittelgroßen, fensterlosen Raum. Sie tragen Kopfhörer. An den Wänden hängen flache Fernsehbildschirme. Auf dem einen Schirm flimmert ein Film mit viel aufregender Action. Ein 18jähriges Mädchen verfolgt verzückt die Handlung, offenbar Zeit und Raum vergessend, erlebt sie aufregende Abenteuer mit. Mit dem Rücken zu ihr, auf die gegenüberliegende Wand blickend, sitzt ihr jüngerer Bruder. Er füllt gerade einen Testbogen aus. Mit den Händen bedient er eine Tastatur. Mit den Augen und mit den Ohren folgt er den Anweisungen und Fragen eines Lehrcomputers. Eine etwa 40jährige Frau hat gerade ihren Bildschirm abgeschaltet und nimmt einen Schluck aus einem Glas mit Nährbrei, nahrhaft und anregend gemixt. Sie hat Lagerbestände überprüft, Rechnungen verglichen, nach einem bestimmten Schema von Auslieferungslagern Daten angefordert, in Beziehung mit anderen Daten gesetzt und einige Berechnungen ausgeführt. Jetzt hat sie sich eine Pause verdient. Gleich geht die Arbeit weiter. Mit dem Rücken zu ihr sitzt ein gleichaltriger Mann. Er ist dabei, nach einem Handbuch Adresse um Adresse anzuwählen, seine Daten hinzuschicken, und erhält jedesmal die Nachricht: „Leider keine Stelle frei“ oder „Sie sind überqualifiziert für diese Stelle“ oder „Wir stellen im Moment kein neues Personal ein“. Vater und Tochter dieser Familie des Jahres 1990 sind arbeitslos. Die Mutter verrichtet Heimarbeit, gewissermaßen als selbständige Unternehmerin verkauft sie ihre Dienstleistungen an eine große Firma. Der Sohn ist noch schulpflichtig. Heute hat er seinen „Apparatetag“, er darf einmal in der Woche zu Hause bleiben und vom Heimterminal aus Tests erledigen, bestimmte Drillsequenzen rezipieren und vorgeschriebene Lernprogramme absolvieren. Wir schreiben das Jahr 1990. In diesem Jahr erreicht die Arbeitslosigkeit in der Bundesrepublik Deutschland einen vorläufigen Höhepunkt mit 4,5 Millionen Nichtbeschäftigten. Die Produktivität allerdings hat sich in den letzten Jahren noch leicht gesteigert. Die Arbeitslosigkeit bedeutet für immerhin über 1/4 aller arbeitsfähigen Bürgerinnen und Bürger wirtschaftliche Einschränkung, Konsumverzicht, Ersatz von selbsterlebtem Spaß durch die Flucht in Medienangebote und Drogen.

Ein oppositioneller Politiker hat von der Ausbürgerung eines Viertels der Arbeitsfähigen und Arbeitswilligen gesprochen. Die Regierung hat – unangreifbar in der immanenten Logik ihrer Argumentation – darauf hingewiesen, daß nicht einmal 10% der Bevölkerung direkt von der Arbeitslosigkeit betroffen sei; Arbeitslosen bei uns ginge es trotz mancher Einschränkungen immer noch besser als Arbeitern mit Beschäftigung, und das sei dort die Ausnahme, Beschäftigten mit festem Arbeitsplatz in der sogenannten Dritten Welt. Selbst wenn man die Familien mitrechnete, käme man nicht über 1/5 der von Arbeitslosigkeit irgendwie Betroffenen. Immerhin gäbe es ja eine zunehmende Gruppe von qualifizierten Experten, die überdurchschnittlich gut verdiente und den von den Beschäftigungslosen gedämpften Konsum beinahe wieder wettmachte. Polizei und Überwachung sorgten dafür, daß Ruhe und Ordnung herrschten trotz eingeräumter sozialer Probleme, vor allem am Rande der Gesellschaft. Moderne Technik mache es möglich, Abweichungen im Verhalten von Gruppen und Einzelnen sofort aufzuspüren und abzustellen. Im sogenannten Ordnungssektor sei die Zahl der Arbeitsplätze in den letzten 5 Jahren um immerhin 25% gestiegen. Unabhängige Wissenschaftler allerdings sagen den bevorstehenden Zusammenbruch des gesellschaftlichen und politischen Systems voraus. Parteien und Gewerkschaften haben sich beinahe aufgelöst; das Interesse der Menschen ließe nach. Die Heimarbeiter, durch Verlagerung von Steuerungs-, Kontroll- und Textverarbeitungsstellen zu einem beträchtlichen Anteil der Tätigen angewachsen, sind nicht gewerkschaftlich organisiert. Für Parteiarbeit fehlt die Motivation; denn alle politischen Entscheidungen werden von Computern gefällt, die endlich – wie fortschrittliche Politiker meinen – eine ideologiefreie Entscheidung auf allen Ebenen des öffentlichen Geschehens ermöglichen. Zwar gibt es noch formale Abstimmungen in den schon seit etwa 40 Jahren bestehenden sogenannten demokratischen Gremien, wie Kommunalparlamente, Landesparlamente und Bundestag, doch bleibt den Abgeordneten kein Spielraum für eigene Gedanken, Erwägungen, Entscheidungen; alle demokratischen Einrichtungen sind mit Terminals ausgestattet, so daß jeder Abgeordnete und jede Abgeordnete jederzeit die optimale Problemlösung selbst nachprüfen können, die von den Regierungsstellen, den Magistraten oder sonstigen Verwaltungsinstitutionen ermittelt wurde. So gibt es nach dem strengen logischen Ablauf der Ereignisse auch keine Möglichkeit, die Teilung der Gesellschaft in Arbeitende, altersbedingt Ausgeschiedene und Lernende und auf den anderen Seite Dauerarbeitslose aufzuheben. Nur eine Abnahme des Bevölkerungswachstums, die für die nächsten Jahre erwartet wird, scheint Hilfe zu bringen. Das gelegentlich vorgeschlagene Mittel der Arbeitszeitverkürzung kann nicht mehr greifen; denn die Dauerarbeitslosen sind nicht in der Lage, sich noch in den Arbeitsprozeß integrieren zu lassen. Ihnen fehlt die Anschlußqualifikation. Auch der eingangs erwähnte Familienvater hat nach einjähriger Arbeitslosigkeit den Anschluß verloren. Er hat wahrscheinlich, das kann er von entsprechenden Datenbanken sich selbst jederzeit vor Augen führen, keine Chance mehr, zu den Tätigen überzuwechseln.

Jahr 2000, Szenario Nummer 2

Vormittags ist Vater zu Hause, nachmittags Mutter. Die Arbeitszeiteinteilung wechselt von Woche zu Woche. Der Sohn besucht noch die Schule. Die Tochter bereitet sich in der Berufsschule auf ihre spätere Tätigkeit vor, einige Tage in der Woche ist sie schon in einem Betrieb tätig. Die Arbeitsplätze liegen gleich um die Ecke. Vater und Mutter sind bei der Verwaltung beschäftigt. Sie arbeiten als Universal-Kommunikationshelfer. Büros von Universal-Kommunikationshelfern gibt es in allen Stadtteilen und auch auf dem Lande in größeren Dörfern für einen ganzen Landstrich. In diesen Büros arbeiten 5 oder 6 qualifizierte Verwaltungsbeamte. Ihr wichtigstes Werkzeug ist ein Computer Terminal. Kommt ein Bürger, kommt eine Bürgerin mit irgendeiner Sorge, mit der Bitte nach einem bestimmten Ratschlag, sei es die Rente betreffend, einen Bauantrag, Ausbildungswege für die Kinder, bittet Herr X. oder Frau Y. den oder die Ratsuchende, erst einmal Platz zu nehmen. Dann beginnt das Gespräch über das drückende Problem oder die gewünschte Entscheidung einer Verwaltungsstelle. Weiß Herr X. oder Frau Y., Universal-Kommunikationshelfer, Bescheid, worum es geht, wandern einige Informationen blitzschnell über die Tastatur auf den Bildschirm des Verwaltungsterminals, werden abgesandt an den zentralen Computer der Verwaltung. Sofort ist die Antwort da. In aller Ruhe kann über die Auskunft oder über die Entscheidung gesprochen werden. Unklarheiten können sofort klargestellt werden. Entscheidungen aller Art sind sofort verbindlich zu erhalten. Rathäuser, Verwaltungssilos, verstopfte Innenstädte gibt es nicht mehr. Die Verwaltung ist zum Bürger und zur Bürgerin gekommen. Die elektronische Datenverarbeitung macht es möglich. In der Schule und auch in der Berufsschule wechseln Arbeit in kleinen Gruppen mit Einzelbeschäftigung am Terminal, Besprechung der Erfahrungen mit Datenbanken und Programmen, kreative Arbeiten mit immer noch schmerzenden, stumpfsinnig erscheinenden Lernphasen. In die Schule haben Staat und auch Privatinitiative der Eltern und Investitionen von Betrieben für allerhand Wandel gesorgt, vergleicht man die Räume, die Einrichtungen, die Stimmung und Atmosphäre mit der einer Schule der 60er, 70er oder der frühen 80er Jahre. Die Schule ist wohnlich, moderne Geräte stehen zur Verfügung, Spielbereich, Lernbereich, Personalbereich, in dem sich die Begegnung mit anderen Schülern und Schülerinnen und mit Lehrerinnen und Lehrern abspielt, sind sinnvoll gestaltet und miteinander verbunden. Der Betrieb, in dem das Mädchen arbeitet, ist überwiegend von Automaten und Terminals bestimmt. Die Menschen, die jeweils nur für 4 Stunden am Tag die Maschinen bedienen, reparieren, kontrollieren, haben mit den Produkten ihrer Tätigkeit kaum noch etwas zu tun. Sie sind mit Fernbedienungseinrichtungen, Meßinstrumenten, Kontrollgeräten mit der Produktion verbunden. Alles integriert in Bedienungsterminals. Viele Arbeiten ließen sich auch von zu Hause aus verrichten. Denn zu Hause steht ein ganz ähnliches Terminal wie hier im Betrieb. Doch aus Gründen der Humanisierung des Arbeitsplatzes kommen die Tätigen für jeweils 4 Stunden zusammen, nicht zuletzt, um auch über größere Zusammenhänge der Produktion zu sprechen, um gemeinsam über Verbesserungen der Produkte nachzudenken, über Verbesserungen der Programmierung, der Kontrolle, möglicherweise über eine weitere Einschränkung der Arbeitszeit. Für die Freizeit gibt es genügend Aktivitätsmöglichkeiten, die allerdings nicht von staatlichen Stellen bereitgestellt werden, sondern die von den Menschen selbst in ihrer stark gewachsenen und immer weiter wachsenden freien Zeit errichtet und umgestaltet werden. Allein schon das Zusammensein mit anderen Menschen macht ihnen Spaß. Ein reiches Medienangebot läßt Auswahl zu. Sie können sich aus fernen Ländern fremdsprachige Filme ins Haus oder in Gemeinschaftseinrichtungen holen; sie können spielen, tanzen, diskutieren, politische Pläne schmieden. Sie nehmen teil an der Entwicklung ihres Gemeinwesens. Sie sind organisiert in parteienähnlichen Gruppierungen, bunt, vielfältig, miteinander verbunden über gemeinsame Räte, Versammlungen höherer Ordnung, die nicht nur das Einzelwohl im Auge haben, sondern das Gemeinwohl. Die Parlamente, deren Arbeit jederzeit von jedermann überall verfolgt werden kann über die flachen Fernsehschirme in den Wohnungen oder in den Gemeinschaftseinrichtungen, arbeiten fleißig und wertorientiert. Technische Entscheidungen halten keinen Politiker mehr auf. Computer können optimieren, doch die Ziele von Entwicklungen können nur die Menschen gemeinsam miteinander setzen. Parteien neuer Art, Gewerkschaften, Kirchen, Sport- und Spielvereine, Initiativen blühen und gedeihen, sie sind ständigen Veränderungen unterworfen; sie leben auf, geraten immer einmal wieder in eine Krise, werden aufgefangen von aktiven Bürgerinnen und Bürgern, sind offen für viele Meinungen und Ideen. Ganz grob gesprochen: Die Maschinen haben den wesentlichen Teil der Handarbeit übernommen; die Kopfarbeit wird – soweit das möglich ist – von Computern erledigt; der Rest ist Herzarbeit, bestimmt von menschlichen Zielen und Gefühlen, unter den Bedingungen von Freiheit von Zwängen und Freiheit von materieller Not. Die Trennung von Arbeitswelt und Freizeitwelt konnte allmählich aufgehoben werden. Arbeitsplätze gibt es auch auf dem Lande, am Rande von Wäldern, unter grünen Bäumen. Die Datenfernverarbeitung machte diese Entwicklung möglich. Doch es gibt in zunehmendem Maße Teamwork, Verknüpfung von Interessen und humanen Ressourcen, Kooperation und Austausch.

Konsequenzen

Die modernen Kommunikationstechniken sind Teil, Steuerungselement der technischen Rationalisierung. Es wäre falsch zu behaupten, durch die modernen Kommunikationen würden Arbeitsplätze geopfert. Im Gegenteil, dieser Sektor bedeutet Wachstum. Wie gesagt, die Zukunftsaussichten sind gut. Aber als Teil der allgemeinen Rationalisierung ermöglichen sie den Verzicht auf menschliche Arbeitskraft. Es kommt darauf an, das immer geringer werdende menschliche Arbeitsaufkommen gerecht zu verteilen. Dazu bedarf es intensiver Überlegungen mit dem Ziel grundlegender Veränderungen bei der Arbeitsorganisation, beim Lernen, bei der Interessenvertretung von Arbeitnehmern. Politisch gesprochen geht es um die Durchsetzung des Rechtes auf sinnvolle Arbeit. Gewerkschaften und Parteien sind hier aufgerufen, sich gegen kurzsinnige und kurzfristige Gewinnmaximierungsabsichten von Unternehmern zu stellen. Subjektiv ist die Haltung der Unternehmer zu verstehen, die sich gegen eine Verringerung der Arbeitszeit richten. Immerhin geht es um einen Konkurrenzkampf von Betrieben gegeneinander und um möglichst geringe Kosten bei der Fertigung, wobei die menschlichen Kosten allmählich die größten Faktoren bei der Preisgestaltung werden. Das gilt besonders im Hinblick auf den Preisverfall von Steuerungseinrichtungen, der Automations-Investitionen provoziert.
Unter diesen Aspekten ist der Streit um Programmvermehrung der Rundfunkanstalten, um Privatisierung des Mediensektors, um möglichen Qualitätsverfall der Medienangebote eher ein Sturm im Wasserglas als ein ernst zu nehmendes gesellschaftliches Thema. Dabei sollte nicht vergessen werden, daß den Medien als Massenunterhaltungsinstrumenten die Aufgabe zukommen könnte, wie im Szenario Nummer 1 geschildert, Fluchtpunkte in Zeiten unerträglicher gesellschaftlicher Verhältnisse zu bieten. Andererseits könnten die Medien dazu beitragen, über größere Zusammenhänge und langfristige Perspektiven aufzuklären. Das geschieht leider viel zu selten. Hier käme es darauf an, Pluralität zu verwirklichen und kurzsichtige Interessenpolitik als solche zu entlarven. Denn es ist ein Teufelskreis, in den die Entwicklung der Unterhaltungsmedien geraten könnte. Sollte es, ich will einmal so sagen, dem Industrie- und Wirtschaftseinfluß gelingen, aus der Situation eigener Betroffenheit und Investitionserwartung angetrieben, den Massenmedienbereich in der Bundesrepublik zu majorisieren, dann wäre die Pluralität der Meinungen bald dahin. Dann gäbe es kaum noch Chancen, Innovationen zu verbreiten und zu erörtern und auch den Gedanken einer positiven Utopie in der Öffentlichkeit zum Thema zu machen. Denn wie sollte auch nur die Idee der Verkürzung der individuellen Arbeitszeit und die Forderung nach der gerechten Verteilung der auch heute noch wachsenden Produktionsergebnisse und Propagierung der vom Grundgesetz garantierten Partizipation der Bürgerinnen und Bürger am staatlichen, politischen und gesellschaftlichen Geschehen verbreitet werden, wenn nicht durch Medien, die der breiten Öffentlichkeit gehören, wie die Rundfunkanstalten in der Bundesrepublik Deutschland? Die genannten Positionen schaden doch – scheinbar und vordergündig gesehen – dem Erwerbsstreben einzelner Unternehmer in der Konkurrenzgesellschaft und damit auch den von der gemeinsamen Interessenvertretung der Unternehmer in Gesellschaft und Staat unternehmerischen Zielen, vor allem die Lohnkosten zu drücken, die Mitbestimmung nicht in den Himmel wachsen zu lassen und die

Gewinne zu reinvestieren und zu privatisieren, und das alles nicht zuletzt wegen der Weltmarkt-Konkurrenz. So kann die Verbreitung von fortschrittlichen Ideen der Machterhaltung von Eliten schaden. Ein Nachrichtenvergleich zwischen APF und Tagesschau heute zeigt, wie unkritisch-fröhlich vor allem wirtschaftliche Entwicklungen präsentiert werden, unternehmerfreundlich, und wie der Show-Charakter, der Unterhaltungsanteil der Nachrichten wächst. Auf diesem Gebiet steht uns mit der Privatisierung von Hörfunk und Fernsehen noch einiges bevor. Andererseits werden die öffentlichrechtlichen Rundfunkanstalten herausgefordert, gefälliger und verbindlicher zu werden, publikumsfreundlicher.

Der Regelungsbedarf, vom demokratischen Staate treuhänderisch aufzugreifen und zu realisieren, ist groß angesichts der technischen Möglichkeiten und gesellschaftlichen Gefahren, die durch Mikroprozessoren und neue Datenwege gegeben werden. Wie wäre es mit steuerlichen Anreizen für Arbeitsplätze, die zu teilen sind, Job-Sharing vom Staate gefördert? Wie wäre es mit einer gleichzeitigen Besteuerung von arbeitsplatzersetzenden Automaten, nicht zuletzt, um ausfallende Sozialabgaben zu kompensieren? Wie wäre es mit einer Neufassung der Arbeitszeitordnung, einer strengeren Überstunden Limitierung, Veränderungen bei Urlaub, Lebensarbeitszeit, Bildungspausen während der Arbeitsphase? Ich fürchte, ohne gewerkschaftliches Engagement, ohne Solidarisierung der Betroffenen und der noch nicht Betroffenen, ohne Druck und Kampf läßt sich in absehbarer Zeit nichts erreichen. Wichtig ist nur, daß gewerkschaftliche und politische Reaktionen sich nicht in die Sackgasse der Maschinenstürmerei abdrängen lassen.

Ich weiß, daß sich mein Standpunkt heute noch als der eines Schwärmers charakterisieren läßt. Außer wenigen, vereinzelten Rufen in allen Parteien und Gruppierungen, in der CDU von Norbert Blüm, bei den Alternativen von Robert Jungk und Hans A. Pestalozzi, in der SPD von Johannes Rau beispielsweise, gibt es nur das Geschrei der Verweigerer und Warner auf der einen Seite und der Technik-Freaks auf der anderen Seite. Für die einen ist alles gut und richtig, was sich technisch machen läßt. Auch die Bundespost droht in den Sog der Schwärmer zu geraten. Sie investiert auf allen möglichen Gebieten der Information, läßt Satelliten bauen, zieht Overlay-Netze, macht sich mit Datennetzen und Bildschirmtext selbst Konkurrenz. Doch sollten sich ankündigende Krisen und zunehmende gesellschaftliche Probleme zu einer Allianz bisheriger Gegner führen: der Unternehmer und der Unternommenen, der zur Untätigkeit Verdammten und der Tätigen, der Verweigerer und der Euphoriker. Denn letztlich sitzen wir alle in einem Boot, so trivial dieses Bild auch sein mag. Die technische Entwicklung kann helfen, das momentan in's Schlingern geratene Boot wieder flottzumachen. Wie eingangs gesagt. Die Zukunftsaussichten der Kommunikationstechniken sind gut, auch im menschlichen Sinne. Sie wären böse, ließe man die weltweite Entwicklung aus dem Blick und ließe man hier bei uns den mörderischen Wettbewerb zu, auf den Knochen der Menschen und auf den kaputten Seelen der Schwachen, der Arbeitslosen, der Alten und der kleinen Kinder, die hinter'm Fernsehschirm ihr Leben verdämmern. Die Zukunftsaussichten der Kommunikationstechniken sind gut, weil sie Chancen bieten für

- gleichen Zugang zu Informationen
- Ausgleich zwischen Regionen unterschiedlicher Entwicklung und weil sie umweltschonend sind und Energie und Ressourcen sparen helfen.

Telekommunikation in der Kommunalverwaltung

Möglichkeiten

Neue Techniken der Datenspeicherung (von Personendaten bis zu Fernsehprogrammen), der Datenverarbeitung (leistungsfähige Rechner und immer leichter zu bedienende Terminals) und insbesondere der Datenübertragung durch Kupferkoaxialkabelnetze (mit zusätzlichen Rundfunkprogrammen und einigen Informationsdiensten, allerdings eingeschränkten Möglichkeiten der Rückübertragung und großen Datenschutzproblemen) und Glasfasernetze (mit theoretisch fast unbegrenzter Übertragungskapazität in beide Richtungen, abhängig von der Ausgestaltung, datenmißbrauchsicher organisierbar) bieten für Kommunalpolitik und -verwaltung folgende Möglichkeiten: Qualifizierung der Dienstleistungen, Bürgernähe, Bürgerinformation und Bürgerbeteiligung, Aufhebung von Standortnachteilen, Entwicklung der kulturellen Infrastruktur. Verwaltungsmodernisierung im Sinne einer funktionalen Verwaltungsreform wird möglich. Umgangssprachlich sind die Chancen der Telekommunikation meist schon durch das falsche Wort „Kabelfernsehen“ zu eng gefaßt. Es geht nicht (nur) um Programmvermehrung einschließlich Lokalfunk und -fernsehen, Offener Kanal mit Bürgerbeteiligung, elektronische Öffentlichkeitsarbeit der Gemeinden (s.a. „Städte und Neue Medien 1981“), sondern um eine qualitative Ausgestaltung der Kommunalpolitik und des Verwaltungshandelns. Auch die **kommunalen Spitzenverbände** haben die durch Telekommunikation gestützte Verwaltung bisher kaum wahrgenommen, wenngleich der prinzipielle Anspruch des Deutschen Städtetages und des Deutschen Städte- und Gemeindebundes in die Richtung der Modernisierung der kommunikativen Infrastruktur der Gebietskörperschaften zielt. In extensiver Auslegung eines nicht unumstrittenen Rechtsgutachtens des Münchener Ordinarius für Öffentliches Recht Peter Lerche werden vom DST folgende Ansprüche und Netzinhalte der Städte und Gemeinden angemeldet: eigene Netzträgerschaft ohne Gebührenabgaben an die Deutsche Bundespost, Beteiligung an postalischen Netzerträgen, Verträge mit der DBP über Rechte und Pflichten, Mitsprache bei der Bestimmung der zu verkabelnden Gebiete, Leitungsmietefreiheit der Gemeinden, Einvernehmen mit den Netzbetreibern über Art, Umfang und Zeit von einzubringenden kommunalen Beiträgen; programmlich: lokales Hör- und Fernsehprogramm, Verbreitung städtischer Dienstleistungen, die mit Hilfe der Telekommunikation einfacher, überschaubarer und schneller abgewickelt werden können, Informationsangebote, sowie technische Meß- und Überwachungsdienste. Als ein Beispiel für Inhalte wird insbesondere die gemeindliche Öffentlichkeitsarbeit angeführt, auch in der Form eigenständiger Beiträge in lokalen Kanälen ohne fühlbaren Bezug zur Meinungsbildung (in Abgrenzung zum Rundfunk, da bei der Staatseigenschaft der Gemeinden Probleme mit der vom BVerfG geforderten Staatsunabhängigkeit von Rundfunkveranstaltungen Probleme auftauchen, die der Ordinarius für öffentliches Recht in Heidelberg, Reinhard Mußgnug, in einem Gutachten für das Baden-Württemberg durch Kooperation der Gemeinden mit legitimierten, zur Ausgewogenheit verplichteten anderen Veranstaltern zu lösen empfiehlt). Zunächst (vor allem in Kupferkoaxialnetzen) dürften **Öffentlichkeitsarbeit** (Kommunalpolitische Vorgänge, Absichten, Beschlüsse,

Terminhinweise, Einladungen zur Beteiligung, kurz: Informationen) und **Bürgerservice** (Zuständigkeiten, Öffnungszeiten, Veranstaltungshinweise, auch Bildungswegweiser, Aufklärung über Rechte und Ansprüche, etwa im Sozialen beim Wohngeld, kurz: nützliche Hinweise) sinnvolle zusätzliche kommunale Angebote sein. In der Kombination mit dem Telefonnetz oder mit dem **Bildschirmtext,** der eine Verbindung von Privathaushalten über das Telefonnetz mit der Verwaltung ermöglicht, sind individuelle Anforderungen von Auskünften, Berechnungen, Ratschlägen möglich, verwaltungsseitig bei Btx tunlichst mit Hilfe des Rechnerverbunds organisiert. Der Teilnehmer gibt seine Daten in die Tastatur seines mit dem Fernsehgerät und dem Telefonnetz verbundenen Bedienungsgeräts und erhält auf dem Bildschirm sichtbar, automatisch vom entsprechend programmierten Rechner ausgeworfen, die erwünschte Auskunft. Verwaltungsintern kann die Verknüpfung von Btx-Stationen, die nur für berechtigte Benutzer zugänglich sind, den Datenaustausch erleichtern und schnell zu kompetenten Entscheidungen führen. Entfernungen spielen nach bundesweiter Einführung von Btx ab 1.9.1983 keine Rolle; auch von ausländischen Teilnehmern oder Datenbanken können Informationen abgerufen werden. Die Postdienste **Telex** (Fernschreibnetz) und **Teletex** (Bürofernkommunikation) machen (noch) eigene Anschlüsse und Leitungen nötig. Wie **Festverbindungen** im Einwohnermeldebereich, für Fernmessen und Fernwirken, Notrufe, ständige Datenleitungen) erfordern sie (noch) gesonderte Schaltungen und Netze. Innerhalb des Breitbandnetzes der Zukunft lassen sich alle diese und weitere Dienste innerhalb **einer Organisationsstruktur** realisieren. Ein **erweiterter Bürgerservice** wird möglich, wie er heute schon ansatzweise mit Hilfe von Btx verwirklicht werden könnte: dezentrale, kompetente Verwaltungsstellen in Stadtteilen, auch auf dem Lande, führen zu mehr Bürgernähe. Durch die Verbindung der dezentralen Stationen mit der Zentrale (auch Datenbanken, Rechnern, gegebenenfalls mit höchster Entscheidungskompetenz) wird unmittelbare Information des Bediensteten möglich, der alle nötigen Daten und Entscheidungen sofort beschaffen kann. Der Bürger kommt mit seinem Anliegen in die Station, wird von einem Beamten (mit Zusatzqualifikation im Umgang mit Telekommunikation ausgestattet) beraten. Traditionelle **Standortfaktoren** für den Verwaltungsbereich ändern sich. Wie schon für die Bürokommunikation (Stichworte: Homebanking, Heimarbeit, Nebenstellen, Rechnerverbund) vorhergesagt, wird auch für die Verwaltung Dezentralisierung möglich und unter dem Aspekt der Bürgernähe und Überschaubarkeit der Zuständigkeiten nötig und machbar. Kommunikationshelfer werden dem Bürger zur Seite stehen, da eine Individualverbindung vom häuslichen Terminal für jedermann allein schon aus Bedienungsgründen (Such- und Fragestrategie, Formulierungskompetenz, Kostenaufwand der Apparate) fraglich ist. Das Breitbandnetz ermöglicht auch die **Transporte** von Akten, Schriftstücken, von **Fernseh-** und **Hörprogrammen für Schulen** und Bildungszentren, **Konferenzen,** Besprechungen, Reisen durch Telekommunikation einzuschränken oder gar zu ersetzen. **Archivierung,** Lagerung von Bild- und Tonträgern können zentral erfolgen, weil die Kommunikate jederzeit über das Telekommunikationsnetz abrufbar sind.

Für die **Berufsausbildung** (Zugangsvoraussetzungen und Weiterbildung) ergeben sich weitreichende Konsequenzen im Verwaltungsbereich. Kommunale Einrichtungen für Kultur (Museen, VHS, Bibliotheken als Mediotheken, Schulen) und Soziales (Jugendhilfe, Sozialfürsorge etc.) erhalten neue Organisationsmerkmale und Aufgaben.

Kommunalpolitisch ergeben sich Chancen und Gefahren einer Bürgerbeteiligung durch Telekommunikation Chancen sind: Aufhebung von Standortnachteilen, Zugriffsmöglichkeiten auf Informationen, Transparenz des kommunalen Geschehens durch erweiterte Öffentlichkeitsarbeit, lokale Öffentlichkeit im überschaubaren und damit nachprüfbaren Raum. Gefahren liegen im Datenmißbrauch, im Alibi-Charakter von Bürgerzugang zum Lokalprogramm über den Offenen Kanal und – darauf hat der Deutsche Städte- und Gemeindebund in seinen Empfehlungen „Zukunft von Ortspresse und technischen Medien in den Gemeinden" 1982 hingewiesen, in der Gefährdung der Ortszeitungen durch Konkurrenz und im Mißbrauch des Rückkanals, mit dem jeder Teilnehmer Meldungen an die Zentrale geben kann, im Sinne einer Aushöhlung der repräsentativen Demokratie und Verfälschung der „öffentlichen Meinung" in einer Gemeinde.
Technik. Die Planung der Deutschen Bundespost sieht vor, mittelfristig noch in Kupferkoaxialtechnik weitere Abschattungsgebiete mit schlechtem Rundfunkempfang und größere Netzinseln, vorerst überwiegend in städtischen Ballungsgebieten zu verkabeln, daneben die Datennetze und – teilweise in Kombination – das übliche Fernsprechnetz zu pflegen, die Orts- und Fernvermittlungseinrichtung von Analog- auf Digitaltechnik umzurüsten, um Voraussetzungen für ein international angestrebtes „Integrated Services Digital Network" (ISDN) für Fernsprechen und Geschäftskommunikation und später in einem Universalnetz für alle möglichen Dienste zu schaffen. Ein Breitbandnetz in Glasfasertechnik kann alle Dienste (vom Fernmessen über Bildschirmtext und Bildfernsehen bis zur Geschäftskommunikation, der Verbindung mit Rechnern und Fernseh- und Hörprogrammen) über Vermittlungseinrichtungen auf lokaler Ebene zum Teilnehmer transportieren. Grundelement kann das „Breitbandige Integrierte Glasfaser-Fernmeldeortsnetz" (BIGFON) sein, wenn – was erwartet wird – die technischen Versuche mit BIGFON ab 1982/83 in Berlin, Hamburg, Hannover, Düsseldorf, Stuttgart, Nürnberg, München erfolgreich sind. Die Integrierten Ortsnetze, die mittels eines Rückkanals zur Zentrale die Vermittlung von beliebig vielen Programmen (auch Satellitenprogramme; Lokalprogramme für kleinere Gebiete wie Stadtteile) und Diensten gestattet, können über das „Integrierte Breitband Fernmeldenetz" (IBFN) miteinander und mit internationalen Netzen verbunden werden.
Die bestehenden Gemeinschaftsantennenanlagen lassen aus technischen und aus rechtlichen Gründen gegenwärtig die Verteilung von zusätzlichen Rundfunkprogrammen nur beschränkt nicht zu. Die Prinzipien der Staatsunabhängigkeit und der öffentlichen Kontrolle, die das Bundesverfassungsgericht 1961, 1971, und 1981 bekräftigt hat, sind auch die ordnungspolitischen Rahmenbedingungen von privaten, teilweise auch kommerziellen Rundfunkveranstaltern, wie sie in Gesetzesinitiativen in CDU-regierten Bundesländern vorgesehen werden. Weitere Probleme sind: Gefährdung der publizistischen Arbeitsteilung von privatwirtschaftlicher Presse und öffentlich-rechtlichem Rundfunk, wirtschaftliche Konkurrenz und Konzentrationstendenzen, freier Zugang zu Informationen (Dachantennenverbot als Einschränkung der Informationsfreiheit wegen Abhängigkeit von Netzbetreibern; Abschottung, insbesondere gegenüber der DDR, die Anschlüsse an westliche Netze nicht gestatten oder gar planen dürfte und drahtlose Verbreitung von Rundfunk auch weiterhin nötig machen sollte. Technisches Hauptproblem ist die Unterschiedlichkeit der gegenwärtigen Anlagen, die größerflächige Zusammenschaltungen verhindert.

Telekommunikation auf dem Lande

Ich möchte nur einige Behauptungen aufstellen und einige Fragen erörtern, die mir als diskussionswürdig erscheinen. Es liegen nur sehr vereinzelte Forschungsergebnisse, mehr Mutmaßungen und Folgenabschätzungen technischer Entwicklungen über den Komplex vor, den ich ganz knapp einführend beschreiben werde. Ich verstehe unter **Kommunikation:** Information, Artikulation, Austausch von Ideen und Plänen, letztlich Organisation von lebendigem Miteinander von Menschen. Telekommunikation ist lediglich die räumliche Erweiterung der unmittelbaren menschlichen Kommunikationsmöglichkeiten durch technische Mittel. Die Benutzung des Telefons zu Verabredung, zum Schwätzchen, zu Erörterungen privater Probleme wäre eine Form der personalen Kommunikation, durch den Apparat unterstützt und verändert, weil das Telefonieren die Beachtung bestimmter Regeln mit sich bringt. Diese Regeln beeinflussen den Kommunikationsprozeß: Wählen, deutliches Sprechen, Reduktion der Kommunikation auf den Gebrauch von Wörtern, Verzicht auf Gesten- und Körpersprache. Fernsprechen ist Telekommunikation, allerdings im Grenzbereich von personaler, direkter Kommunikation und vermittelter Kommunikation.

Kommunikationsformen

Ich möchte drei Kommunikationsformen unterscheiden, die personale, die privatgeschäftliche und die rein geschäftliche Kommunikation. Diese Unterscheidung ist nützlich, weil jeweils andere Organisationsprinzipien und -bedingungen gelten.
Zunächst soll es um den privaten, persönlichen, den menschlichen Bereich gehen, den ich folgendermaßen kennzeichnen möchte: Menschen leben miteinander, indem sie sprechen, diskutieren, auch einfach schwatzen, spielen, miteinander feiern, sich den Alltag mit anderen Menschen aktiv gestalten. In der Kommunikationswissenschaft ist dies der Bereich der personalen Kommunikation, zunächst auch noch nicht durch Apparate beeinflußt. Ein Kommunikationsprozeß findet statt in natürlichen, gewachsenen Gruppen, die angeblich auf dem Lande besser funktionieren als in der Stadt. Der zweite Bereich ist der der privat-geschäftlichen Kommunikation. Hierzu gehören folgende Tätigkeiten: einkaufen, Dienstleistungen in Anspruch nehmen, bestellen, sich gezielt informieren, Behördenverkehr, das Stellen von Anträgen, Informationsaustausch mit Verwaltungen, Beratungen, etwa in Bauangelegenheiten oder bei Bildungsproblemen. Schwer zu trennen vom Bereich der privat-öffentlichen Kommunikation ist der Bereich der rein geschäftlichen Kommunikation, wenn man etwa an die Situation auf dem Lande denkt. Für Menschen, die in Familienbetrieben arbeiten und leben, gehen persönliche, privat-geschäftliche und geschäftliche Angelegenheiten ständig durcheinander. Die Trennung von Arbeit und Freizeit, von Schlafstätte und Arbeitsstätte und Erholungsstätte scheint aufgehoben zu sein. Scheint, sage ich dazu, denn hier ist ein deutliches Fragezeichen zu setzen. Die scheinbar idyllische Einheit des Landes hat nicht nur eine gute Seite; sie steckt voller Probleme. Ich möchte auch nicht leichtfertig urteilen über

den Zustand der drei genannten Kommunikationsbereiche auf dem Lande, und zwar allein schon deshalb nicht, weil der ländliche Raum vom Bodensee bis zur dänischen Grenze ganz unterschiedliche Strukturen und Feinstrukturen aufweist. Allein schon der Typ des Dorfes läßt sich nicht einheitlich bestimmen. Wie liegt das Dorf zum nächsten größeren Ort? Welche Erwerbszweige werden gepflegt? Wie ist die Einwohnerstruktur? Welche hochwertigen Dienstleistungseinrichtungen stehen zur Verfügung? Wo liegt die nächste Verwaltungsinstanz? Wie ist die Anbindung an andere Siedlungsräume organisiert? Von landsmannschaftlicher Bindung und religiös-weltanschaulichem Hintergrund wäre weiterer Aufschluß zu erwarten. Gibt es Vereinigungen? Gibt es Clubs? Gibt es eine breite Streuung von Eigentum? Gibt es annähernd gleiche Einkommen oder große soziale Gegensätze? Alle Fragen sind wichtig für die Charakterisierung menschlicher Siedlungsgebiete. Sie sind auch wichtig für unser Problem der Kommunikation.
Dankenswerterweise hat Ossip K. Flechtheim vor den leichtfertigen Urteilen gewarnt, die Gegenwart zugunsten einer schönen Vergangenheit zu verdammen. Ging es den Menschen früher tatsächlich besser? Nicht akzeptabel fände ich die Behauptung, viele Probleme im Zusammenleben von Menschen seien nur deswegen entstanden, weil die Menschen heute mehr Zeit haben, über ihre Probleme nachzudenken. Hier entdecke ich ein Kommunikationsproblem. Öffentlich diskutierte Probleme, sogenannte politische Probleme, entstehen tatsächlich, wenn sich viele Menschen mit ihnen befassen, wenn Menschen sensibel werden für ihre Umwelt und wenn Menschen ihre eigenen Möglichkeiten entdecken, die durch äußere Zwänge oder durch andere Menschen eingeengt werden.

Technische Hilfsmittel

Ich möchte jetzt auf einige Hilfsmittel und Entwicklungen hinweisen, die uns Verwaltung, Sozialtechnik und Kommunikationstechnik bereitstellen, um möglicherweise der Kommunikation auf die Sprünge zu helfen. Allerdings muß ich erwähnen, daß manche Experten der Meinung sind, daß diese Hilfsmittel, die Kommunikation stiften und verbreiten sollen, eher dazu geeignet seien, menschliche Kommunikation gänzlich zum Erliegen zu bringen.
Beginnen möchte ich mit dem Komplex der personalen Kommunikation, speziell der Kommunikation im Freizeitbereich, im Alltäglichen, im Menschlichen. Ich kann nur ganz oberflächlich und annäherungsweise eine Behauptung aufstellen aus eigener Erfahrung. Nicht nur aus Berlin, sondern aus ländlichen Zusammenhängen. Ich meine, daß hier so wenig wie irgend möglich vororganisiert und vorgegeben werden sollte. Hier sollte streng nach dem Subsidiaritätsprinzip gehandelt werden, d.h. nur dann sollte wirklich etwas behördlicherseits, von der Verwaltung her geschehen, wenn tatsächlich eine Mangelsituation festzustellen ist. Ich fürchte, daß Freizeitaktivitäten oft tot subventioniert werden. Ich meine, daß Privatinitiative in demselben Maße erlahmt, in dem staatliche oder gemeindliche Aktionen einsetzen. Ich gehe mal ein Beispiel an, daß ich möglichst abstrakt schildere. Nehmen wir einmal an, es gäbe ein Dorfgemeinschaftshaus, das arbeitsteilig organisiert ist, mit festangestellten Organisatoren, man mag sie

Animateure nennen, Sozialarbeiter, Kulturarbeiter, die Haltung der Bevölkerung gegenüber einer solchen Einrichtung wird bald sein: Nun mal ran, nun macht mal was vor, ihr werdet ja dafür bezahlt. Es werden Fragen gestellt wie: Wann geschieht endlich wieder etwas? Wann wird etwas veranstaltet? Und wenn niemand da ist, der etwas organisieren kann, dann liegt ein solches Haus schnell brach. Ich könnte sogar Adressen nennen nicht genutzter Objekte. Diese Erfahrung gilt selbstverständlich auch für einen Subventionsbetrieb in der Großstadt, in ähnlicher Weise, ich meine, daß beispielsweise die Kultur in Berlin (West), die scheinbar blüht und gedeiht, weithin längst tot subventioniert worden ist. Es ist eine reine Konsumentenkultur. Weil Leute, die an dieser Kultur teilhaben, als reine Konsumenten kommen und gehen und sich selbst kaum Mühe geben, nur genießen. Sie meckern, wenn es hochkommt, meist nicht einmal mehr das. Sie freuen sich an allem, was die öffentliche Verwaltung mit einer gewaltigen Umverteilung von Steuermitteln hier vornimmt. Denn der Kulturbetrieb kostet ja viel Geld, das erarbeitet wird von Leuten, die das allabendliche Fernsehen vorziehen und nicht an einer geförderten Kultur der Großstadt partizipieren. Um es ganz simpel zu sagen: Da gehen Leute in's Theater, zahlen relativ wenig Geld und derjenige, der Arbeiter bei Borsig oder sonstwo, der das bezahlt, der geht eben nicht in's Theater. Er könnte ja, aber er tut es nicht. Ich möchte nun keineswegs darauf hinwirken, daß gut organisierte, öffentlich verwaltete Kultur nicht zum Selbsttun animiert.
Ich möchte nun Alternativen nennen. Die öffentliche Verwaltung hat eine Menge Möglichkeiten, ohne lähmende Begleiteffekte kulturelles und gesellschaftliches Leben zu fördern, von organisatorischen und technischen Hilfestellungen, in Ausnahmefällen auch Finanzspritzen bis hin zur Sicherstellung der Information über solche Aktivitäten. So könnte etwa die Bekanntgabe von Treffen, Vorhaben, das Zurverfügungstellen von Räumen, die Hilfe bei Vereinsgründungen mit Ratschlägen, das Anknüpfen von Beziehungen auch über die Gemeinde hinaus anregen und anstoßen. Hier kann auch die Technik helfen. Eine ganz naheliegende Möglichkeit ist schon die intensive Nutzung des Telefons. Da gibt es beispielsweise die Möglichkeit, durch das Telefon, das ja nun weitverbreitet ist, etwa Anschlagtafeln zu ersetzen, auf jeden Fall aber kostspielige Rundbriefe. Man könnte ein Informationsband ständig ablaufen lassen, das von Interessenten zu jeder Zeit abgerufen werden kann. Das kostet auch kein Porto mehr für Briefe, von denen viele nur Uninteressierte erreichen. Wer sich interessiert, der zahlt in diesem Falle auch die Gebühr und erfährt, was in der Gemeinde oder sonst in der Umgebung los ist. Abrufdienst von jeder Wohnung mit Telefon und von jeder Telefonzelle aus, finanziert vom wirklich Interessierten, nicht von der öffentlichen Hand. Selbstverständlich müssen die Telefonnummern in Schaukästen oder in Plakataktionen bekanntgegeben werden. Was nun die Hilfe für örtliche Vereinigungen angeht: Oft hilft schon der Status einer Gemeindeverwaltung, der ja über den einzelnen Organisationen angesiedelt ist, Zusammenschlüsse zu erleichtern, Streit und Probleme auszuräumen, Kommunikation zu stiften. Viel später, und deswegen habe ich das überhaupt genannt, viel später könnte hier einmal das sogenannte Kabelfernsehen helfen. Mit eigenen Kreiskanälen oder jetzt schon bald der Bildschirmtext, zu dem ich aber noch einiges ausführlicher sagen möchte. Private Kommunikation ist wichtig; sie macht letztlich auch den größten Teil von Lebensqualität aus. Auch Generationsprobleme können sich als Kommunikationsstörungen erweisen. Wenn beispielsweise keine Disco in der Nähe ist,

keine Gleichgesinnten, und wenn keine Gelegenheit zum zwangslosen Treffen Jugendlicher gegeben sind, zur Aktion, zur Teilnahme und zum Ernstgenommen werden. Für die Jugend muß es solche Angebote geben; sonst kommt es zu Ruhestörungen, zu bösen Streichen, zu Absonderungen. Erwähnen möchte ich in diesem Zusammenhang die Landjugendaktivitäten und die Landfrauenaktivitäten, die ja in diesen großen Verbänden mit vielen kleineren Unterorganisationen wesentlich zur Hebung der Lebensqualität von Jugendlichen und auch von Frauen auf dem Lande beigetragen haben. Das ist ein Thema für sich. Inwieweit allerdings, das müßte wohl kritisch angemerkt werden, Integrationsaufgaben durch diese beiden genannten Institutionen ausgenommen, wahrgenommen werden, müßte noch erforscht werden. Ich habe den Eindruck, daß hier doch Insidergruppen entstanden sind, die ganz bestimmte Kreise der Bevölkerung umfassen, aber wesentliche andere Teile ausschließen aus vielerlei Gründen.
Für die privat-wirtschaftliche Kommunikation, z.B. für das Einkaufen, das Entgegennehmen von Dienstleistungen und auch für die rein geschäftliche Kommunikation hat das Land fast ohne Ausnahme, erhebliche Standortnachteile. Das gilt übrigens nicht für die Information, die durch das überall verbreitete Fernsehen und im überall einstrahlenden Hörfunk gleichermaßen verbreitet ist. Das gilt auch nicht für Mode und Geschmack, für durch Hörfunk und Fernsehen vermittelte kulturelle Normen und für die Unterhaltung der Massenmedien. Die Rolle der Lokalzeitungen und der überörtlichen Zeitungen für die Integration ländlicher Gebiete in die Gesamtgesellschaft sei nur erwähnt. Was aber die genannten Tätigkeiten angeht, sagt man immer noch, man führe in die Stadt oder zur Zentralgemeinde, wenn sich eine entsprechende Gelegenheit ergibt, um, was selten genug vorkommt, aber doch gelegentlich passiert, mal eine Bibliothek oder einen Buchladen aufzusuchen. Das gilt etwa für Heranwachsende, die in der Schule aufgefordert werden, ein Referat zu erarbeiten. Sie müßten eine größere Bibliothek aufsuchen. Das gilt für Leute, die zur Verwaltung gehen müßten, die etwas Besonderes brauchen. Nun mag es eher von Vorteil sein, wenn Leute aus ihren Lebensbereichen herauskommen, um in der Stadt sozusagen noch nebenbei allerhand anderes zu erleben. Diese Art von Nebenkommunikation ist allerdings Randerscheinung, das Mitnehmen von interessanten Zugaben, ist eigentlich nur Abfall, wenn man so will, ist mehr eine zufällige Errungenschaft, die sich nicht absichtlich gezielt, gewollt als Hauptzweck des Stadtbesuches planen läßt. Insofern meine ich, wenn man mehr Zeit hätte, könnte man auch mal wegen des Nebenzweckes in die Stadt fahren. Standortnachteile ganz allgemein in kommunikativer Hinsicht können meiner Meinung nach technisch leicht aufgeholt werden. Ich will jetzt einige neuere technische Entwicklungen nennen, die hier helfen könnten. Ich nehme nur drei Komplexe heraus und kommentiere sie kurz.
Ich nenne erstens die Erweiterung und weitergehende Nutzung des Telefons, und zwar mit dem vorläufigen Höhepunkt von Bildschirmtext. Ich werde dann kurz eingehen auf Kabelfernsehen und dann auf Satellitenübertragungen. Die Zukunft eines integrierten Informationssystems, wie es die Bundespost plant und wie es in den 90er Jahren dieses Jahrhunderts in ersten Schritten verwirklicht werden dürfte, um dann ab der Jahrtausendwende eine völlig neue Infrastruktur für die Bundesrepublik abzugeben, will ich ganz zum Schluß nur kurz charakterisieren.

Bildschirmtext

Bildschirmtext ist die gegenwärtig schon bereitstehende Technik zur massenhaften Einführung der Datenverarbeitung auch für Privathaushalte. Bildschirmtext kann Standortnachteile wesentlich verbessern. Nach den Versuchen in Großstädten, nicht im ländlichen Raum, nämlich in Berlin und Düsseldorf, wurde Bildschirmtext im Herbst 1983 nach der Funkausstellung mit einer neuen, leistungsfähigen Norm eingeführt. Nur anmerken möchte ich, daß die Entschließung der Fachtagung der Deutschen Akademie zur Forschung und Planung im ländlichen Raum nicht ernstgenommen wurde, da weder die besonderen Bedingungen des ländlichen Raumes experimentell erkundet noch durch Folgenabschätzungen beschrieben wurden. Die Einführung von Bildschirmtext geht von Städten aus, wird um Städte herum aufgebaut, so um Krefeld, Aachen, Frankfurt am Main, Mainz, Saarbrücken, Hamburg, Stuttgart und Mannheim, später um Hannover, Kiel, Hagen, München, Nürnberg, Augsburg, Regensburg, Erlangen, Dortmund, Bremen, Köln und Bonn herum. Die Bundespost rechnete für 1985 schon mit 150.000 Teilnehmern, hatte aber nur unter 30.000. Ein Jahr später sollten es 400.000 Teilnehmer sein, und für 1987 wird mit über einer Million Bildschirmtextbenutzern, zum größten Teil in Privathaushalten, gerechnet. Diese Erwartungen gehen nicht auf.

Bildschirmtext ist eine neue Technik, die ein mit Zusatzgeräten ausgestattetes Farbfernsehgerät nutzt, um Daten und Zeichen auf dem Bildschirm sichtbar zu machen. Verbunden mit dem ganz normalen Telefonanschluß können Grafiken, einfache Bilder, vor allen Dingen aber Buchstaben und Zahlen sichtbar gemacht werden. Über die Telefonleitung werden die Text- und Grafikseiten überall hingeschickt, wo ebenfalls ein Bildschirmtextgerät steht, und zwar nicht nur von einem zentralen Sender aus, sondern auch vom Empfänger zum Sender und von dem einen Bildschirmtextnutzer zum anderen.

Man kann also interaktiv mit Hilfe des Bildschirmtextes verkehren, mit der Bildschirmtextzentrale in der Nähe, mit fernen Bildschirmtextzentralen, demnächst weltweit, und auch mit anderen Teinehmern und mit sogenannten externen Rechnern. Ich kann mich hineinwählen in einen externen Rechner, der angeschlossen ist, in einer Datenbank in einen Computer, und kann dann aus dieser Datenbank abrufen, was mich interessiert. Ich kann auch Kalkulationen anstellen lassen, ich kann von mir aus Aufträge hineingeben, völlig ungebunden vom Standort. Jeder Telefonanschluß verbindet mich mit Bildschirmtextzentralen, anderen Teilnehmern und Computern. Es kommt nicht darauf an, ob eine Großstadt in der Nähe ist. Alle wichtigen Informationen sind so nahe wie der nächste Telefonanschluß.

Im Bereich der privaten Kommunikation, könnte ich mir denken, sollte Bildschirmtext dazu dienen, Termine zu vereinbaren, Tips, Anregungen für persönliche Treffen zu geben, für Organisation, für Austausch, für Freizeit. Für die private-geschäftliche Kommunikation konnten die Bildschirmtextteilnehmer schon während der Versuchsphase bei großen Versandhäusern vom heimischen Herd aus bestellen, konnten sofort feststellen lassen, ob ein bestimmter Artikel noch am Lager ist oder vergriffen ist, ob die Preise sich geändert haben oder nicht. Bei Bestellungen gab es sofort die Bestätigung. Bankgeschäfte konnten von zu Hause aus erledigt werden. Jederzeit ist der eigene Kontoauszug abrufbar. Jederzeit können Überweisungen oder Geldanlagen getätigt werden

ohne jeden Zeitverlust. Zu dem Bereich der geschäftlichen Kommunikation, der betrieblichen Kommunikation gab es während der Versuchszeit einige wenige Beispielangebote. Ich erwähne nur die Versuche der Landwirtschaftskammer Schleswig-Holstein oder das System des bayerischen Landwirtschaftsministeriums. In diesen Systemen konnte sich der Teilnehmer in betrieblichen Fragen gezielt beraten lassen, und zwar ohne sein eigenes Haus zu verlassen.
Ich halte es für eine Illusion, daß Bildschirmtext in absehbarer Zeit massenhaft verbreitet wird. Erstens ist der Telefonanschluß blockiert (da hilft möglicherweise ein zweiter, billiger Anschluß); zweitens ist das neue Medium außerordentlich bedienungsunfreundlich. Nicht schwer ist es zu bedienen für Leute, die mit Datenverarbeitung umgehen können. Schwierig ist es für jederman und jede Frau. Man muß sich Zahlen merken, über schwierige Suchbäume zu den gewünschten Informationen vortasten, auf allerlei Steuerzeichen reagieren. Nur wenige Menschen werden in der Lage sein, auf diese abstrakte Art zu kommunizieren. Allerdings stehen technische Lösungen bereit. Ein dritter Grund für meine Skepsis, was die schnelle und breite Einführung von Bildschirmtext angeht, ist der Kostengesichtspunkt. Es ist nicht gerade billig, Bildschirmtext zu benutzen, zumal die Anbieter die Preise selbst gestalten können. Hinzu kommt die normale Telefongebühr außerdem eine Bildschirmtextgebühr.
Wenn schon Bildschirmtext kein massenhaftes Medium wird, so könnte es doch im Bereich der geschäftlichen Kommunikation, der Dienstleistungen, der Information für Informationsverbreiter (Presseagenturen, Zeitungsredaktionen, Rundfunkanstalten) und für zentralen Mitzugang für jedermann und jede Frau helfen, unnötige Wege mit dem Auto oder öffentlichen Verkehrsmitteln zurückzulegen, bei Behörden oder Beratungsstellen Schlange zu stehen oder mühsam Termine zu vereinbaren, in Bürohochhäusern von Büro zu Büro umhergeschickt zu werden.
Bildschirmtext bietet die Möglichkeit, eine funktionale Verwaltungsreform einzuleiten. Verwaltungsstellen an allen möglichen Orten, weitgestreut über's Land, machen es dem Publikum und den Verwaltungsleuten leichter, miteinander in's Gespräch zu kommen, Entscheidungen herbeizuführen und kompetent Informationen auszutauschen. Jeder Sachbearbeiter, jede Sachbearbeiterin ist mit Hilfe des Bildschirmtextes an den Verwaltungscomputer angeschlossen. Dezentralisierung von Verwaltung, kompetente Entscheidung und Information jederzeit und überall werden möglich, allerdings in Kombination mit umfänglich ausgebildeten Kommunikationshelfern. Alleine sollte man die Leute nicht von einem Apparat bedienen lassen. In einer integrierten Beratungs- und Verwaltungsstelle könnten auch Genossenschaften, Geldinstitute, Landwirtschaftskammern etc. ihre Dienste anbieten, vermittelt durch Kommunikationshelfer.
In diesem Zusammenhang möchte ich nur darauf hinweisen, daß Bildschirmtext die Vorwegnahme der späteren breitbandigen Datenfernverarbeitung ist, die jeden Winkel der Bundesrepublik erreichen wird. Datenverarbeitende Betriebe könnten selbstverständlich auch auf dem Lande angesiedelt werden. Das Bild vom Computer unter grünen Bäumen ist durchaus keine Schreckensvision; denn Datenverarbeitung ist umweltfreundlich, in Zukunft völlig unabhängig vom Standort, etwa der Nähe zu einer Großstadt.

Kabelfernsehen

Die Verkabelung des flachen Landes war bisher überhaupt nicht vorgesehen, sieht man einmal von wenigen ländlichen Kabelinseln im südwestdeutschen Raum ab. Seltsamerweise, möchte ich meinen, da ja gerade durch Verkabelung Anschluß an Kommunikation Standortnachteile hätte aufheben können. Im Südwesten wird es ein Kabelpilotprojekt geben, das auch ländliche Gebiete umfaßt. Ich empfehle daher, alle Aufmerksamkeit auf diesen Versuch zu lenken, rechtzeitig Informationen einzuholen, Bereitschaft zur Mitarbeit anzubieten, Forderungen zu stellen und sich gegebenenfalls zu beteiligen. Vom Lokalfernsehen, Lokalhörfunk könnte man sich eine bessere Berücksichtigung der besonderen Interessen auch kleinerer Gebiete versprechen. Die Grenze des Kabelfernsehens im Lokalen liegt allerdings da, wo die Versammlung, das persönliche Treffen, der direkte Gedankenaustausch leichter und billiger möglich sind als die technische Kommunikation. Auch vom sogenannten Offenen Kanal verspreche ich mir nicht sehr viel. Der Offene Kanal soll allen Leuten die Möglichkeit geben, ihre Meinung frei zu äußern, auch eigene Videobänder und -filme abzuspielen, möglicherweise mit geliehenem Gerät eigene Programme zu gestalten. Für Medienpädagogen ist das sicherlich ein fruchtbares Feld. Neben solchen lokalen Einrichtungen wird Kabelfernsehen mehr Vielfalt bieten, mehr Fernsehprogramme, mehr Spezialkanäle, Kabeltext, nämlich erweiterter Bildschirmtext, möglicherweise auch Bestellfernsehen und Bezahlfernsehen. Bestellfernsehen bedeutet, daß bestimmte Programme bestellt werden können und dann möglicherweise nachts in einen dezentralen Speicher geliefert werden; Bezahlfernsehen bedeutet, daß der Zuschauer und die Zuschauerin nur für die Programme zahlt, die sie auch wirklich gesehen haben. Denkbar wäre auch die Herbeischaffung von ausländischen Programmen, vielleicht sogar aus dem fernen Ausland, möglicherweise sogar aus Asien, aus der Dritten Welt, aus den USA, aus Kanada.

Satellitenübertragungen

Satelliten sind wichtig für die Versorgung von Kabelfernsehanlagen mit Programmen weit entfernter Gebiete. Für die Bundesrepublik und Europa sind Satelliten zur Programmversorgung allerdings Kabelnetzen unterlegen. Satelliten halten immer nur wenige Jahre erfordern eine aufwendige Versorgungs- und Empfangstechnik und bestreichen große Flächen. Für riesige Flächenstaaten wie Kanada oder Australien sind Satelliten ideale Programmverteiler. Geht es jedoch darum, eine große Vielfalt auf engem Raum zu bieten, ist das Kabel überlegen, das zudem länger hält und wesentlich unempfindlicher und sicherer ist. Die Kombination von Satelliten und Kabelnetzen wird sich in den 90er Jahren auch bei uns einpendeln.

Integration aller Dienste: Telekommunikationszukunft

Alle erwähnten Dienste und weitere Informationsangebote werden in Zukunft zusammenwachsen. Die weitergehende Miniaturisierung elektronischer Bauteile, die Weiterentwicklung von Mikroprozessoren, eine neuartige Speichertechnik, die Ausnutzung von Glasfaserkabeln und die Kombination mit leistungsfähigen Satelliten werden eines Tages alle Haushalte und Betriebe miteinander verknüpfen. Je nach Interesse, Bedarf und Erschwinglichkeit werden Informationen aller möglichen Art über ein neuartiges Datennetz hin- und hergeschickt werden. Viele Wege werden überflüssig; die Automation schreitet voran, vor allem im Dienstleistungsbereich. Eine fast unbegrenzte Zahl von Hörfunk- und Fernsehprogrammen steht zur freien Auswahl zur Verfügung. Viele Wege werden überflüssig, so der zum Rathaus oder zur Bank, zum Rechtsanwalt oder zum Reisebüro.

Schaden und Nutzen

Eine wichtige Frage, die wichtigste überhaupt, ist die nach Schaden und Nutzen moderner Telekommunikationentwicklungen. Ist die Programmvermehrung nicht schädlich für das Zusammenleben der Menschen, für die Familie? Sind Automation und Datenfernübertragung, zunehmende Möglichkeit zur Heimarbeit, das Überflüssigwerden von vielen Wegen nicht menschenfeindlich, antisozial, inhuman? Was die Programmvermehrung angeht, so meine ich, daß hier auch Supermärkte nicht geschlossen werden, weil sich manche Leute „überfressen". Ich meine nur, daß es darauf ankommt, eine breite Vielfalt an Programmangeboten zu garantieren. Es darf nicht so kommen wie etwa in Belgien oder in den USA, daß es nur mehr Programme derselben, attraktiven Art gibt. Wichtig wäre hier die Garantie der öffentlichen Kontrolle des Rundfunks, auch eines möglichen Privatfunks. Wichtig ist auch die Stärkung der Persönlichkeit, die mit der Vielfalt umgehen wird. Hier geht es nicht nur um Bildung und Ausbildung, sondern auch um das Angebot anspruchsvoller und zugleich anregender Möglichkeiten in der Wirklichkeit. Die Realität muß gegenüber der schönen Medienwelt verbessert werden. Das Zusammenleben der Menschen muß wieder so interessant sein, so attraktiv, so lustbetont und angenehm, daß die Mediennutzung nur eine untergeordnete, ergänzende Rolle im Alltag spielen kann.
Wichtig für den richtigen Umgang mit der Datenfernverarbeitung ist einmal die schulische und berufliche Ausbildung, dann aber auch die Bereitstellung von Informationseinrichtungen, Beratungszentren, die Entwicklung des neuen Berufs des Kommunikationshelfers. Viele Menschen werden nicht direkt mit der Technik umgehen wollen und können. Ihnen muß die Chance gegeben werden, zusammen mit Kommunikationshelfern in Beratungsstellen gleich um die Ecke oder im Dorf die Möglichkeiten, die die Telekommunikation bietet, für ihr privates Leben zu erschließen. Das geht von Verbraucherberatung bis hin zur erwähnten Verwaltungsvereinfachung.
Was nun Heimarbeit, fortschreitende Automation, Umschichtung des Dienstleistungsbereichs angeht, so sollte Grundsatz für alle technische Weiterentwicklung sein, daß die in Zukunft weniger vorhandene Arbeit gerecht unter allen Menschen verteilt wird. Keine Gesellschaft kann es sich leisten, große Gruppen von Menschen als Arbeitslose auszubürgern, Informationen unter immer weniger Menschen auszutauschen, den Produktivitätszuwachs nur einer Elite zugänglich zu machen. Ordnungspolitische Rahmenbedingungen müssen dafür sorgen, daß die Entwicklung der Technik zum Segen der Menschen genutzt wird. Es ist ganz eindeutig, daß aus allen Techniken, die ich er-

wähnt habe, ein arbeitsvernichtender Effekt hervorgeht. Die Arbeitsplätze für die Herstellung der Technik, für Verkabelung und Bau von Geräten, Wartung und Weiterentwicklung sind wichtig für die wirtschaftliche Entwicklung, doch sie stehen nur in einem unwesentlichen Verhältnis zu den Arbeitsplätzen, die durch die neue Technik überflüssig werden. Ich finde nichts schöner als die Befreiung des Menschen von unwürdiger Arbeit durch technische Einrichtungen. Ist es nicht vernünftig, daß ein wirklicher gefühlloser, einseitig intelligenter, in begrenztem Maße leistungsfähiger und zuverlässiger Mikroprozessor die Arbeit eines Menschen übernimmt, der sich getreten und geknechtet fühlte, weil er von irgendwelchen Anweisungen irgendwelcher Leute abhing? Dem Mikroprozessor tut nichts weh, wenn ich auf irgendwelche Knöpfe drücke. Er muß tun, was ich ihm sage. Ich finde auch die Verbesserung der Infrastruktur phantastisch, die Integration aller Informationschancen. Endlich werden Menschen Zeit und Muße haben, Beschäftigungen und Interessen nachzugehen, die ihnen wirklich Spaß machen. Endlich werden sie Wanderungen und Fahrten, Reisen und Besuche unternehmen, die selbstgewählten Zwecken dienen. Es wird mehr Zeit für alle geben, mehr Möglichkeiten zum eigenständigen Tun. Allerdings, ich weise nochmals darauf hin, Voraussetzung ist die gerechte Verteilung der immer weniger vorhanden sein werdenden Arbeit.

Chancen für ländliche Gebiete

In allen bisherigen Erörterungen und Folgenabschätzungen ist der Unterschied zwischen verschiedenen Regionen der Bundesrepublik, zwischen Ballungsgebieten und dünn besiedelten Gebieten, zwischen Stadt und Land viel zu kurz gekommen. Die Chancen der integrierten Telekommunikation der Zukunft gerade für ländliche Gebiete sind viel zu wenig erforscht worden. Gerade am Beispiel des Informationsgefälles zwischen Stadt und Land läßt sich die Einführung neuer Telekommunikationsformen schlüssig und einsichtig abschätzen.
Es ist noch nicht zu spät, Experimente im ländlichen Raum zu fordern, Standortprobleme in alle Überlegungen der Telekommunikation einzubeziehen und heute schon die Rahmenbedingungen zu formulieren für eine Informationszukunft, die Menschen miteinander verbindet, die Ideenaustausch ermöglicht und gleichwertige Lebenschancen überall bereitstellt.

Video-Boom im Wohnzimmer

Anfang der 80er Jahre setzte bei uns der Video-Boom ein. Alle Marktberichte deuten darauf hin, daß das Käuferinteresse noch zunimmt und daß immer mehr Videorekorder in immer breitere Kreise der bundesrepublikanischen Bevölkerung vordringen. Ende 1984 stand schon in wenigstens jedem 7. Haushalt ein Rekorder, in Berlin (West) sogar in jedem vierten; nach vorsichtigen Marktvorhersagen werden 1990 schon in jedem zweiten Haushalt Aufzeichnungs- und Wiedergabegeräte für Bewegtbilder stehen. Daneben wird immer mehr Geld ausgegeben für Leerkassetten, Miet- und Kaufprogramme, Videokameras und Videospiele. Bildschirmtext hat sich vorerst noch nicht durchsetzen können. Videotext ist inzwischen in über 2 Millionen Haushalten empfangbar, Homecomputer und Bildplattenspieler stehen noch ganz am Anfang. Trotz wirtschaftlicher Probleme ist die Bereitschaft der Käufer ungebrochen, immer mehr für die Unterhaltungselektronik auszugeben. 1984 wurden nach Angaben des Deutschen Video-Instituts Berlin über 4,5 Mrd. DM (Vorjahr 4,0 Mrd. DM) für Videorekorder und Heimcomputer ausgegeben. 1985 lagen die Umsätze über 5 Milliarden Mark. Durchschnittlich werden schon 20 Minuten Video täglich von Rekorderbesitzern gesehen.

Der Video-Markt

Seit Jahren wird der Video-Markt von Meinungsforschungs-Instituten erforscht, im Auftrage einzelner Firmen, der Verleger, der Rundfunkanstalten. Regelmäßige Untersuchungen veranstaltet das in Berlin ansässige Deutsche Video-Institut, in dem sich Hersteller und Händler zusammengeschlossen haben. Bekanntgeworden sind auch Umfragen aus dem Verlagshaus BURDA und von der Zentralstelle für private Überspielungsrechte. Fast ein Jahrzehnt lang, nachdem Philips das inzwischen nicht mehr hergestellte System VCR im Jahre 1970 herausgebracht hatte, war der private Video-Markt recht ruhig. Auch die Verbesserung von VCR im Jahre 1977 mit Verlängerung der Spieldauer und höherer Wiedergabequalität brachte nicht den Durchbruch. Erst als die japanischen Produkte Betamax und VHS (Video Home System) direkt und über europäische Lizenznehmer ab 1978 auf den deutschen Markt kamen, gab es kräftige Umsatzsteigerungen. 1980 wurden in der Bundesrepublik einschließlich Berlin (West) fast 400.000 Videorekorder abgesetzt mit einem Verkaufswert von 840 Millionen Deutsche Mark. 1981 lag die Zahl der verkauften Rekorder schon bei einer Dreiviertelmillion, 1982 bei deutlich über einer Million. 1983 wurde eine Stückzahl von anderthalb Millionen verkaufter Geräte mit einem Umsatz von knapp drei Milliarden Deutsche Mark erreicht. Für 1985 werden 1,6 Millionen Verkäufe angezielt mit einem Geldwert von über 3 Milliarden Mark. Steil steigt die Kurve der verkauften Leerkassetten, die allerdings in den letzten Jahren immer billiger wurden wie ja auch Kauf- und Mietprogramme. Während 1980 noch 4 Millionen leere Kassetten abgesetzt wurden, waren es 1985 ca. 30 Millionen. 1980 wurden etwa 300.000 Videoprogramme offiziell verkauft; 1983 waren es 26 Millionen und 1984 sogar 36 Millionen. Raubkassetten, ohne Genehmigung der Produzenten

kopierte Video-Filme, haben inzwischen eine Art schwarzen Markt entstehen lassen, der 30 Prozent und mehr des Programmumsatzes mit einem Wert von annähernd 100 Millionen DM ausmacht. Video-Kriminalität tritt häufig auf im Zusammenhang mit Gewaltkriminalität, Prostitution und Steuerbetrug. Der Absatz von relativ teuren Videokameras zum Selberfilmen lag 1981 bei 82.000, 1982 bei über 100.000, 1983 bei 115.00 und 1984 bei 173.000 Stück. Neue, leichte Kameras, kombiniert mit der Bildaufzeichnung, wurden auf der Funkausstellung 1983 vorgestellt. 1984 konnten 23.000 Stück abgesetzt werden, 1985 ca. 54.000 Stück. Die Vermieterlöse aus dem Programmverleihgeschäft werden gegenwärtig auf mehr als eine Milliarde im Jahr geschätzt. Immerhin gibt es über 5.000 Händler, die Programme verkaufen, meistens aber zu immer niedrigeren Preisen verleihen; sogar Tankstellen, Supermärkte, Einzelhandelsgeschäfte werden im Video-Verleihgeschäft tätig.
Das Nebeneinander von drei Video-Systemen hat den Aufschwung zunächst nicht bremsen können. VHS liegt nach wie vor mit über 70 Prozent vorn, während das weltweit einstmals führende Betamax-System nach einer Marktstudie von 1985 nur 9 Prozent hielt gegenüber dem europäischen Video 2000 mit 18 Prozent. Eine neue Generation von Videorekordern mit einheitlichem 8-mm-Band kündigt sich seit längerem an; die großen Elektronikfirmen haben gerade in den letzten Jahren noch in VHS- und Video-2000-Fabriken investiert; dabei beherrschen multinationale Konzerne mit starken japanischen Gesellschaftern den Markt. Vorerst dürfte es noch einige Verbesserungen des VHS-Systems geben, so längere Spieldauer, Miniaturisierung, technische Qualitätssteigerung. Die Preise sollen dem Vernehmen nach leicht steigen, nicht zuletzt wegen der starken Nachfrage und der japanischen Exportbeschränkungen. Video 2000, ein leistungsfähiges europäisches System, wird nicht mehr hergestellt. Der Markt war besetzt.

Videonutzung verändert Freizeit

Fast alle Videorekorder-Besitzer schätzen an ihrem Gerät besonders, daß sie endlich vom starren Sendeschema der Rundfunkanstalten unabhängig werden und sich beliebige Programme automatisch Aufzeichnen und jederzeit, meist nach 20 Uhr, ansehen können. Ein anderes, recht starkes Kaufmotiv für Videoliebhaber ist die Möglichkeit, schwer oder gar nicht erreichbare Programme zu Hause ansehen zu können, nämlich brutale Filme, Sex und Action. Ein Drittel der Videorekorderbesitzer leihten sich keine Filme aus, sondern ist mit dem Aufzeichnen aus dem normalen Fernsehprogramm zufrieden. Fast die Hälfte leihten mehrmals im Monat und häufiger Kassetten aus. Tagtäglich nutzt jeder dritte Videorekorderbesitzer sein Gerät; fast alle Gerätebesitzer nutzen es ein- bis zweimal die Woche. Jüngere Leute sehen häufiger Videoprogramme als ältere. Zwei Drittel geben bis zu 50 DM monatlich allein für Leihkassetten aus. Rechnet man die Zeit für das Aussuchen der Programme zum Aufzeichnen in der Programm- oder speziellen Videozeitschrift, des Einstellens des Rekorders, die Zeit für die Beschaffung von Leer- und Leihkassetten, dann ergibt sich daraus ein nennenswerter Zeitaufwand für die Organisation des eigenen Programms. Videorekorderbesitzer sind dabei keine Fernsehmuffel. Ihr Programmkonsum steigt. Jeder vierte meinte, er sähe wesentlich mehr als bisher, jeder dritte meinte, gelegentlich durchaus. Fast die Hälfte der Videobesitzer laden Freunde zum Videoabend ein; ein Drittel meint, Video sei ein „echtes Hobby".

Programmvorlieben

Die Programmvorlieben der Videorekordernutzer deuten darauf hin, daß meist eine Alternative zum Fernsehprogramm gesucht und gefunden wurde. Beim Fernsehprogramm liegen manche attraktiven Filme (Kinofilme, Western, auch Krimis u.a.) zur Unzeit. Aus dem Fernsehprogramm werden daher vor allem Spielfilme aufgenommen. Sei es von Leih- oder Kaufkassetten sind Abenteuer- und Actionfilme besonders beliebt, auch aktuelle Kinofilme, Krimis, Western, Unterhaltungssendungen. „Erotik" wird bei Umfragen immer unter „ferner liefen" ermittelt. Hier mag eine gewisse Scheu mitspielen, die geheimeren Wünsche einem Interviewer zu offenbaren. Denn eine Untersuchung der Programmangebote nach den Verkaufskatalogen ergibt, daß von den 1.780 aufgeführten Filmtiteln nicht weniger als 42,4 Prozent aufgrund der Programmrichtlinien der öffentlich-rechtlichen Rundfunkanstalten nicht im Fernsehen gezeigt werden dürften. Jeder fünfte Spielfilm ist ein Sex- und Erotikfilm, jeder sechste ein Brutal-, Eastern- oder Horrorfilm. An die 1.000 Filme auf Videokassetten sind es nach einem Bericht des Leiters der Bundesprüfstelle für jugendgefährdende Schriften in Bonn, Rudolf Stefen, die auf Vorführung und Entscheidung warten. Werden sie – wie Streifen, in denen bluttriefende Ungeheuer, Menschenopfer, sadistische Sexualpraktiken gezeigt werden – auf die Verbotsliste gesetzt, dann darf für sie nicht mehr geworben werden; sie dürfen nicht an Plätzen angeboten werden, zu denen Jugendliche und Kinder Zugang haben. Video bestimmt heute schon neben dem Fernsehen die Freizeit vieler Kinder und Erwachsener, nicht nur in der Form der Videoprogramme aller Art, sondern auch als Videospiel, häufig auf Krieg, Gewalt, Zerstörung programmiert.

Videoauswirkungen

Ein Medienmanager, Gerhard Naeher aus dem Verlagshaus Axel Springer, heute Geschäftsführer des Aktuell Presse Fernsehens (APF), hat ein Buch mit dem Titel „Stirbt das gedruckte Wort?" herausgebracht. In deutschen Verlagen wird die Gefahr immer deutlicher gesehen, die für Buch, Zeitung und Zeitschrift droht. Der heimische Fernsehapparat, wie Naeher beschreibt, wird zum Universalmedium, das die Menschen mit der Außenwelt verbindet, Informationen und Unterhaltung herbeischafft, frei verfügbar in Dutzenden von Fernsehkanälen oder vom Videorekorder, das mit der Bank, mit Versandhäusern und mit Behörden Geschäftsverkehr ermöglicht, über Bildschirmtext und Videotext auch Schrift auf den Bildschirm bringt. Werbegelder, die bisher die Zeitungen bis zu 75 Prozent finanzierten, könnten in die neuen Medien umgeleitet werden. So wird verständlich, daß sich Verleger um Bildschirmtext, Kabelfernsehen und Video kümmern. In einigen Großstädten wurden – bisher ohne nennenswerte Resonanz – Bildwände mit Fernsehmonitoren aufgestellt, auf denen Videoprogramme aus Verlagshäusern flimmern. Sicherlich sind das auch Fingerübungen für das Privatfernsehen. Auch die Rundfunkanstalten haben allen Grund, die Entwicklung mit Sorge zu verfolgen. Zwar werden heute noch zu über 90 Prozent Fernsehprogramme über Videorekorder abgespielt, doch ist ja gerade die Diätkost aus den öffentlich-rechtlichen Anstalten häufig ein Motiv, auch gelegentlich ganz andere, härtere Programme oder aber Spielfilme, die im Fernsehen nicht kommen, anzusehen. Tatsächlich ist ein leichter Rückgang der normalen Fernsehnutzung festzustellen. Mehr attraktive Programme, aber auch medienkritische Sendungen, Elternbildung, Aufklärung über psychische Folgen von Videosucht und Fernsehmißbrauch wären zu wünschen. Appelle von Pädagogen und Ärzten, die Medienpädagogik in den Schulen zu stärken, haben ein nur schwaches Echo. Medienpolitiker, das läßt sich am Videorekorderboom deutlich machen, starren allzu eng auf Kabel- und Satellitenfernsehen mit ihren vielen zusätzlichen Kanälen. Was der Einzug von Video in die deutschen Wohnzimmer für die anderen Medien bedeutet, wird unter Politikern noch nicht einmal andiskutiert. Und wenn über Video gesprochen wird, dann meist unter dem wichtigen Einzelaspekt Jugendschutz. Nach der Änderung der Jugendschutzbestimmungen – unter Einbeziehung von Video – wehren sich die Videohändler gegen Diskriminierung und umständliche aufwendige Prüfverfahren. Sie meinen sogar, daß eine Stagnation im Videoabsatz auf die öffentliche Debatte über Porno- und Gewaltkassetten zurückzuführen ist.

Politische Entscheidungen?

Verbote, Einschränkungen, Kontrollen wären trotz berechtigter Warnungen von Jugendschützern fehl am Platze. Ebenfalls die totale Verweigerung gegenüber den neuen Medientechniken, die von manchen Politikern gefordert wird. Wie wäre denn der Videorekorderboom zu verhindern gewesen in einem Land mit freiem Markt? Bei uns werden die Supermärkte und Feinkostläden doch auch nicht zugemacht, nur weil sich viele Menschen „überfressen"! Mir scheint der einzig gangbare Weg der zu sein, unsere Wirklichkeit, die uns umgibt, so attraktiv zu machen, daß niemand Lust verspürt, die schöne freie Zeit hinter'm Bildschirm zu verplempern; Spielplätze, Schulen, Parks, Treffpunkte für Erwachsene, ein populäres kulturelles Geschehen sollte als Gegengewicht zur Flimmerwelt im Wohnzimmer ausgebaut werden. Eltern sollten darauf achten, daß die Kinder nicht allzu viel Zeit hinter'm Bildschirm verbringen; sie sollten wieder spielen und reden lernen, vielleicht in der Volkshochschule. Dabei bieten die neuen Medientechniken, auch die Videotechnik, Chancen für eigenes kreatives Tun, für eigene Programmgestaltung, für ungewöhnliche Genüsse.
Für Medienpolitiker sollte der Videoboom Anlaß sein, sich über die Gefahren von Wettbewerbsverzerrungen auf dem Medienmarkt Gedanken zu machen, über die unsichere Balance zwischen privaten und öffentlich-rechtlichen Medien, über Machtzusammenballungen und Konzentrationsbewegungen. Satelliten werden schon bald viele, auch ungewöhnliche Programme herbeischaffen. Wie erste Studien aus Ludwigshafen zeigen, nimmt der Fernsehkonsum von Kindern bei steigendem Unterhaltungsangebot zu. Zumindest auf europäischer Ebene wären Richtlinien für Werbung, Urheberrecht und Jugendschutz zu vereinbaren. Ordnungspolitik ist gefragt, allerdings ohne Gängelung der Unternehmer und ohne Bevormundung der Konsumenten.

Besser informiert durch Satelliten?

„Bald 65 Fernsehkanäle aus dem All", war vor wenigen Wochen in vielen Zeitungen zu lesen. Eine Nachrichtenagentur hatte einen Bericht ihres Amerika-Korrespondenten gebracht, und die deutschen Redakteure ließen brav nachdrucken, was ihnen da an verheißungsvoller Technikprognose angedient worden war. Der Korrespondent war offenbar stark beeindruckt von der Selbstverständlichkeit, mit der in manchen Gegenden der USA schon heute ein relativ kleiner Parabolspiegel im Garten oder auf dem Garagendach von einem fernen Satelliten Fernsehen in's Haus holt.

Technische Möglichkeiten

Dabei handelt es sich noch nicht einmal um den sogenannten Direktempfang, wenn auch die eingefangenen Signale direkt von einem Satelliten kommen, der an die 36 000 Kilometer entfernt am Himmel steht. Die Parabolantennen im Garten und auf dem Garagendach fangen Signale von einem Fernmeldesatelliten ein, von einem schwächeren Satelliten als dem geplanten Direktsatelliten. Die Parabolantennen, im Englischen „dish" zu Deutsch „Suppenschüssel" oder „Teller", diese Parabolantennen sind immer noch mehr als anderthalb Meter im Durchmesser groß. Die Antennen zum Empfang der starken Direktsatelliten sollen nur 60 Zentimeter oder 90 Zentimeter Durchmesser haben, also bequem unter den Arm genommen werden können. Je stärker der Satellit am Himmel, desto kleiner können die Antennen sein. Und demnächst, stellte der Verfasser des weitverbreiteten Artikels fest, und demnächst werden Dutzende von Direktsatelliten mit jeweils mehreren Fernsehkanälen Europa versorgen. Dazu kommen außereuropäische Satelliten, die zu uns einstrahlen, und dann noch weitere stärkere Fernmeldesatelliten. Die Zahl fünfundsechzig Kanäle ist schnell erreicht. Bevor ich auf die tatsächlichen Möglichkeiten der Satellitenkommunikation eingehe und die Frage zu beantworten versuche, ob mit Hilfe der Satelliten die Informationsversorgung auf der Erde sich verbessern läßt, möchte ich kurz auf die Irrtümer eingehen, die den genannten Zeitungsbeiträgen enthalten sind. An ihnen läßt sich schon über die Art und Weise, wie Satelliten arbeiten, eine ganze Menge klarmachen:
Eine einzelne Parabolantenne kann prinzipiell nur Satelliten ein- und derselben Position empfangen; häufig hat ein Satellit allerdings mehrere Kanäle. Die Antenne muß ganz genau auf den Standort des Satelliten im Weltall ausgerichtet sein. Der Satellit steht, oder besser: steht scheinbar fast 36 000 Kilometer entfernt in einer ganz bestimmten Winkelposition zum Empfänger, also beispielsweise 19 Grad wie beim TV-Sat, dem im Bau befindlichen Direktsatelliten der Bundesrepublik Deutschland, der im Herbst 1985 in eine Umlaufbahn geschossen werden soll. Die Antenne, die Programme von TV-Sat einfangen soll, muß in eine bestimmte Position ausgerichtet sein, nach Süden zum Äquator, und muß einen bestimmten, flachen Neigungswinkel haben. Die Plätze auf der Umlaufbahn sind begrenzt. Satelliten stehen gegenwärtig wenigsten 1 450 Kilometer voneinander entfernt. Mit der Umlaufbahn hat es eine besondere Bewandtnis. Es ist die

geostationäre Umlaufbahn, auch GEO genannt, oder Clarke's Orbit. Der britische Radartechniker und Zukunfts-Schriftsteller Arthur C. Clarke hatte schon 1945 von Kommunikationssatelliten im All gesponnen, die auf einer besonderen Umlaufbahn in 35 800 Kilometern Entfernung über bestimmten Gebieten der Erde stillzustehen scheinen. Clarke kannte schon die mehrere hundert Kilometer überwindende deutsche V-2-Rakete aus Peenemünde, auch war ihm die Radar-Technik geläufig; aber erst die spätere Entwicklung von leistungsfähigen Weltraumraketen und die Mikroelektronik und die Herstellung leistungsfähiger Sonnenenergiekollektoren machten aus dem Clarke'schen Traum Wirklichkeit.

Normen und Positionen

Übrigens ließen sich mehrere Umlaufbahnen denken, doch nur über dem Äquator läßt sich eine scheinbar feste Position erreichen, weil sich ja die Erde bekanntlich um eine Achse dreht, die von Nordpol zu Südpol durch die Erde hindurchgedacht werden muß. Der Äquator – genau zwischen den Polen – steht senkrecht zu dieser Achse. Ein Satellit, der feststehen soll, muß über dem Äquator die Erdbewegung mitmachen. Nicht nur Plätze in Clarke's Orbit, 35 800 Kilometer über dem Äquator, sind begrenzt, auch die Satellitenfrequenzen, die Wellenbereiche, auf denen die Fernsehsignale von der Erde aus nach oben und vom Satelliten aus nach unten transportiert werden. Daher muß die Parabolantenne ganz bestimmte Abmessungen haben für ein bestimmtes Frequenzband; daher wird auch ein besonderer Empfänger benötigt, der diese Wellen auffangen kann. Ohne Ordnung im Äther gäbe es nicht nur Zusammenstöße der Satelliten, sondern auch gegenseitige Störungen von Satellitensignalen und Störungen zwischen Satellitensignalen und irdischen Funkdiensten wie Autotelefonverkehr, CB-Funk, Flugnavigation oder drahtlose Telefonstrecken über Land beispielsweise. Über die Arbeit der Internationalen Fernmeldeunion (ITU), die sich um die Ordnung bei den Satelliten und im Funkverkehr kümmert, werde ich noch kurz berichten. Jetzt will ich erst einmal auf die Probleme hinweisen, die den Empfang von 65 Satellitenprogrammen von jedermann unmöglich machen. Auf der Erde, beim Zuschauer, wären also mehrere Parabolantennen, in verschiedene Richtungen zeigend, nötig, außerdem mehrere Empfänger für die verschiedenen Satellitenfrequenzen und für verschiedene Übertragungsnormen. An der französischen Grenze und auch in Berlin werden besondere Fernsehempfänger benötigt, die den Empfang von PAL und SECAM, unterschiedlichen Farbfernsehsystemen, möglich machen. Genauso wäre das bei Empfang aus dem Weltraum. Neben PAL und SECAM gibt es für die Satellitenübertragung eine ganze Reihe weiterer Normen, zum Teil digitalisiert, zum Teil mit mehreren Tonkanälen für Übersetzungen fremdsprachiger Programme, zum Teil sogar verschlüsselt. D-2-MAC (Multiple Analogue Components) heißt die neue europäische Norm, für die sich die European Broadcasting Union (EBU) Mitte 1985 entschied und die von den Postministern Frankreichs und der Bundesrepublik Deutschland zunächst für den TV-Sat und den TDF (ab 1986) beschlossen wurde. Das Direktfernsehen aus dem All dürfte dadurch noch teurer für die Konsumenten werden, die spezielle Umsetzer benötigen.
Viele Kanäle in den USA sind verschlüsselt und können nur mit besonderen Zusatzge-

räten, die der Zuschauer mieten kann, wieder entschlüsselt werden. Für Europa sind mehrere solcher PAY-TV-Kanäle in Vorbereitung. Pay-TV, das ist Bezahlfernsehen: für den einwandfreien Empfang bestimmter Programme muß der Zuschauer extra zahlen.

Die Satelliten

Blicken wir nun nach oben: Was gibt es an Satelliten über dem Äquator, die uns Programme bringen können? Im Augenblick noch sehr wenige Fernmeldesatelliten, etwa Intelsat-Systeme, die nur mit 9 bis 12-Meter-Antennen und ganz besonderen Empfangseinrichtungen angezapft werden können; sowjetische Satelliten, die von Bastlern in Westeuropa schon genutzt werden, den European Communication Satellite ECS, der immerhin schon sieben Programme verbreitet. Direktsatelliten, die mit recht kleinen Antennen genutzt werden könnten, gibt es auf der ganzen Welt noch keinen einzigen, von einem japanischen Versuchssatelliten einmal abgesehen. Und für die kommenden Jahre sind in Europa auch nur einige wenige Direktsatelliten geplant. Ich schätze, daß in fünf Jahren vielleicht 20 Programme von vier Direktsatelliten auf uns herniederstrahlen werden, mit unterschiedlichen technischen Normen, möglicherweise von unterschiedlichen geostationären Positionen, auf 31 Grad West, 5 Grad Ost, 19 Grad West verankert. Mit einer einzigen Antenne ist nichts zu machen. Woher aber die 65 Programme kommen sollen, ist unerklärbar. Offenbar hat der Artikelschreiber, begeistert von den amerikanischen Eindrücken mit Hof- und Garagenantennen, im Archiv nachgesehen, und zwar unter „Direktsatellit" und „WARC 1977" gefunden, Berichte über die World Administrative Radio Conference der schon erwähnten Internationalen Fernmeldeunion ITU. 1977 wurden in Genf für die Regionen Europa, Asien und Afrika Hunderte von Satellitenkanälen und Satellitenpositionen zugeteilt, und zwar nach dem Prinzip: Fünf Kanäle für jedes Land. Da kommt schon einiges zusammen für Europa! Doch die allerwenigsten Satellitenpläne reiften weiter als bis zum Stadium der Registrierung in Genf. Beispielsweise wurde das Projekt eines luxemburgischen Direktsatelliten aus Kostengründen aufgegeben. Die Luxemburger wollen sich jetzt am französischen Direktsatelliten TDF beteiligen. Auch ein Schweizer Plan wurde aufgegeben, und zwar zugunsten der Nutzung eines Fernmeldesatelliten. Im Augenblick gibt es nur noch ernsthafte Direktsatellitenpläne in Nordeuropa, in Frankreich, in der Bundesrepublik und in Italien. Großbritannien hat den Plan eines Direktsatelliten aus Kostengründen fallengelassen. Ob die Bundesrepublik nach dem Experimentiersatelliten TV-Sat, der etwas früher als der französische TDF mit demselben Raketensystem Ariane im Jahre 1986 starten soll, einen Betriebssatelliten baut, war bis Mitte 1985 nicht entschieden. Ein letztes Wort zu den 65 Programmen aus dem All: Mit Einzelantennen wäre der Empfang nicht möglich, vielleicht mit leistungsfähigen Gemeinschaftsantennen, die ganze Häuserblöcke oder Stadteile versorgen oder im Kabelfernsehnetz der Bundespost. Doch selbst wenn es möglich wäre, auch Fernmeldesatelliten zu nutzen, wäre die Weitergabe in die Haushalte hinein wegen der unterschiedlichen Qualität der Kabelnetze nur selten möglich. Und: welcher Fernsehempfänger erlaubt den Empfang von 65 Kanälen? Teure Zusatzgeräte, Konverter genannt, wären erforderlich. Gänzlich unklar bleibt, woher die vielen Programme, die Filme und Berichte, Shows und Übertragungen kommen sollen. Wer könnte schon diese Progbramme alle finanzieren? Der Zuschauer doch wohl kaum; denn wirtschaftlich nutzbar wären höchstens zwei oder drei bundesweite Programme, zusätzlich zum Angebot der öffentlich-rechtlichen Rundfunkanstalten.

Anwendungsbereiche

Satellitenkommunikation ist – einmal ganz allgemein gesehen – eine Chance, mehr Informationen an mehr Menschen zu verteilen und mehr Informationen von mehr Menschen weiterzuverbreiten. Die Probleme weiträumiger Informationsübermittlung werden gelöst. Von jedem beliebigen Ort der Erde läßt sich eine Parabolantenne in's Weltall ausrichten, auf einen Satelliten in einer festen Position über dem Äquator. Der Satellit nimmt die Informationen von diesem Ort her auf, setzt sie in eine andere Frequenz um und strahlt sie zurück zur Erde, und zwar je nach Wunsch und Leistungsfähigkeit des Satelliten zu einem bestimmten anderen Ort, an dem eine Empfangsantenne steht oder über eine Region, in der mehrere oder sogar viele Antennen die Signale aufnehmen. Die Informationen, seien es Telefongespräche oder Daten, Fernseh- oder Hörfunkprogramme, nehmen einen Umweg über den Satelliten, durcheilen mit Lichtgeschwindigkeit fast 72 000 Kilometer. Welch ein Fernsehereignis war die Übertragung einer Live-Sendung über den Telestar-Satelliten, die in den USA und in Europa zugleich gestaltet wurde, am 23.Juli 1962! Für Flächenstaaten wie China oder Indien oder die USA sind Satelliten genau so nützlich wie für Länder mit vielen Inseln wie Indonesien oder Japan. Der Informationsaustausch wird verbessert, ohne daß störanfällige Funkstrecken errichtet werden müssen oder Kabel durch unwegsame Gegenden verlegt werden müssen. Die meisten Satellitenkanäle dienen der Kommunikation, dem Fernsprechen, dem Datenverkehr, im zivilen und im militärischen Bereich. Fernseh- und Hörfunkübertragungen sind erst in den letzten Jahren in den Vordergrund gerückt: die Satelliten wurden leitstungsfähiger; das Bedürfnis nach weiteren Programmen schien weltweit zuzunehmen. Mit Fernsehprogrammen schien sich viel Geld verdienen zu lassen. In den USA entstanden sogenannte Super-Stations, Rundfunkanstalten in privater Hand, die weit entfernte kleinere Stationen per Satellit zentral mit Nachrichten und Sport, Unterhaltung und Filmen versorgen. Auch in die Kabelnetze wurden in zunehmendem Maße Satellitenprogramme eingespeist. Auch in der Bundesrepublik Deutschland, wenn auch zunächst noch in kleinstem Maßstab.
Doch bevor ich auf die besondere Lage der Satellitenkommunikation in der Bundesrepublik komme, möchte ich noch erwähnen, daß zahlreiche Forschungs- und Beobachtungssatelliten unsere Kenntnisse über die Atmosphäre, über Mond und Mars, über die Wetterentwicklung, über Erdvegetation, Strahlungen, verbessern. Und auf die ungleiche Verteilung der Satelliten auf der Erde möchte ich hinweisen: Im Februar 1983 waren nicht weniger als 172 Kommunikationssatelliten geostationär in Clarke's Orbit positioniert. Von ihnen gehörten allein 80 den USA für den Informationsaustausch in der eigenen Region; 42 betreibt die Sowjetunion, 19 werden mittlerweile vom westlichen Satelliten-Konsortium Intelsat unterhalten, auch zur Versorgung von Ländern der Dritten Welt. 6 Satelliten gehören der European Space Agency und der von ihr lizensierten europäischen Gesellschaft Eutelsat. Diese Satelliten dienen der Übertragung von Fern-

gesprächen, Telegrammen, Druckvorlagen von Zeitungen; sie ermöglichen den Zugang zu fernen Datenbanken und den Rechnerverbund; sie übertragen Fernseh- und Hörfunkprogramme entweder zwischen Rundfunkstationen und ihren Korrespondenten, oder sie dienen der Fütterung von ganz normalen Sendern oder von Kabelnetzen mit Programmen. Übrigens kündigen sich für die WARC, die Rundfunkverwaltungskonferenz der Internationalen Fernmeldeunion, schwierige Konflikte an. Es soll nämlich um die Nutzung des geostationären Orbit, um die immer dichter von den hochentwickelten Ländern besetzte Umlaufbahn in circa 36 000 Kilometern über dem Äquator gehen. Die Entwicklungsländer fordern gleichen Zugang. Bisher galt der Grundsatz: Wer zuerst kommt, mahlt zuerst. Satellitenpositionen brauchen nur bei der ITU in Genf angemeldet zu werden, abgesehen von denen der Direktsatelliten, die von der World Administrative Radio Conference, kurz WARC, 77 verteilt wurden. Die Entwicklungsländer, die überhaupt keine Chance haben, teure Direktsatelliten zu lancieren, wollen jetzt Plätze für Fernmeldesatelliten. Sie wollen aus der Abhängigkeit der reichen Länder ausbrechen, die auch die innere Sicherheit der Länder einschränken. Wenn beispielsweise das gesamte Telefonnetz eines armen Landes ohne eigene Infrastruktur über einen Intelsat-Satelliten läuft, könnte durch einfaches Abschalten des zuständigen Transponders auf dem Satelliten die gesamte Kommunikation zwischen Behörden, Geschäftsleuten und Privatleuten stillgelegt werden. Die Verwundbarkeit von Satelliten wäre übrigens ein eigenes Thema. Wenn wir an den ,,Krieg der Sterne" (Strategie Defense Initiative/SDI) denken, wird uns angst und bange.

Bundesrepublikanische Pläne

Die Idee des Direktsatelliten für die Bundesrepublik hat etwas Faszinierendes. Gäbe es nicht die eingangs geschilderten technischen Schwierigkeiten, wäre der Direktsatellit der soziale Satellit, überall und von jedermann empfangbar. Er könnte Kabelnetze ersetzen, terrestrische Sender überflüssig machen. Doch mehren sich die Stimmen, die den Direktsatelliten für technisch und wirtschaftlich überholt halten. Er ist teuer, er verlangt nach Millionen von Einzelparabolantennen oder leistungsfähigen Kabelnetzen. Wenn aber die Kabelnetze da sind, sei es als Hausgemeinschaftsantennen, sei es als Breitbandnetze der Bundespost, dann braucht es den Direktsatellit nicht mehr. Dann tun preiswerte Fernmeldesatelliten bessere Dienste. Sie verfügen zudem über mehr Kanäle. Die Deutsche Bundespost hat Satellitenkanäle auf Fernmelde- und auf dem Direktsatellit ,,Kopernikus", TV-SAT. Da es sich um verbindliche Bestellungen handelt, wird bald Überfluß an Satellitenkanälen bei uns herrschen. Deutschland wäre da kein Sonderfall. John Chaplin, britischer Satellitenexperte, sagt für 1988 einen europäischen Bedarf von 30 Kanälen voraus, davon 6 für die Bundesrepublik. Tatsächlich werden aber mehr als 100 Kanäle zur Verfügung stehen. Über die Verteilung der vom Bundespostminister bestellten Kanäle entscheiden bei uns die Ministerpräsidenten der Bundesländer. Denn Rundfunk ist Ländersache. Und die Einspeisung von Satellitenprogrammen in Kabelnetze oder gar die direkte Ausstrahlung von Satellitenprogrammen zur Erde ist technisch und rechtlich Rundfunk. Wenn nun nicht überall in den verschiedenen Bundesländern andere Satellitenprogramme zugelassen werden sollen, wenn

also die kulturelle Einheit der Bundesrepublik erhalten werden soll, müssen sich die Ministerpräsidenten und letztlich Landesparlamente einigen. Im Augenblick dürfen übrigens nur in Ludwigshafen Satellitenprogramme von Privaten zur Weiterverbreitung eingegeben werden, an den Satelliten gesendet werden, um sie dann an andere Orte in die Kabelnetze geben zu können, zum Beispiel nach München, Berlin und Dortmund. Unterschiedliche Mediengesetze in den einzelnen Bundesländern könnten dazu führen, daß die einen Programme von den angeschlossenen Haushalten gesehen und gehört werden können und die anderen nicht. Etwa Programme mit Werbung oder mit Werbeunterbrechung, mit etwas mehr Sex oder Gewalt. Der Bundesgeschäftsführer der SPD, Peter Glotz, hat vorgeschlagen, eine Begrenzung von ausländischen Filmen vorzusehen, da er um die Auftragslage der deutschen Filmwirtschaft fürchtet.
Westdeutsche Medienkonzerne haben bereits Verträge mit ausländischen Produzenten geschlossen, um gemeinsam per Satellit die westdeutschen und Berliner Kabelnetze mit Programmen versorgen zu können. Einige wenige zusätzliche Programme werden sich bald in der Form von Pay-TV, als Bezahlfernsehen mit Zusatzgebühren, oder über die Werbung finanzieren lassen. Ob mehr Fernsehprogramme per Satellit wirklich mehr Information bedeuten werden, ist mehr als ungewiß. Ein Blick auf eine amerikanische Programmübersicht mit einem Dutzend von Programmen macht eher skeptisch; da gibt es Spielfilme, Unterhaltung und Sport zu allen Zeiten, als ob der Mensch mehr als ein Programm zur selben Zeit genießen könnte. Und mehrere Nachrichtensendungen kann man auch nicht gleichzeitig sehen und verstehen. So kommt wohl mit dem Satelliten die große Qual der Wahl und – wirtschaftlich gesehen – der verlorenen Rendite-Hoffnungen. Terrestrische Sender, Kabelübertragungen, Mikrowellen, auch Videokassetten und Bildplatten für Information und Unterhaltung sind auf vielen Gebieten dem Satelliten wirtschaftlich überlegen. Für bestimmte Zwecke, vor allem für Beobachtungen und auch für Datenübertragungen und die Versorgung großer Erdgebiete mit ein- und denselben Inhalten, dürften Satelliten eine Zukunft haben, so lange, bis andere sichere Übertragungswege auf der Erde ausgebaut sind. Denn Satelliten sind unsicher: sie sind leicht zu stören, durch Funkimpulse an die Steuerungseinrichtungen, durch Überlagerung der Übertragungs-Frequenz, die unglaublich schwach auf der Erde ankommen, durch mechanische Beschädigung. Der zeitweise Ausfall des Kommunikationssatelliten ECS 1 Mitte 1985 war nur ein Vorgeschmack auf künftige Satellitenprobleme.

IV Soziale Folgen und Gestaltungs-Kriterien

Politischer Selbstmord im Fernsehsessel?

Medienpolitik in der Bundesrepublik Deutschland erscheint als Interessenpolitik von wirtschaftlich und politisch interessierten Gruppen. Alle Gruppen: Verleger, Filmproduzenten, Journalisten, Gewerkschaften, Kirchen, Vereine und Verbände, auch die politischen Parteien, sind – jedenfalls in ihren öffentlichen Erklärungen zur Medienpolitik – einig in der Forderung nach Staatsunabhängigkeit, Staatsfreiheit, Staatsferne der Medienorganisation. Im Grundgesetz der Bundesrepublik Deutschland steht: „Eine Zensur findet nicht statt" (Artikel 5). Meinungsfreiheit, Informationsfreiheit, Pressefreiheit und die Freiheit des Rundfunks und des Films werden vor allem verstanden als Freiheit von staatlichem Einfluß und Druck. Das Bundesverfassungsgericht hat die Massenmedien als für die Demokratie unentbehrliche Einrichtungen charakterisiert, „denen sowohl für die Verbindung zwischen dem Volk und den Staatsorganen wie für deren Kontrolle als auch für die Integration der Gemeinschaft in allen Lebensbereichen maßgebende Wirkung zukommt. Sie verschaffen dem Bürger die erforderliche umfassende Information über das Zeitgeschehen und über Entwicklungen im Staatswesen und im gesellschaftlichen Leben. Sie ermöglichen die Diskussion und halten sie in Gang, indem sie Kenntnis von den verschiedenen Meinungen vermitteln, dem Einzelnen und den verschiedenen Gruppen Gelegenheit geben, meinungsbildend zu wirken, und sie stellen selbst einen entscheidenden Faktor in dem permanenten Prozeß der öffentlichen Meinungs- und Willensbildung dar". (Leibholz, Rinck, Grundgesetz für die Bundesrepublik Deutschland. Kommentar anhand der Rechtssprechung des Bundesverfassungsgerichts, 5. Auflage, Köln 1975 ff. Seite 223).

Die verschiedenen Interessengruppen, die sich um die Medienpolitik kümmern und darauf aus sind, ihren eigenen Einfluß zu wahren und zu mehren, handeln durchaus im Rahmen ihrer grundgesetzlich garantierten Aufgaben. Sie füllen den Pluralismus mit politischen Aktivitäten und sorgen dafür, daß die Massenmedien nicht dem Staate oder einzelnen Gruppen als Instrumente ausgeliefert werden. Tatsächlich aber versuchen einzelne, mächtige Gruppen mit einigem Erfolg, die Massenmedien für sich allein in die Hand zu bekommen und mit ihnen Politik zu machen, oder – wie im Falle der wachsenden Zeitungskonzerne – Geschäft und Politik zu verbinden. Hat nun der Staat die Pflicht, ordnend und gestaltend einzugreifen, um die Medienvielfalt zu sichern und auszubauen? Fusionskontrolle, Subvention, Entflechtung sind die Schlagworte.

Die politischen Gruppen betrachten die Massenmedien vor allem als Instrumente, ihre Vorstellungen unter's Volk zu bringen und Wählerstimmen zu gewinnen. Sie fühlen sich – meist sehr sensibel reagierend – benachteiligt, sei es durch die Feststellung andere Gruppen würden öfter und wohlwollender dargestellt, sei es durch die kritische Berichterstattung. Sie versuchen, loyales Personal in die Rundfunkanstalten zu schleusen und durch politischen Druck kritische Journalisten zur Loyalität anzuhalten. Bei der Presse verbinden sich wirtschaftliche und politische Interessen. Allen Medienpolitikern aller Gruppen und Parteien ist eines gemeinsam: sie schätzen die politische Wirkung der Massenmedien falsch ein und weisen ihnen eine Rolle zu, die weder dem Ausbau der Demokratie nützt noch der Beteiligung der Bürger am politischen Leben weiterhilft. Wie wäre es anders zu erklären, daß totz Presse und Rundfunk, die ständig fast 90% aller Bürger mit ihren Botschaften erreichen, politische Apathie, mangelhafte politische Information, Staats- und Parteienablehnung zunehmen? Der „mündige Staatsbürger" kann nicht das Ergebnis der Bemühungen der Massenmedien sein, sondern nur die Folge einer Politik, die Beteiligung zuläßt. Massenkommunikation kann Beteiligung eher behindern.

Massenkommunikation ist unpolitisch

Der Durchschnittsbürger sieht täglich zwei Stunden fern. Am beliebtesten sind Abenteuer anderer Menschen, Krimis, Spielfilme, Unterhaltungssendungen, die Spaß machen, aber auch Nachrichten und Wetterberichte. Am meisten zu tun mit dem eigenen Leben hat noch der Wetterbericht, auch wenn er oft nicht stimmt, weil nur die Großwetterlage erfaßt werden kann und das kleine, für den einzelnen Menschen wichtige Wetter übergangen werden muß. Ein Hauch von Realität weht aus den Nachrichten; doch bleibt nicht viel haften bei dem Fernsehzuschauer von den großen Ereignissen, den wichtigen Leuten mit ihren Meinungen und Taten, den fernen Ländern. Das bestätigen alle Untersuchungen. Nachrichten haben einen hohen Unterhaltungswert, weil die einzelnen Berichte schnell wechseln und immer etwas Attraktives dabei ist. Hier ein Bild vom Weißen Haus in Washington, dort unser Bundeskanzler, wie er aus einer Bundeswehrmaschine steigt und schnell einige Reporterfragen beantwortet, husch noch ein Eisenbahnunglück und zum Schluß schnell noch ein bißchen Kultur, meist eine Ausstellungsbegehung.
Fernsehen ist ein Medium der Massenkommunikation, weil es große Massen von Menschen erreicht. Massenkommunikation hat aber mit Kommunikation wenig zu tun, mit dem Austausch von Informationen; es verteilt massenhaft Unterhaltung, Belehrung und Aktualitäten. Fernsehen ist der vorläufige Höhepunkt einer Entwicklung, die sich mit Hilfe technischer Mittel, wie Nutzung von Radiowellen, Film, Buchdruck von der Kommunikation her, dem lebendigen, zwischenmenschlichen Austausch, zum passiven Konsum allerhand buntgemischter Informationsanreize bewegte. Weitere Höhepunkte versprechen „interaktives" Kabelfernsehen mit Auswahl- und Kontaktmöglichkeiten ungeahnter Fülle und das Satellitenfernsehen für jedermann, das die Welt in's Wohnzimmer liefern wird; Kassette und Bildplatte versprechen Unterhaltungsorgien.
Massenkommunikation ersetzt persönliche Kommunikation. Die Zeit, die jemand vor dem Fernseher sitzt, ist für menschliche Begegnungen, für Diskussionen und politische Aktivitäten verloren. Und die Politik im Fernsehen? Immerhin sind doch die Nachrichtensendungen sehr beliebt; auch politische Magazine werden von Millionen gesehen; bei der Wahlberichterstattung wird die Mehrheit der Staatsbürger erreicht! Politik im Fernsehen ist nur ein schwacher Abglanz wirklicher Politik; Teilhabepartizipation ist nicht möglich. Politische Auseinandersetzungen werden immer auf Höhepunkte, auf

das angeblich Wichtigste, Neueste zugeschnitten. Die alltägliche Politik nehmen wir als Beispiel, die das Leben aller Menschen unmittelbar betreffende Kommunalpolitik wird nur dargestellt, wenn es um Skandale, unerhörte Ereignisse, Streit, etwa mit Bürgerinitiativen, geht. Wahlergebnisse werden als Wettlauf zwischen ARD und ZDF präsentiert; die Spitzenpolitiker, müde und glücklich nach überstandenem „Wahlkampf" erscheinen wie siegreiche oder knapp unterlegene Sportsleute nach dem Match. Das Ringen der Parteien um Mehrheiten erscheint wie die Anstrengung der Fußballclubs, in der Bundesligatabelle ganz nach oben zu kommen.
Übrigens kann man ähnliches aus der Berichterstattung der Tageszeitungen herauslesen, vor allem bei großen, flächendeckenden Massenblättern. Hintergrundinformationen, Kommentare, differenzierende Darstellungen in den Elitezeitungen „Welt", „Süddeutsche Zeitung", „FAZ" oder „FR" erreichen nur aktive Minoritäten. Den Massenmedien, oder besser den Verantwortlichen in den Massenmedien, kann kaum ein Vorwurf gemacht werden; das Publikum ist zufrieden mit dieser Art von Angebot. Da die Massenmedien, mit zunehmender Tendenz (Pressekonzentration, Zusammenschalten von Rundfunksendern und Fernsehprogrammen), für große Gebiete zuständig sind, kann man von ihnen gar nicht verlangen, daß sie sich um Kleinigkeiten kümmern, kleinere Ereignisse wahrnehmen und darstellen, die sich um die Ecke ergeben, die kleine Gruppen betreffen, die nachprüfbar und mitvollziehbar sind. Lokalsender, Kleinzeitungen, Kabelfernsehen für überschaubare Wohngebiete wären besser geeignet für die kleine, alltägliche Politik. Die Massenmedien haben eine andere Funktion; sie dienen vor allem der Unterhaltung, der Entspannung, wenn nicht gar den Träumen vom verlorenen Leben.

Massenmedien bieten Lebensersatz

Das letzte große Abenteuer des zivilisierten Menschen findet im Fernsehsessel statt. Er lacht über den Spaß, den andere Leute im Fernsehstudio erleben (genauer gesagt: zu erleben vorgeben); er ist Augensportler, dem beim Fußball die Muskeln verkümmern; er umgibt sich mit wilden Tieren; er jagt Verbrecher, gelegentlich sogar ein wenig aktiv über's Telefon, wenn Eduard Zimmermann zum Mittun aufruft. Auch die anderen Massenmedien, Erfolgsfilme, Schallplatten, Popmusiksendungen (nach denen Jugendliche geradezu süchtig sind), Sensationen der Boulevardpresse, faszinieren Menschenmassen und binden Phantasie und Tätigkeit. Die Massenmedien entwickelten sich im selben Maße, indem die Betätigungsspielräume des Menschen zurückgingen. Die Nutzung der Massenmedien kann ein Gradmesser des Verlustes von Lebenschancen sein, von Abenteuermöglichkeiten, Entfaltungsräumen. Die durchorganisierte, sichere, weder Phantasie noch Gestaltungskraft provozierende Realität läßt lebendige Kommunikation einfrieren und fördert die Hinwendung zum Genuß der Angebote der Massenkommunikation. Die allermeisten Menschen haben eine feste Bleibe, ihr Existenzminimum wird staatlich garantiert, für die Nahrungsbeschaffung gibt es wohlsortierte Supermärkte, für die Gesundheit gibt es Ärzte, Krankenhäuser und Versicherungen; Gesetze und Polizei sorgen für äußere Sicherheit und Ordnung. Der Bedarf an Abenteuern wird von den Massenmedien gedeckt. Pressekonzentration, Filmkrise, die Entwicklung zu wenigen großen Schallplattenfirmen hin, die vorherrschende Zufriedenheit mit den wenigen Fernsehprogrammen und den großflächendeckend berieselnden und informierenden Radiostationen in der Bundesrepublik lassen sich auch aus dem Betätigungs- und Kommunikationsdefizit als Folge der vollständig durchorganisierten modernen Lebensweise erklären. Die Unwohnlichkeit der Städte unterstützt die Tendenz zum Massenmedienkonsum; wo und zu welchem Zweck sollen Menschen miteinander zusammentreffen, was sollen sie planen oder gemeinsam gestalten, wenn alles schon verplant ist: „Grünflächen", Parkplätze rationell auf Mindestbedürfnisse hin konzipierte Wohnungen. Ich möchte fragen: Hat nicht die Hinwendung der Menschen zum Massenmedienkonsum die Stadtplaner stark entlastet, weil sie nicht so viele Parks und Begegnungsstätten zu planen brauchen!

Mir ist es wichtig, auf diesen Zusammenhang hinzuweisen und nicht gleich die Wirtschafts- und Gesellschaftsform des sogenannten entwickelten Kapitalismus für den Kommunikationsverlust verantwortlich zu machen. Auch in sozialistischen Staaten findet sich die Tendenz zur Massenkommunikation und weltvergessenwollender Unterhaltung, zur politischen Apathie, zum Kommunikationsverlust. Gewiß hat die kapitalistische Wirtschaftsweise nicht zuletzt wegen des großen Geschäfts mit Massenkommunikation, mit dem Zwang zum kostensparenden Bauen, mit dem starken Vertrauen in die Massenmedien als Werbeträger, als Bildungsinstrument, die Entwicklung bei uns ermöglicht und beschleunigt. Innerhalb unserer Wirtschafts- und Gesellschaftsordnung lassen sich durchaus Alternativen aufbauen, wenn als Ursache der Flucht in die Massenkommunikation der Verlust von Partizipation und Kommunikation erkannt wird. Warum überhaupt Alternativen? Weil Massenmedien nur Lebensersatz bieten und Politik verhindern, wenn sie als alleinige Mittler im gesellschaftlichen, kulturellen und politischen Leben fungieren, wenn Kommunikation durch Massenkommunikation ersetzt wird. Wir sind in der Gefahr, uns mit dem Lebens- und Politikersatz, den uns die Massenmedien bieten, bequem einzurichten. Unsere Demokratie braucht aber Partizipation.

Aus philosophischer Sicht bedeutet Einwegkommunikation mit Verzicht auf menschlichen Dialog Reduzierung menschlicher Verwirklichung: der Ansager, der freundlich sagt: „Guten Abend, meine Damen und Herren", ohne die Reaktion der Angesprochenen erfahren zu können, ist nur eine bezahlte Marionette. Ein Gruß ist eine Aufforderung, in verbale und nonverbale Kommunikation einzutreten, ins hermeneutische Gespräch, das den Partnern zur Selbstverwirklichung verhilft. Der Angesprochene vor dem Fernsehschirm, abgeschnitten vom lebendigen Austausch, muß sich veralbert vorkommen, auf keinen Fall in seiner Menschlichkeit ernstgenommen. Dialog ist Grundlage politischen Handelns; Verzicht auf Dialog ist Aufgabe von Menschlichkeit.

Kommunikation und Partizipation

Kommunikation ohne Partizipation ist nicht möglich. Kommunikation als Austausch von Meinungen, Tatsachen, Gefühlen und Partizipation als tätige Teilhabe am gesellschaftlich-politischen Leben bedingen einander. Nur wer informiert ist, wer mit anderen Menschen im Meinungsaustausch steht, mit ihnen gemeinsam Aktionen plant, kann teilhaben, mitwirken und mitentscheiden. Kommunikation ohne Partizipation ist folgenloses, leeres Geschnatter, das auf die Dauer frustriert und bald einschläft. Apathie stellt sich ein, wenn nichts geschieht, nichts bewegt wird, wenn Erfolge und Wirkungen ausbleiben.

Ich kenne einen jungen Mann, der Mitglied in einer großen Partei wurde. Er hatte in der Schule von den Zielen dieser Partei gehört; sie waren ihm näher als die anderer Parteien. Er wollte mitarbeiten, suchte eine politische Heimat, die Gemeinsamkeit mit Gleichgesinnten. Nach einem halben Jahr, in dem er alle Versammlungen besucht hatte, sogar auf der Straße Flugzettel und Broschüren verteilt und Parteizeitungen in einige hundert Briefkästen gesteckt hatte, kam er nicht mehr zu den Versammlungen. Ich rief ihn an und fragte ihn nach seinen Gründen. „Ich wollte etwas tun, wollte etwas bewirken, mit anderen zusammen Politik machen; aber ich hatte keine Chance. Ich durfte Vorträge hören, dann folgenlos ein wenig diskutieren, dann Abstimmen über einen neuen Vorstand. Dabei sagten mir bestimmte Leute, wen ich wählen sollte, weil er einem bestimmten Flügel der Partei angehörte, der auf jeden Fall gestärkt werden müßte, auch wenn der Kandidat gar nicht so gut sei. Ich durfte immer nur Zettel verteilen und zuhören. Es wurden zwar Resolutionen verfaßt zu bestimmten Problemen, doch war allen, die darüber abstimmten, offenbar klar, daß diese Entschließungen kaum Aussicht hatten, irgendetwas tatsächlich zu bewirken. Ich fühlte mich weder ernstgenommen noch zur Mitarbeit aufgerufen. Gar nicht verstehen konnte ich dann die „Wahlkampfvorbereitungen". Es wurde eine Werbeagentur engagiert, die vorher für eine andere Partei tätig gewesen war. Sie entwarf jetzt den Wahlkampf wie eine Werbekampagne für eine neue Zigaretten- oder Seifenmarke. Die Spitzenpolitiker meiner Partei, der ich immer noch angehöre, die ich auch wählen werde, bei aller Enttäuschung, kenne ich nur aus dem Fernsehen. Ich fragte nach, ob er vielleicht mehr an menschlicher Gemeinschaft, an gemeinsamen Erlebnissen, auch Spaß und scheinbar unpolitischen Meinungsaustausch erwartet hatte. „Ja, das war es ja gerade, was mich anfangs noch bei der Stange hielt. Inzwischen sind aber durch die Kandidatenaufstellungen und Vorstandswahlen einige Leute miteinander verzankt und im Persönlichen stimmt es auch nicht mehr. Es wird nicht mehr gefeiert." Jetzt sitzt dieser junge Mann, der partizipieren wollte, wahrscheinlich wieder vor dem Fernsehschirm oder er hört stundenlang laute Musik, um die Welt und letztlich sich selbst zu vergessen; die Massenkommunikation hat ihn wieder. Kommunikation nur auf der Ebene der Wörter, ohne sinnliches Erleben, ohne Partizipation, ohne sichtbare und fühlbare Ergebnisse, welkt dahin. Apathie stellt sich ein, wenn nichts mehr geschieht als der Austausch von verbalen Versatzstücken, wenn sich nichts bewegt, wenn Wirkungen ausbleiben. Die Kommunikation im politischen Leben ist deshalb gestört, weil sie nicht begleitet wird von Partizipationschancen. Die Parteien, nach Grundgesetz und Parteiengesetz zur Mitwirkung und zur Bildung und Organisation des Bürgerwillens privilegiert, sind zu Wahlvereinen geworden, die für ihre Kandidaten Publicity-Kampagnen durchziehen, die ihren politischen Willen meist in kleineren Kreisen von Aktiven formuliert, über Werbeagenturen massenmedial propagieren lassen, die für wichtige Ämter die geeigneten Leute bereithalten. Bürgerinitiativen, meist nur an Einzelinteressen orientiert, füllen von Zeit zu Zeit die Lücken, die Parteien und Verwaltung wegen ihrer Bürgerferne offen lassen müssen. Doch über Einzelaktionen hinaus bieten sie politische Teilhabe nicht alternativ sondern nur punktuell und spontan. Sie sind keine Provokation der etablierten Parteien; sie reizen die Parteien nicht zur Öffnung, zur Bereitstellung von Partizipationsmöglichkeiten, zur Besinnung auf ihre von sinnlicher und aktiver Gemeinschaft geprägten Anfänge. So bleibt nur der Apell an die verantwortlichen Parteiführer, Kommunikation und Partizipation zu ermöglichen, wenn es ihnen mit der Erfüllung des Grundgesetzgebotes der „Volkssouveränität" ernst ist.

Medienpolitische Konsequenzen

Die Massenmedien sind nicht nur Instrumente der politischen Beeinflussung, der Information über Ereignisse jenseits des eigenen Erlebnishorizonts des Konsumenten, der Geschmacksbildung, der Unterhaltung, sondern auch vor allem Institutionen, die politische Teilhabe verhindern können, die Lebenskraft und Phantasie binden; ihr Entwicklungsstand ist ein Gradmesser von Kommunikations- und Partizipationsdefiziten. Unter diesen Voraussetzungen ergeben sich folgende Konsequenzen für eine demokratische Medienpolitik, die nicht Politikapathie, sondern politische Mitwirkung des Volkes zum Ziele hat:

1. Aus der Einsicht, daß nicht eine so oder anders organisierte Massenkommunikation politische Teilhabe fördert, sondern daß Kommunikations- und Partizipationsangebote nötig sind, ergibt sich die Forderung nach einer Neuorientierung der Medienpolitik. Medienpolitik kann nur ein Teil von Infrastrukturpolitik sein, zu der Kulturpolitik, Schulpolitik, Wohnungsbaupolitik, Bildungspolitik, Bürgerbeteiligung bei Planungsvorhaben als gleichwertige Elemente gehören. Es nützt nichts, den Fernsehmißbrauch von Kindern und Jugendlichen zu beklagen, als sei er eine individuelle Krankheit der Konsumenten. Alternativen im Wohnbereich, Kommunikationszentren, Kindergärten, Bildungsangebote müssen den Fernsehkonsum überflüssig machen. Ähnliches gilt für Erwachsene. Menschen zu treffen ist immer interessanter als das Fernsehen.
2. Eine besondere Rolle spielen die Parteien. Sie müssen den Bürgern ernstgemeinte Angebote zur tätigen Mitwirkung machen, politische Heimat bieten, ständige und für den einzelnen Menschen nicht folgenlose politische Kommunikation organisieren.
3. Die Ziele der Massenmedien, vor allem der öffentlich-rechtlich organisierten und damit durch die Öffentlichkeit kontrollierten Rundfunkanstalten, sollten nicht weiterhin darin bestehen, möglichst viele Menschen mit jeder einzelnen Veröffentlichung erreichen zu wollen, sozusagen eine totale Ersatzwelt zu bieten. Vielmehr sollte das Instrument Massenkommunikation helfen, Kommunikation und Partizipation herzustellen. Einige konkrete Hinweise: Regionalisierung, um die besonderen Interessen und die Belange kleinerer Konsumentengruppen berücksichtigen zu können, um Beiträge zur Entwicklung der Infrastruktur leisten zu können, um die Kontrolle durch die Öffentlichkeit effektiver zu machen; Differenzierung der Programme und Veröffentlichungen, um eine Auswahl zu ermöglichen und nicht jederzeit jeden mit allem zu bedienen, was zu Massenprogrammen ohne kritische Widerhaken führen müßte; Angebot anderer Inhalte, die Alltag, Arbeitswelt, Vereine und Verbände, Wohnen, Freizeit, körperliche und seelische Gesundheit, Sinn des menschlichen Lebens, Bei-

spiele politischer Mitwirkung spiegeln, erörtern und anregen und nicht Transport unerhörter Ereignisse aus höheren Gesellschaftsschichten, von Verbrechen und exotischen Abenteuern, plumpen Studiospaß und Politik als Ersatzabenteuer in jedes Wohnzimmer.

4. Die Medienorganisation sollte auf bessere öffentliche Kontrolle, nicht auf übermäßigen Ausbau innerer Mitbestimmung der Journalisten hin verstärkt werden. Müßten die Rundfunkräte, die dem Rundfunk gegenüber die Öffentlichkeit repräsentieren, die Kontrolle ausüben und Einfluß haben sollten, nicht gewählt werden wie Stadtverordnete, Landtags- und Bundestagsabgeordneten? Jetzt werden sie – von Bundesland zu Bundesland verschieden – von Parteien, Parlamenten und Verbänden abgesandt, ohne Rechenschaftspflicht, weithin unbekannt bei den Konsumenten. Sollten nicht von der Öffentlichkeit gewählte Repräsentanten sich auch um die Pressevielfalt kümmern?
5. Neue Techniken, wie Kabelfernsehen, das eine Fülle von Programmen und Kontakten ermöglichen könnte, Kassette und Bildplatte, die ein großes Angebot an Filmen, Bildungsprogrammen, Unterhaltung, Sportberichten bringen könnten, Videotext und Bildschirmtext, die den Fernsehapparat zur Informationsbank machen, von der alles mögliche abrufbar ist, was an Büchern, Listen, Karteien, in Zeitungen und Zeitschriften gespeichert wird, mit Service-Tips und Verbraucherberatung, Börsenkursen, neuesten Nachrichten, Behördenauskünften, Bildungsberatung, sollten nicht als eine Erweiterung der Massenkommunikation herkömmlicher Art entworfen und organisiert werden, sondern unter den Gesichtspunkten von Kommunikation und Partizipation.

Massenmedien und Gewalt

Viele Bürger in der Bundesrepublik Deutschland fühlen sich durch den Terrorismus persönlich bedroht. Die Frage nach der inneren Sicherheit der Bundesrepublik, von besorgten Politikern gestellt, findet große Resonanz. Härtere Strafen, bessere Organisation und Ausrüstung der Sicherheitsorgane, Überwachungsmaßnahmen und Kontrollen finden die Zustimmung der überwiegenden Mehrheit der Bevölkerung. Diese Lage hat vor Jahren, als Studenten- und Jugendrevolten (mit den Anfängen politisch motivierter Gewalttaten) auf dem Höhepunkt waren, niemand vorausgesagt. Sie ist die Folge spektakulärer Aktionen einiger kleinerer Gruppen von skrupellosen Desperados. Die Bilanz des Terrors verzeichnet von 1967 bis Ende 1977 23 Todesopfer, über 100 Opfer von Mordversuchen, 88 Verletzte; im Zusammenhang mit polizeilichen Verfolgungsmaßnahmen kamen zwei Unbeteiligte um; 13 jugendliche Protestler, Demonstranten und Terroristen starben. Schießereien, Banküberfälle, Brandstiftungen und Entführungen haben zu über 300 Verfahren geführt.
Günther Nollau, ehemaliger Präsident des Bundesamtes für Verfassungsschutz, schätzte Ende der siebziger Jahre die Zahl der Terroristen und zu Terrorakten bereiter Personen auf unter 100. Auch heute dürfte die „Terrorszene" einschließlich von Sympathisanten weniger als 1.000 Personen umfassen. Innerhalb der allgemeinen Verbrechensstatistik nimmt sich die Zahl der politisch motivierten Gewalttaten immer noch als relativ unbedeutend aus, wobei ein sprunghaftes Ansteigen terroristischer Aktionen vom Jahre 1977 an zu verzeichnen war. Die starke Emotionalisierung der Öffentlichkeit ist nicht durch unmittelbare Betroffenheit (wer hat schon einen leibhaftigen Terroristen gesehen?), sondern durch die Verstärkerfunktion der Massenmedien zu erklären. Mord und Totschlag, Banküberfälle, Entführungen und Ultimaten, Enthüllungen und Vermutungen, Erklärungen von Politikern, Kommentare von Publizisten werden von den Massenmedien in jedes Haus transportiert: Die absolute Sensation, das schier Unglaubliche, Angst-Einflößende, Unerhörte löst heftige Gefühle aus. Man spricht am Arbeitsplatz und Zuhause, im Verein und am Biertisch über den Terrorismus, der allgegenwärtig zu sein scheint, der das geordnete Alltagsleben bedroht, der Staat und Gesellschaft erschüttert.

Massenmedien und Terrorismus

Die Massenmedien lassen das Thema Terrorismus nicht zur Ruhe kommen, auch wenn keine neuen Tatsachen aus der Terror-Szene bekanntwerden. Politiker und Experten erhalten Gelegenheit, ihre Positionen zum Terrorismus darzustellen, Vorwürfe zu formulieren und Gegenmaßnahmen zu erläutern, Ursachen zu erörtern, Verdächtigungen (gegen „Sympathisanten") auszusprechen und Anschuldigungen (gegen „Scharfmacher") zu erheben. Das Thema ist ergiebig, weil es auf latente Ängste der Bürger stößt, Ängste, die tiefere Ursachen haben als eine akute Bedrohung durch terroristische Gewalttäter. Erich Fromm (Anatomie der menschlichen Destruktivität) und andere Sozialpsychologen haben die Frustration des Menschen in der abenteuer- und lebenssinnentleerten Zivilisation ausführlich und schlüssig analysiert. Es wäre aber leichtfertig, die Gefahren des Terrorismus zu bagatellisieren und ausschließlich auf die geringen Zahlen der tatsächlichen und potentiellen Gewalttäter abzuheben und sich – wie vielfach geschehen – ausschließlich der „Ursachenforschung" des Terrorismus zuzuwenden. Die Verwundbarkeit der lebenswichtigen Einrichtungen der hochentwickelten Industriegesellschaften ist groß; die Entwicklung von leicht beschaffbaren Kampfstoffen und technischen Zerstörungsinstrumenten geht weiter. Wasserreservoirs von Großstädten können durch winzige Giftmengen zu Todesspendern werden; Atomkraftwerke sind nicht sicher vor Überfällen; Verkehrseinrichtungen und Stromversorgung sind mit einfachen Eingriffen leicht zu lähmen; durch Kleinstraketen mit automatischem Lenkkopf lassen sich Flugzeuge vom Himmel holen. Fachleute sprechen schon von der Taschenatombombe, die schnell gebaut werden kann und universell zu Erpressungen und Anschlägen einsetzbar ist. Diese Hinweise mögen genügen, um die Notwendigkeit von angemessenen Sicherheitsmaßnahmen des Staates und der Wachsamkeit der Bürger zu begründen. Die Massenmedien, vor allem die Sensationspresse und manche Fernsehsendungen, können jedoch Überreaktionen auslösen, die zu lernpathologischem Verhalten der Verantwortlichen und zu einem Klima des Mißtrauens in der Öffentlichkeit führen. Die von Sozialpsychologen festgestellte latente Angstbereitschaft läßt sich publizistisch gut vermarkten und scheint sich politisch als probates Mittel zur Verunglimpfung Andersdenkender benutzen zu lassen. Was die Beseitigung der Ursachen und die Minderung der Gefahren des Terrorismus angeht, leisten diese Auseinandersetzungen weniger als nichts. Das gilt nicht nur für die Mahner von „rechts", die in Wissenschaftlern, Schriftstellern und Journalisten, die den Terrorismus zu erklären versuchen, „Sympathisanten" des Terrors zu sehen glauben und den Haß der Bürger auf „Systemveränderer" lenken wollen, sondern das gilt auch für viele Reaktionen von „links", die den Gegnern „Scharfmacherei, Hysterie, Angst- und Panikmacherei" vorwerfen. Anstatt sich mit dem Terrorismus wirklich auseinanderzusetzen, streiten verantwortliche Politiker vor einer Öffentlichkeit, die die Massenmedien darstellen und herstellen, mit beliebig interpretierbaren Fakten und Argumenten. Da Politiker im demokratischen Staat der ständigen Legitimation durch die Wähler bedürfen, ist die Tendenz unverkennbar, bei den Millionen Lesern und Zuschauern der Massenmedien auf positive Resonanz zu stoßen. Etwas vereinfacht dargestellt ergibt sich ein Regelsystem: Die Angsterwartung des Publikums, durch die Massenmedien zum Zwecke des Absatzes ihrer Produkte genutzt, läßt die Politiker auf die sich verstärkenden Ängste des Publikums reagieren und auf das Publikum gerichtete Erklärungen abgeben und Maßnahmen einleiten. Die Terroristen bestimmen mit ihren auslösenden Terrorakten die Geschwindigkeit, mit der sich dieses System von Angst und Angstreaktion weiterentwickelt. Die Massenmedien haben dabei die Schlüsselfunktion der Vermittlung zwischen den Eckpunkten des verhängnisvollen Dreiecks: Terroristen, Öffentlichkeit, Politiker. Endpunkte dieser Entwicklung sind die Verunsicherung der Bürger, die Erschütterung des Vertrauens gegenüber der Staatsgewalt und die Verleitung der Verantwortlichen zu unüberlegten Aktionen (mit Solidaritätsbewegungen unter bisher terrorabstinenten Bürgern).

Die Medienstrategie der Terroristen

Franz Wördemann hat nachdrücklich auf das Ziel des Terrorismus hingewiesen: „Terrorismus ist eine Form der gewaltsamen Aggression, in der das unmittelbare Ergebnis der Gewaltanwendung (Tod eines bestimmten Menschen, Zerstörung einer bestimmten Einrichtung, Ausfall einer bestimmten Funktion) nicht das erste Ziel ist, sondern nur Stufe auf dem Weg zur Besetzung des Denkens, nur der Hebel, mit dem das ‚normale' Verhalten der Angegriffenen aus seinen festen Verankerungen gehoben werden soll." (Terrorismus – Motive, Täter, Strategie, München 1977) Flugblätter, Basisarbeit, Diskussionen sind die Mittel der Bewußtseinsbildung. Carlos Marighella hat in seinem „Mini-Handbuch des Stadtguerilleros" über den Kampf der Tupamaros in Brasilien die Bedeutung der Aufklärung des unterdrückten Volkes über die einzelnen Gewaltaktionen herausgestellt: „Indem die Stadtguerilleros das revolutionäre Bewußtsein der Massen entwickelt, die nicht an ihren Aktionen teilnehmen, sich aber damit identifizieren können." Zwei Regeln sind nach Marighella zu beachten: nur Aktionen gegen Vertreter des Kapitals und des Staates und Bewußtmachung der allgemeinen Unterdrückung und der einzelnen revolutionären Aktionen! Alex Schubert forderte 1971 die Befolgung dieser Regeln auch für die RAF (Stadtguerilla, Berlin 1971). Aber die Rote Armee Fraktion veröffentlichte im selben „Rotbuch" ihr eigenes Konzept, das heute noch bei manchen Nachfolgegruppen gültig zu sein scheint: „Unser ursprüngliches Organisationskonzept beinhaltete die Verbindung von Stadtguerilla und Basisarbeit. Wir wollten, daß jeder von uns gleichzeitig im Stadtteil oder im Betrieb in den dort bestehenden sozialistischen Gruppen mitarbeitet, den Diskussionsprozeß mit beeinflußt, Erfahrungen macht, lernt. Es hat sich gezeigt, daß das nicht geht. Daß die Kontrolle, die die politische Polizei über diese Gruppen hat, ihre Treffen, ihre Termine, ihre Diskussionsinhalte schon jetzt so weit reicht, daß man dort nicht sein kann, wenn man auch noch unkontrolliert sein will. . ." Die Massenmedien als direkter Transmissionsriemen sind den RAF-Leuten ebenfalls versperrt: „Es gibt keine Publikationsmittel, die nicht vom Kapital kontrolliert würden, über das Anzeigengeschäft, über den Ehrgeiz der Schreiber, sich in das ganz große Establishment reinzuschreiben, über die Rundfunkräte, über die Konzentration auf dem Pressemarkt. Herrschende Öffentlichkeit ist die Öffentlichkeit der Herrschenden in Marktlücken aufgeteilt, schichtenspezifische Ideologien entwickelnd, was sie verbreiten, steht im Dienst ihrer Selbstbehauptung auf dem Markt. Die journalistische Kategorie heißt: Verkauf. Die Nachricht als Ware, die Information als Konsum." Die Konsequenz aus dieser Analyse: „Von ‚bewaffneter Propaganda' werden wir nicht reden, sondern werden sie machen." und: „Das große Geschrei, das über uns angestimmt worden ist, verdanken wir mehr den lateinamerikanischen Genossen. . ., so daß die Herrschenden uns wegen des Verdachts von ein paar Banküberfällen so ‚energisch entgegentreten', als gäbe es schon das, was aufzubauen wir angefangen haben: Die Stadtguerilla der Roten Armee Fraktion." Die RAF-Gründer (wahrscheinlich war es Ulrike Meinhof als erfahrene Publizistin) hatten die Zusammenhänge zwischen Massenmedien, Öffentlichkeit, Politik („die Herrschenden") und Terroraktionen schon 1971 erkannt und die „Propaganda der Tat" der klassischen Anarchisten wiederentdeckt. Dabei fallen Widersprüche im Verhalten und in der Theorie auf; Hinweise auf die Vereinzelung und theoretische Unabhängigkeit einzelner Gruppen der Terror-Szene. Während

1971 die Verbindung zu den Massen durch Basisarbeit und Masseninformation von RAF-Autoren als unmöglich angesehen wurde und die indirekte Vermittlungsmöglichkeit realistisch eingeschätzt wurde, unterstellt eine andere Schrift der RAF (Rotbuch 29) kurze Zeit später (wahrscheinlich verfaßt von Horst Mahler), die Massen der Bundesrepublik akzeptierten die Gesellschaftsordnung nur noch deshalb, weil sie ständig von einem staatlichen Unterdrückungsapparat eingeschüchtert würden; Aufgabe der RAF sei die Einschüchterung des Unterdrückungsapparates, dann werde die Bevölkerung die Befreiung begrüßen und plötzlich politischen Belehrungen im Sinne einer Revolution aufgeschlossen gegenüberstehen. Tatsächlich haben sich die Terroristen durch ihre Aktionen immer weiter von den Massen und auch von einer kritischen Minderheit entfernt, die noch 1973 von Gudrun Ensslin in einem Kassiber als „die Reste der bürgerlich-liberalen Front" bezeichnet wurde, die gesammelt werden sollte, um öffentliche Proteste gegen „Isolationshaft" und ihre Folgen zu organisieren.
Die feindlichen Massenmedien wurden mehr und mehr als Instrumente, nicht der Massenaufklärung über vermeintliche Revolutionsspiele und den „gerechten Kampf" eingesetzt, sondern als Informationsdienste zwischen Terroristen und Regierungen unter Augen und Ohren der staunenden Öffentlichkeit, als Propagandamittel, die Stärke der Terroristen und Ohnmacht der Regierten signalisieren sollten und als Transmissionsriemen sich verstärkender Angstreaktionen, mit dem Ziel, die Verantwortlichen sich selbst ins Unrecht setzen zu lassen. Der Terrorist muß, um auf Seite 1 des Massenblatts zu bleiben und im Fernsehen die besten Sendezeiten zu besetzen, immer spektakulärere Aktionen ins Werk setzen. Folgerichtig im Sinne der Publicity ist auch die Tötung Unbeteiligter. „Der moderne Terror hat entdeckt, daß die Einbeziehung von völlig Unschuldigen und total Unbeteiligten seine Wirkung erhöht", meint der Psychologe Friedrich Hacker (Aggression, Wien 1971). Er sieht, ausgelöst durch öffentlich zur Schau gestellte Gewaltakte, einen Kreislauf zwischen Gewaltbedürfnis und Terror in der modernen Gesellschaft, nicht zuletzt verstärkt durch den leichtfertigen Umgang mit Gewalt in den Massenmedien, in Berichten und Unterhaltungsfilmen gleichermaßen. Die Entwicklung der modernen Verkehrs- und Nachrichtentechnik hat die ganze Welt zum Schauplatz globaler Terroraktionen gemacht: Der Eskalation scheinen keine Grenzen gesetzt zu sein. Franz Wördemann sieht die Terroristen „an die Regeln einer überzüchteten Kommunikationswelt gebunden, die sich mit dem steigenden Angebot an technologischen Möglichkeiten ständig verdichten und verschärfen werden".

Konsequenzen

Die Rolle der Massenmedien bei der Eskalation des weltweiten Terrors ist bisher nur in Ansätzen und mit Hypothesen untersucht worden. Dabei wäre der sozialpsychologische Einstieg, der ausgeht von Angstbereitschaft und Gewaltlust in gegenwärtigen Gesellschaftsorganisationen, erfolgversprechend. Die Massenmedien stoßen mit ihren Gewaltbotschaften, vom Krimi über den Bericht vom Eisenbahnunglück bis hin zur Verbreitung von Terrorinformationen, auf ein gewaltiges Interesse. Woher rührt dieses Interesse? Erich Fromm hat auf die Entwurzelung des modernen Menschen hingewiesen, auf den Verlust eines Orientierungsrahmens seines Lebens, auf die Sinnlosigkeit seines Daseins. Angst und Destruktionslust sind die Folge; die Affinität zur Gewalt liegt nahe. Iring Fetscher hat, allerdings nur auf die Terroristen selbst bezogen, einige konkrete Versäumnisse genannt: „gröbliche Vernachlässigung der Moral im Bereich der Politik, viel zu späte und nicht genügend ernstgenommene Inangriffnahme der sozialen und kulturellen Probleme in der Wohlstandsgesellschaft." (Terrorismus und Reaktion, Frankfurt 1977). Die psychischen Ursachen von Jugendrebellion und letztlich auch Terrorismus sieht Iring Fetscher jedoch eine Schicht tiefer. Er verweist auf Bruno Bettelheim, der in einer allzu rationalistischen, die emotionalen Aspekte der menschlichen Reifung unterschätzenden und mißachtenden Art der Erziehung die Ursache für Realitätsverlust erkannte: „Die Wahnwelt der Terroristen wäre so gesehen eine Art später Rache des verdrängten Unterbewußten, das im Reifungsprozeß nicht angemessen verarbeitet werden konnte."

Ich möchte diesen Gedanken fortführen: Die Massenmedien als wichtigste Sozialisationsinstanz neben Elternhaus, Schule und Arbeitswelt sind im großen und ganzen einer Pseudorationalität aufgesessen (Allwissenheit, Belehrung, vorzeigbare Objektivität), die keine Zeit zum Träumen läßt und die die psychischen Bedürfnisse des Menschen nicht befriedigen kann. Abenteuer und Selbstentdeckung, Entwicklung des Ichs an Aufgaben des täglichen Lebens, Kommunikation als Austausch von Erlebnissen und Plänen, kreative Produktivität werden durch den Fernseh-Abusus verhindert. Massenpresse muß profitabel arbeiten und verdient an der erzeugten und sich verstärkenden Angst. Nochmals auf die Terroristen gewendet, bedeutet der sozialpsychologische Erklärungsversuch gesellschaftsbedingte Ursachen zu erkennen und sie in den Zusammenhang individueller Dispositionen der Täterpersönlichkeiten (auch bedingt durch Elternhaus, Ausbildung, Freundschaften) zu rücken. Nicht jeder frustrierte Jugendliche ist Terrorist geworden. Aber in der verschworenen Gemeinschaft der konspirativen, ständig von außen bedrohten Gruppe findet besonders der Labile einen Halt, eine weltanschauliche Heimat und die tätige Solidarität seiner Kameraden. Sein Leben hat für ihn wieder einen Sinn; er hat Ziele, er wird gefordert. Die Massenmedien haben diesen Aspekt des Terroristendaseins bisher nicht entdeckt; die Gefahr, durch romantische Verklärung der Desperado-Existenz Zulauf zu bringen, ist nicht gering einzuschätzen. Die Zusammenhänge zwischen Terrorismus und Massenkommunikation sind so komplex, die Struktur der Massenmedienorganisation ist so fest, das Interesse an Gewalt in der Öffentlichkeit (wie die Beliebtheit von Tatort-Krimis und US-Serien zeigt) so groß, daß Appelle – etwa an die Mediengewaltigen – ohnmächtig zu sein scheinen. Trotzdem möchte ich zum Abschluß meiner Überlegungen einen vernünftigen Appell des Terrorismus-Experten Rolf Tophoven zitieren: „Auch die Massenmedien müssen in die Globalstrategie der Terrorbekämpfung einbezogen werden. Bei aller Pflicht zur Berichterstattung über Aktionen des Terrorismus sollten es die Verantwortlichen in den Sendeanstalten und in den Chefetagen der Zeitungen vermeiden, von Terroristen zu deren eigenem Vorteil manipuliert und mißbraucht zu werden. Wer die zum Teil hochstilisierten Reportagen und Berichte über den angeblichen Terroristen Nr. 1, ‚Carlos' gelesen hat, kennt die Gefahr der sicherlich unbeabsichtigten Verherrlichung terroristischer Gewalttäter, die in solchen Berichten steckt." (in: Manfred Funke, Terrorismus). Im Entführungsfall Schleyer bat der Regierungssprecher in einem Schreiben vom 8. September

1977 die Chefredakteure in der Bundesrepublik um zurückhaltende Berichterstattung und Konsultation des Bundespresseamts, wenn Nachrichten von den Terroristen vorlägen. Der Deutsche Presserat schloß sich der Bitte an. Tatsächlich hielten sich die Medienverantwortlichen in der Bundesrepublik an diese Bitte. Ein Video-Film, über den sich der Entführte nach dem Willen der Terroristen direkt an das Fernsehpublikum richten sollte, wurde erst lange nach Abschluß des Falles gezeigt. Die Zeitungen hielten sich mit Nachrichten, nicht aber mit Kommentaren zurück. Die Flugzeugentführung mit dem blutigen Ende in Mogadischu am 19.10.1977 und die Affären um das Terroristen-Gefängnis Stammheim wurden dagegen wieder mit allen Einzelheiten übertragen.

Eine geradezu klassische Fallstudie zum Thema „Medien und Terrorismus" ist die Entführung des Berliner Politikers Peter Lorenz am 27. Februar 1975; denn die Medien berichteten nicht nur ständig über den Stand der Ermittlungen und die Forderungen der Entführer, sondern die Entführer bezogen Funk und Fernsehen in ihre Aktion ein. Sie teilten ihre Absichten in einem Schreiben an die Deutsche Presse-Agentur am 28. Februar mit: Freilassung von einsitzenden politisch motivierten Tätern und öffentliche Verhandlungen: „Nachrichten des Staatsapparats an uns und Ablauf der Freilassung der Gefangenen samt ihrem Anflug müssen über Funk und Fernsehen abgewickelt werden." Tatsächlich wurden – nach Bitten von Staatsvertretern an den unabhängigen Rundfunk – Mitteilungen der Polizei, Erklärungen der Entführer und der Häftlinge und live-Berichte von der Freilassung der Häftlinge zum gemeinsamen Flug mit dem Vermittler Pfarrer Heinrich Albertz und zum Schluß die Freilassung des entführten Peter Lorenz im Hörfunk und im Fernsehen übertragen. Der Rundfunk wurde zum Kommunikationsinstrument für Entführer und Staatsvertreter. Der damalige Programmdirektor Deutsches Fernsehen, Hans Abich, hat die Haltung der ARD-Zuständigen erläutert, die durchaus nicht geschlossen war (Der Fall Lorenz, Südfunk-Hefte 10, 1984); so war der Intendant des Hessischen Rundfunks, von dessen Funkhaus in Frankfurt aus die Anarchistin Ingrid Siepmann mit einem Hubschrauber – übertragen im Regionalfernsehen – abfliegen sollte, unwillig über die Ausweitung der Forderung der Berliner Polizeibehörden, die Aktion nicht nur regional, sondern bundesweit zu verbreiten. Das Hubschrauber-Landemanöver wurde auf den Rhein-Main-Flughafen verlegt. Intendant Hans Bausch vom Süddeutschen Rundfunk damals ARD-Vorsitzender, wertet die Entscheidungen: „Die Bedrohung des Mediums Fernsehen im Fall Lorenz war für die Verantwortlichen komplexer und komplizierter, weil sie von Terroristen erpreßt wurden mit der Drohung, ein Menschenleben auszulöschen, wenn die Bedingungen der Entführer nicht erfüllt würden. Nicht nur der Staatsapparat wurde mit dieser Drohung erpreßt; auch die vom Staat unabhängigen Rundfunkanstalten wurden erstmals unter einen bis dahin unbekannten Druck gesetzt, auf den angemessen zu reagieren in keiner Vorschrift nachzulesen war."

In vielen Tageszeitungen wurde die Art und Weise der Übertragungen und der Berichterstattung des Rundfunks kritisiert. Eines steht wohl fest: Trotz des Sensationscharakters der Sendungen im Fall Lorenz, trotz der Erklärungen mit politischer Argumentation der Entführer, die im Rundfunk gesendet wurden, hatten die Programme auch nicht den leisesten Geruch von Propaganda für die Ziele der Entführer und der Häftlinge. Die Wirkung von publizierten Gewalttaten festigt eher die Abwehr der Bürgerinnen und Bürger. Die publizistischen Ziele verkehren sich in ihr Gegenteil. Statt Sympathisanten zu gewinnen, verschrecken die Gesetzesbrecher die Öffentlichkeit. Anders mag die Situation in einem Lande sein, in dem große Teile der Bevölkerung gegenüber ihrem Staat nur feindliche Gefühle hegen. Doch in autoritären Staaten dürfte dem Rundfunk kaum erlaubt werden, ausführlich und direkt zu berichten.

Massenmedien und politische Kultur

Es ist recht einfach, Behauptungen aufzustellen, was den Zusammenhang von Massenmedienangeboten, Massenmedienkonsum und politischer Kultur angeht. So könnte man feststellen:

- Die Massenmedien, vor allem das Fernsehen, haben die Menschen in die Isolation getrieben, sie daran gehindert, in einen lebendigen Dialog zu treten, gemeinsame Aktionen zu planen und zu realisieren. Die Massenmedien verhindern damit politische Kultur.
- Die Massenmedien, vor allem das Fernsehen, haben Politik in fast jedes Haus getragen, wichtige politische Themen in die Köpfe der Staatsbürgerinnen und Staatsbürger gepflanzt, politische Persönlichkeiten und ihre Positionen bekannt gemacht. Die Massenmedien machen politische Kultur in einem großen, für einzelne unüberschaubaren Staats- und Gesellschaftssystem erst möglich.
- Die Massenmedien, als eine Art „4. Gewalt" im Staate neben Legislative, Judikative und Exekutive, haben Machtmißbrauch kontrollieren geholfen, Skandale aufgedeckt, verantwortliche Beamte und Politiker bloßgestellt, wenn sie ihre Pflichten verletzten.
- Die Massenmedien, als technische Medien von wenigen Eigentümern oder Beauftragten der Eigentümer kontrolliert, verhindern politische Kultur, die auf Austausch, Gleichberechtigung, freie Entfaltungsmöglichkeit für alle Meinungen beruht. Wenige bereiten Unterhaltung, Information und Belehrung auf für viele. Es gibt keinen Meinungsbildungsprozeß von unten nach oben, sondern nur Indoktrination von oben nach unten. Auch wenn die Basis zu Worte kommt, bestimmen die Wenigen, welche Meinungen überhaupt massenhaft verbreitet werden, auf welcher Seite, auf welchem Programmplatz, wie groß und wie lange und mit welcher Tendenz im Kommentar. Massenmedien verhindern demokratische Willensbildungsprozesse, weil sie prinzipiell Informations-Einbahnstraßen sind und wenige bestimmen, was für die Masse gut ist.
- Massenmedien in der Bundesrepublik Deutschland sind demokratische Institutionen. Sie werden vom Volke kontrolliert. Die Presse, der Film, die Schallplattenindustrie, die Kassettenproduktion, die Verlage unterliegen keinen Auflagen oder gesetzlichen Einschränkungen. Jedermann kann eine Zeitung herausgeben, einen Verlag, eine Filmfirma gründen, wenn er volljährig, strafmündig und finanziell dazu in der Lage ist. Über den Erfolg oder Mißerfolg der Gründung entscheiden die Kunden, entscheidet das Publikum. Niemand ist gezwungen, eine bestimmte Zeitung zu kaufen oder einen bestimmten Film anzusehen oder ein bestimmtes Buch zu kaufen. Im Bereich des Rundfunks mit Hörfunk und Fernsehen wachen legitimierte Vertreter der Öffentlichkeit in den Rundfunkräten und im Fernsehrat des ZDF über die Einhaltung von Programmgrundsätzen, die allesamt einem hohen Niveau politischer Kultur verpflichtet sind. Beispiel Saarländischer Rundfunk: „Der Saarländische Rundfunk hat seine Sendungen im Rahmen der verfassungsmäßigen, freiheitlichen und demokratischen Ordnung zu gestalten. Die Sendungen sollen eine unabhängige Meinungsbildung ermöglichen und dürfen nicht einseitig einer Partei, ei-

nem Bekenntnis, einer Weltanschauung, einem Berufsstand, einer Interessengemeinschaft oder einer sonstigen Gruppe dienen. Sie haben den religiösen, sittlichen und kulturellen Belangen der Bevölkerung des Saarlandes Rechnung zu tragen." (§ 10 Abs. 1 des Landesrundfunkgesetzes)

- Massenmedien, vor allem das Fernsehen und massenhaft verbreitete Unterhaltungszeitungen verhindern politische Kultur, weil sie von politischen Problemen der Umwelt, des Lebensalltags, des Arbeitsplatzes ablenken. Sie nehmen Freizeit in Beschlag, machen Diskussionen und politische Aktion unmöglich.
- Massenmedien machen den Prozeß demokratischer Meinungs- und Willensbildung erst möglich; nur der informierte Staatsbürger kann sich an der Politik beteiligen. Politische Kultur beruht auf funktionierenden Massenmedien im Sinne von Grundgesetzartikel 5, in dem das Recht auf Meinungs- und Informationsfreiheit, Pressefreiheit und Berichterstattungsfreiheit durch Rundfunk und Film ohne Zensur gewährleistet wird. Das Bundesverfassungsgericht hat mehrfach den Artikel 5 verbindlich ausgelegt. Beispiel Aufgabe der Presse: „Die Presse hält die(se) ständige Diskussion in Gang; sie beschafft Informationen, nimmt selbst dazu Stellung und wirkt damit als orientierende Kraft in der öffentlichen Auseinandersetzung. In ihr artikuliert sich die öffentliche Meinung; die Argumente klären sich in Rede und Gegenrede, gewinnen deutliche Konturen und erleichtern so dem Bürger Urteil und Entscheidung." (BVerfGE 20)
- Pressekonzentration aus wirtschaftlichen Gründen und flächendeckende Angebote des Fernsehens verhindern politische Kultur; die Realität ist anders als der Verfassungsauftrag. Die von der Verfassung geschützten Institutionen können ihrem Auftrag nicht gerecht werden, da konkurrierende, auch von der Verfassung geschützte Prinzipien (Gewerbefreiheit, Schutz des Eigentums) sich durchzusetzen, im öffentlich-rechtlich organisierten Rundfunkbereich die privatwirtschaftliche Absatzideologie der Angebote vorherrscht und auch die Rundfunkanstalten durch ihre Werbeabhängigkeit wirtschaftlichen Interessen unterliegen.
- Politische Kultur kann nur durch große Medienorganisationen gefördert werden; kleine Medieninstitutionen wären gar nicht in der Lage, selbst Tatsachen zu recherchieren, Nachrichten zu überprüfen und angemessen zu erläutern, hochwertige Produkte anzubieten. Die Qualität der Produkte großer Medienorganisationen wird bestätigt durch den Massenkonsum. Massenblätter und Massenprogramme garantieren auch den Absatz politischer Informationen. Wer wollte behaupten, das Deutsche Fernsehen oder die BILDzeitung seien unpolitisch?

Die Sammlung gegensätzlicher Behauptungen könnte mühelos fortgesetzt werden. Der Zusammenhang zwischen Massenmedien und „politischer Kultur" wird nicht deutlich, so lange nicht geklärt ist, was unter dem modischen Begriff der politischen Kultur zu verstehen ist.

Bedeutet er die Beschreibung eines Istzustandes, eines Sollzustandes, eines vergangenen Zustandes, eines zukünftigen Zustandes; bedeutet er politisches Verhalten, politischen Stil, bedeutet er „Seid-nett-zueinander" im Sinne des Harmoniepädagogen Friedrich Oetinger, bedeutet er Teilhabe am politischen Geschehen? Löst man den Begriff auf, wird die Einschätzung noch schwieriger. Was ist Politik? Was ist Kultur?

Exkurs über die politische Kultur

Je länger ich über den in den letzten Monaten unter Gebildeten gebräuchlich gewordenen Begriff der politischen Kultur nachdenke, desto mißtrauischer werde ich. Soll Zuckerguß angerührt werden, der über Interessengegensätze, antagonistische Widersprüche, unvereinbare ideologische Gegensätze gegossen werden soll? Damit den Bürgern, die sich verweigern, die Politik genießbarer wird? Sollen erstarrte Politik-Institutionen (Parteien, Parlamente) und verknöcherte Verwaltungseinrichtungen mit Hilfe eines Überzugs aus süßer Kuvertüre auch für wildgewordene Bürgerinitiativen attraktiv werden? Wird gar pikanter Aspik angesetzt, der Streit, Aufbegehren, alternative Aktionen, auch und vor allem die Konflikte zwischen jung und alt unter einer allgegenwärtigen Glibbermasse zur Ruhe kommen läßt? Geht es um den Stil, wie Politiker miteinander, mit dem Bürger und der „Öffentlichkeit" umgehen? Geht es auch um die Art und Weise, wie Politik durch die Massenmedien dargeboten wird oder besser: dargeboten werden sollte? Soll Schluß sein mit harten Kontroversen, mit Rededuellen, persönlichen Angriffen, die häufiger in den Massenmedien kolportiert werden als gemeinsame Handlungen und Beschlüsse? Um vom Fragen endlich zu Antworten zu kommen, fasse ich den Begriff der politischen Kultur als Herausforderung auf, einige Bedingungen zu nennen, unter denen politische Kultur möglich wäre. Möglich wäre, wenn ihre Proklamation durch verschreckte Parteifunktionäre, denen die Angst vor Alternativen mit ihrer neuentdeckten Sinnlichkeit im Nacken sitzt, mehr bedeutet als der Ruf nach Verschönerungs- und Beruhigungsmitteln.

Politische Kultur gab es in den letzten Jahrhunderten nicht, wegen der Abhängigkeit der Menschen von allgemeinverbindlichen Glaubens- und Herrschaftsdoktrinen und wegen materieller Not, die „Kultur" im Sinne von Verfeinerung, höherer eigener Sinngebung, Beteiligung vieler oder gar aller Menschen nicht zuließen. Es gibt sie heute (noch) nicht, weil im Weltmaßstab immer noch Not und Abhängigkeiten vorherrschen, weil in den Industrieländern an die Stelle kirchlicher und weltlicher Hierarchien die Zwänge von Wirtschaft und Technik getreten sind mit neuen Autoritäten und Wertigkeiten. Es könnte politische Kultur geben, . . .

. . . wenn es keine Not mehr gibt, keine Unterdrückung und Ausbeutung, weder zwischen den Staaten des Nordens und des Südens, noch innerhalb der Staaten in West und Ost

. . . wenn die Menschen nach eigenen, miteinander gemeinsam entwickelten Zielen, nach ihren Anlagen und Möglichkeiten, nach ihren Wünschen und Bedürfnissen im Rahmen einer neuen humanistischen Wertordnung arbeiten, leben, wohnen, ihre Freizeit verbringen, ihre Angelegenheiten gemeinsam regeln

. . . wenn es keine Furcht mehr gibt vor Krieg, Katastrophen und dem Versiegen der Quellen natürlichen Wohllebens (Rohstoffe, Energieversorgung) und vor dem Zusammenbruch der Lebensbedingungen durch Umweltbelastungen (Abgase, Lärm, Klimafaktoren, Strahlen)

. . . wenn kein Kampf mehr nötig ist zwischen arm und reich, oben und unten, jung und alt; wenn die Schätze der Erde und die Produkte menschlichen Erfindungsgeistes und menschlicher Arbeit gerecht verteilt werden.

Politische Kultur ist, so gesehen,eine politische Utopie. Utopie verstehe ich nicht als das

Land Nirgendwo, als bloßen Traum von einer unerreichbaren besseren Welt, als Spinnerei, sondern als weit entferntes Ziel allen politischen Strebens, fast unerreichbar, ganz hinten am Horizont sichtbar, ein Leuchtfeuer, das die Richtung angibt. Die politische Kultur als politische Utopie existiert noch nicht; sie entsteht auf dem Wege hin zu ihr; sie wächst allmählich, sie bedarf der geduldigen Pflege, der unermüdlichen Arbeit zu ihrer Realisation.

Befund: Massenmedien verhindern politische Kultur

Nimmt man die politische Utopie als Ziel allen menschlichen Strebens, das sorglose Zusammenleben unter Gleichen, den Austausch und die Gemeinsamkeit, die Verwirklichung eines menschenwürdigen Daseins zum Maßstab, dann sind die Massenmedienorganisationen von heute wahre Teufelsmaschinen. Aus den USA, dem Land mit dem am weitesten entwickelten Medienwesen, kommen radikale Zweifel, die in der Forderung des ehemaligen Werbemanagers Jerry Mander münden: „Schafft das Fernsehen ab!" (Rowohlt 1979) oder in der Entlarvung des mächtigsten Mediums als Suchtmittel „Die Droge im Wohnzimmer" (von Marie Winn, Rowohlt 1979). Neil Postman stellt gar fest: „Wir amüsieren uns zu Tode" (Frankfurt/M. 1985). Die Massenmedien absorbieren den größten Teil der Freizeit des Menschen, und zwar durch die von ihnen erzwungene rein rezeptive Tätigkeit. Die Zeit, die Menschen hinterm Fernsehschirm verbringen, ist für andere Aktivitäten unwiederbringlich verloren. In den USA sind es durchschnittlich mehr als sechs, bei uns um die zwei Stunden täglich allein fürs Fernsehen. Hörfunk wird nebenbei gehört; die Zeitung erfordert keine ständige Aufmerksamkeit; das Lesen regt zum Denken an; das Fernsehgucken läßt das Denken verkümmern; Schallplattenmusik wird meist nur von jungen Menschen exzessiv und dröhnend laut konsumiert. Für die Verhinderung politischer Kultur kann man in erster Linie das Fernsehen verantwortlich machen, oder genauer gesagt: die Verantwortlichen des Fernsehens. Ganz genau gesehen, gibt es keine verantwortlich zu Machenden; denn bleibt es nicht dem Zuschauer und der Zuschauerin überlassen, nach eigenem freien Willen und Geschmack das Programm zu sehen oder nicht zu sehen? Bildungsexperten, Kulturpolitiker, Entwicklungsexperten (die das Fernsehen als Modernisierungsinstrument in Länder der Dritten Welt exportieren) waren und sind unberaten; in den sechziger Jahren sahen viele Politiker im Fernsehen eine Art Bildungstrichter, ein relativ billiges Instrument, um fehlende Schulen, Vorschulen, Mangel an Erzieherinnen und Erziehern, an Lehrerinnen und Lehrern auszugleichen. Bei den Rundfunkgebührenerhöhungen wurde von den Landesparlamenten den Rundfunkanstalten ausdrücklich aufgegeben, Schul- und Vorschulfernsehen einzurichten. Immer noch wird die Legende verbreitet, durch das Fernsehen würden Menschen politisiert. Die moderne Gruppendynamik und zahlreiche Untersuchungen der Fernsehwirkung haben in den letzten Jahren unter Fachleuten zu großer Skepsis gegenüber technischen Medien in Bildungsprozessen geführt. Menschen lernen von Menschen im lebendigen Austausch, in Erprobung des Gelernten in der Realität. Für Politik als geplante Aktion gilt dasselbe. Das Vorzeigen von Personen mit Meinungen ist nicht die erste Stufe politischen Handlungsanreizes, sondern die letzte. Wegen des fragmentarischen Charakters der Programme, der mangelnden Möglichkeit, Gesehenes in den eigenen Lebensalltag einzuordnen, wegen der apodiktischen Art von Politiker-Erklärungen, die weder Widerspruch noch Übernahme in die eigenen Verhältnisse zulassen, wird eigenes Denken und Tun gelähmt. Jerry Mander meint sogar, daß das Medium Fernsehen, egal was es zeigt, zu Apathie, Ergebenheit, Handlungsverzicht führt, aufgrund der technischen Bedingungen und der psychischen Wirkungen (Bildflimmern macht schläfrig; Reizüberflutung stumpft ab). Bei Kindern, die mit dem Fernsehen aufwachsen, führt stundenlanges tagtägliches Fernsehen zu Wirklichkeitsverlust. Auch Erwachsene können häufig nicht unterscheiden zwischen Realität und Fiktion. Der Alltag wird bei häufigem Fernsehen immer unerfreulicher; der Teufelskreis schließt sich: sie sehen immer mehr fern, auf Kosten von Bewegung und Gesellung, von eigenem Denken und Planen, Urteilen und Handeln. Doch wäre es leichtfertig, „das Fernsehen" zum Sündenbock zu machen für die Verödung der kulturellen Szene (leere Theater und Kinos, keine eigenen Aktivitäten der Bürgerinnen und Bürger), für das Erlahmen des Vereins- und Parteilebens (wenn Fußball oder Krimis laufen, kann niemand wagen, eine Versammlung anzusetzen), für die körperliche und geistige Verkrüppelung von Fernsehkindern. Das Fernsehen konnte innerhalb von zwei Jahrzehnten bei uns in fast jedes Haus eindringen, fasziniert Abend für Abend den größten Teil der Bevölkerung, macht Kinder süchtig, weil es seelische Defizite ausglich, die durch die artifizielle Art des Zusammenlebens der Menschen entstanden. Die letzten großen Abenteuer finden beim Bier im Lehnstuhl statt. Alles ist geregelt im Alltag; wo sind die Spielmöglichkeiten der Kinder, die Gesellungsmöglichkeiten der Erwachsenen in den Einzelhäusern (von denen jeder träumt) oder in den Wohnwaben der Hochhäuser? Die Trennung von Arbeit und Wohnung, die Ausgliederung der Freizeit ohne Betätigungsmöglichkeit gemeinsam mit anderen Menschen, der Zwang zu Konsumausweitung als Lebenssinnersatz und die Unproduktivität außerhalb der Arbeit ließen ein Vakuum entstehen, in das hinein das Fernsehangebot als willkommenes Surrogat und Beruhigungsmittel eindringen konnte. Fördernde Faktoren dieser Entwicklung waren die expandierende Absatzwerbung, vor allem im Fernsehland USA, und die Verkaufsinteressen der elektronischen Industrie („Unterhaltungselektronik"). Inhaltsanalysen des Fernsehangebots ergeben einen hohen Anteil von politischen Sendungen. Vermögen sie, gegen den allgemein entpolitisierenden Effekt des Fernsehens zu wirken? Ich behaupte: die meisten politischen Sendungen wirken eher politikvermiesend! Politik erscheint als große Sache großer Leute, die – auch wenn sie miteinander diskutieren – immer ganz genau zu wissen scheinen, was sie wollen, die sich ständig rechtfertigen, die den Gegner verhöhnen, die nie Kooperations- oder Kompromißverhalten signalisieren. Beispiel Bundestag: Da reden die Vertreter der Parteien vor fast leeren Bänken in die Fernsehkamera, zum Volk, stellen sich und die Ihren in günstigem Licht dar und flicken dem Gegner am Zeuge. Da hört keiner auf den anderen, nimmt keiner einen Rat an, ändert keiner seine Meinung in aller Öffentlichkeit. Wenn diese Politiker dann gelegentlich leibhaftig in Versammlungen oder auf Marktplätzen erscheinen, reden sie genau so weiter: selbstsicher, unbelehrbar, weil scheinbar im Besitz der Wahrheit. Sie fordern ihre Anhänger zum Jubeln heraus, gewinnen aus den gegnerischen Lager keine neuen Sympathisanten. Selten nur bietet das Fernsehen eine Plattform für vernünftige Gespräche, meist nur für den spektakulären Schlagabtausch. Das liegt nicht am Fernsehen, sondern am Fehlen politischer Kultur!

Prognose: Massenmedien schaffen politische Kultur

Die Forderung nach Abschaffung des Fernsehens, wie sie von Jerry Mander nach seiner vernichtenden Fernsehkritik in den USA erhoben wird, ist unsinnig! Die Massenmedien, auch das Fernsehen, sind technische Instrumente, die – anders organisiert, mit anderer Philosophie betrieben – die politische Kultur schaffen helfen können. Die neue Philosophie der Massenkommunikation bedeutet einen Paradigma-Wechsel. War bisher das Prinzip des flächendeckenden Angebots von Unterhaltung, Information und Belehrung vorherrschend, muß das neue Prinzip sein, Menschen mit Hilfe der Massenkommunikation zueinander zu bringen, Kommunikation zu stiften, nicht durch Massenkommunikation zu verhindern. Massenkommunikation darf nicht menschliches Miteinander ersetzen, überflüssig machen, stören. Dazu gehört eine andere Organisationsstruktur genau so wie eine Revision der Inhalte. Den Anfang machen könnten die verantwortlichen Medienpolitiker durch die Gründung neuer öffentlich-rechtlicher, also von der Öffentlichkeit kontrollierter Rundfunkanstalten oder durch die konsequente Förderung der Regionalisierung von Hörfunk- und Fernsehstationen. Wenn in überschaubaren Regionen nachprüfbare Tatsachen verbreitet werden, die die Menschen angehen, die sie beeinflussen können, die kontinuierlich verfolgt werden, dann wird der Politik ihr Fatalitätscharakter genommen. Der Bürger, die Bürgerin fühlen sich eingeschlossen ins Geschehen, wichtig, und sie beginnen, über ein eigenes Engagement nachzudenken. Und zwar nicht nur, wie in Bürgerinitiativen, bei unmittelbarer, meist schmerzlicher Betroffenheit, zu entschlossenem Tun gedrängt, sondern dem größeren – von den Massenmedien gespiegelten – Gemeinwesen verpflichtet. Viele Rundfunkanstalten, das bedeutet auch kulturelle Institutionen in den Regionen, in der sogenannten „Provinz", auch auf dem flachen Land; denn Rundfunkanstalten fördern kulturelle Einrichtungen und Künstler, sorgen für die Ansiedlung von Zuliefererfirmen, erschließen die Umgebung auf bisher unentdeckte Ressourcen hin. Zeitungen, die sich in Privathand befinden und Gewinne machen müssen, dürften es in der Region schwerer haben. Wirtschaftlich sind sie erst ab einer bestimmten Größe. Hier könnten kommunale Stellen für Kleinzeitungen sorgen, nicht unter behördlicher Kontrolle, sondern von interessierten Bürgerinnen und Bürgern selbst gestaltet. Nicht als Konkurrenz zu den großen Zeitungen, sondern als „wettbewerbsneutrale" Ergänzung. Durch neue Techniken des Setzens und Druckens dürfte es in kürze möglich werden, auch wirtschaftlich arbeitende neue kleinere Zeitungen zu gründen. Schwierig bleibt der Vertrieb, für den möglicherweise öffentliche Stellen zu sorgen hätten (Subventionierung des Postzeitungsdienstes). Kabelfernsehen, auch neue Kommunikationsformen per Kabel mit Rückkanal, können hilfreich sein, wenn sie unter dem neuen Paradigma der Kommunikationsförderung organisiert werden, nicht als neue Absatzorganisationen von Informationen, möglicherweise sogar noch – wie beim Bildschirmtext der Bundespost – mit kommerziellen Möglichkeiten. Falsch ist meiner Meinung nach die Behauptung, viele neue Angebote müßten notwendigerweise noch mehr Lebenszeit des Menschen absorbieren. Gewiß besteht die Gefahr, daß durch neue, seichte, leicht zu konsumierende Programmangebote der Geschmack der Zuschauerinnen und Zuschauer noch weiter abrutschen könnte hin zum ganz Bequemen, Zuckersüßen oder nur ganz unverbindlich Aufregenden. Nach den Gesetzen des Marktes könnte es dann geschehen, daß bald auf allen

Kanälen nur noch billige Konsumware angeboten würde. Aber prinzipiell bedeuten mehr Programme: mehr Wahlmöglichkeiten, mehr Entscheidungschancen, mehr bewußtes Rezipieren. Um die Fernsehsucht – vor allem für Kinder – einzudämmen, müssen Alternativen bereitgestellt werden, Alternativen im wirklichen Leben. Ich denke an Gemeinschaftseinrichtungen für kreatives, gemeinschaftliches Arbeiten, für Meinungsaustausch und Informationsgewinnung zusammen mit anderen Menschen, für solidarische Gemeinschaften, die gemeinsam ihre Kinder erziehen, ihr Essen kochen und vielleicht ihren Garten bestellen wollen. Neue Wohnformen, weg von den isolierten Wohnzellen der Kleinfamilie, hin zu Wohnhöfen, Großwohnungen für mehrere Generationen, hin zu alternativen Gemeinschaftsangeboten. Für die Kinder muß der Alltag erlebnisreicher, lehrreicher, sinnerfüllter werden, wenn das Fernsehen nur noch eine unter vielen Beschäftigungsmöglichkeiten werden soll. Medienpädagogik, von manchen Leuten als Wundermittel gegen die Fernsehsucht gepriesen, hätte erst eine Chance, wenn die Kinder in der Lebensumwelt reale Maßstäbe entwickeln könnten, an denen die Fernsehangebote, die Zeitungsstories, die Filme und auch die massenhaft verbreiteten musikalischen Naschsachen (Schlager) gemessen werden könnten. Die Wirklichkeit muß attraktiver werden, als das Fernsehangebot es je sein kann! Auch das gehört zur politischen Utopie, die durch die Massenmedien propagiert werden sollte.
Politische Kultur durch Massenmedien herzustellen, ist unmöglich. Im Moment wirken die Massenmedien noch gegen die zaghaft entstehenden Vorboten einer künftigen politischen Kultur, gegen mitmenschliche Kommunikation, gegen Kooperation, gegen das noch dünne Netzwerk persönlicher Beziehungen, gegen die aufkeimende Skepsis, die Technik und wirtschaftliche Expansion betrifft. Die Massenmedien bieten aber die Chance, Innovationen verbreiten zu helfen, wenn sie der politischen Kultur verpflichtet werden. Politische Kultur, das ist das Fazit, ist eine politische Aufgabe! Denn die Rahmenbedingungen der Organisation der Massenmedien werden von der Politik gesetzt, durch Pressegesetze, Wettbewerbsgarantien, wirtschaftliche Hilfen, Regelung von innerer Pressefreiheit (Mitbestimmung) und äußerer Pressefreiheit (Konkurrenz und Informationsfreiheit) und durch die Gesetze über öffentlich zu kontrollierende Medien wie Rundfunk, Kabelkommunikation, neue Dienste (Bildschirmtext beispielsweise). Dabei ist wichtig die Gestaltung der gesamten Medienlandschaft, nicht jeweils einzelner Bereiche oder Schongärten. Den gestaltenden Politikern wäre ein Paradigma-Wechsel von der flächendeckenden Versorgung zur Kommunikationshilfe, von der Einweg-Berieselung zur Organisation mitmenschlicher Beziehungen dringend anzuraten, wenn es ihnen um die Förderung politischer Kultur geht.

Soziale Chancen neuer Kommunikationstechniken

Mehr Chancen als Gefahren

Die Gefahren neuer Kommunikationstechniken sind häufiger, ausführlicher und eindringlicher beschrieben worden als die Chancen.

Tatsächlich sind Gefahren neuer Kommunikationstechniken nicht einfach von der Hand zu weisen; sie sind sogar mit großer Sicherheit vorhersagbar, überließe man die Entwicklung der Kommunikationstechniken ausschließlich kommerziellen Interessen. Mit Kommunikation, das haben inzwischen viele entdeckt, lassen sich große Geschäfte machen. Die Defizite in der menschlichen Kommunikation haben nämlich zu einem Vakuum geführt, zu starken Bedürfnissen nach intellektueller und emotionaler Ablenkung, Ausgleich in fremden Abenteuern, da eigene fehlen, aufregenden Geschichten, da die eigene Emotionalität durch die Lebensverhältnisse und durch den allgemeinen Sittenkodex stark gebremst sind. Bedürfnisse sind die Voraussetzung für die Schaffung von Bedarf. Bedarf liegt vor, wenn die Bedürfnisträger bereit sind, Geld auszugeben für die Stillung ihrer Bedürfnisse. Was nun die Kommunikationsbedürfnisse angeht, so gibt es eine ganze Reihe von Anzeichen für die Bereitschaft, auf diesem Gebiet viel Geld auszugeben. Steigende Zeitungs- und Zeitschriftenpreise werden anstandslos gezahlt. Millionen von Bundesbürgern, denen das billige, inhaltlich sehr moderate Fernsehprogramm der öffentlich-rechtlichen Rundfunkanstalten nicht reicht für die Stillung ihrer Bedürfnisse, sind bereit, einen teuren Videorekorder anzuschaffen und um die 60 Mark im Monat für Kassetten auszugeben. Es steht außer Frage, daß ein dichtes Kommunikationsnetz mit einer Fülle von Angeboten sich mittel- und langfristig finanzieren ließe, selbst bei stagnierendem oder leicht rückläufigem Bruttosozialprodukt. Die Möglichkeiten zu großen Geschäften sind gegeben. Die Verkabelung der Bundesrepublik, die es eines gar nicht so fernen Tages möglich machen wird, daß auch der letzte Haushalt angeschlossen wird, dürfte über 100 Milliarden DM kosten. Nur etwa 10% der heute schon benutzten Fernsehgeräte dürfte allein die weiteren Fernsehangebote empfangen können, von den Dutzenden von Hörfunkangeboten und den Chancen neuer Dienste ganz zu schweigen. An die 20 Millionen Endgeräte wären nötig, um alle Möglichkeiten der Kabelkommunikation zu nutzen. Nimmt man an, daß ein Endgerät mit Bedienungstastenfeld, Videorekorder und Bildplattenspieler, Zwischenspeicher und Anschlußgerät an die Stereo-HiFi-Anlage um die 7 TDM kosten dürfte, käme ein Betrag von 150 Milliarden DM zustande.

Doch selbst dieser Betrag verliert seinen Schrecken, wenn man bedenkt, daß Jahr für Jahr für neue Fernsehgeräte ohnehin Milliarden-Beträge aufgewendet werden. Die Vollverkabelung der Bundesrepublik bedeutet nämlich eine wesentliche Verbesserung der Infrastruktur, die andere Investitionen und laufende Kosten überflüssig machen könnte. Die Anschaffung von neuen Kommunikationsgeräten ist nichts anderes als eine den neuen Anforderungen angepaßte Ersatzbeschaffung. Heute schon werden jährlich wenigstens 10% der Fernsehgeräte durch neue ersetzt. Videorekorder-Boom, Programmbeschaffung, Anschaffung von HiFi-Geräten, zunehmendes Interesse an elektronischen Spielzeugen werden nach Schätzungen der Industrie schon in wenigen Jahren

um die 10 Milliarden DM und mehr jährlich aus den privaten Haushalten holen. Dabei wirken sich eine ganze Reihe von Entwicklungen günstig auf die Expansion des Elektronikmarktes aus: immer noch sinkende Preise für immer leistungsfähigere Geräte; lange Lebensdauer und somit langjährige Finanzierung; Zunahme der Probleme, die zur Flucht in die Elektronik führten; sich eröffnende Chancen größerer gesellschaftlicher und politischer Partizipation durch technische Einrichtungen; allgemeine Tendenz zur Dezentralisierung und Regionalisierung; eingeschränkte Mobilität durch steigende Benzinpreise und Fahrpreise öffentlicher Verkehrseinrichtungen; allgemeine Energieknappheit und Rohstoffeinschränkungen, die zu alternativen, nämlich sanften Techniken wie auch der Elektronik führen. Wollte man die Faktoren werten, die zu einer Zunahme elektronischer Kommunikationstechniken führen werden, so sind es in einem allgemeinen humanistischen Sinne „gute" und „schlechte" gleichermaßen. Die einzelnen Einflüsse wirken nicht jeweils für sich, sondern zusammen. Daher ist eine Argumentation, die neuen Techniken führten zu schweren wirtschaftlichen Krisen wegen langfristig zunehmender Arbeitslosigkeit, genauso brüchig wie die Behauptung, durch die Verkabelung der Bundesrepublik würden – zumindest mittelfristig – Zehntausende von Arbeitsplätzen garantiert. Sicher ist: Es eröffnen sich neue Märkte, weil neue Produkte abgesetzt werden können. Zugleich aber ändern sich Arbeits- und Lebensgewohnheiten der Menschen.
Für die Nutzer der neuen Möglichkeiten ergeben sich Chancen und Gefahren. Claus Eurich hat in seinem vielzitierten Meinungsbuch „Das verkabelte Leben" (Hamburg 1980) ausschließlich die Gefahren dargestellt: Der Verödung der Arbeitswelt nach Übernahme der meisten, bisher von Menschen ausgeführten Tätigkeiten durch Automaten entspricht die Volltechnisierung des Alltagslebens. Claus Eurich sagt den Verlust von Erfahrung, Aktivität und Entscheidungsfähigkeit voraus. Er meint, die Beziehungen der Menschen zueinander wurden verdinglicht. Der Fernsehmißbrauch, vor allem von Kindern, führte langfristig zu einer Vereinzelung des Menschen, zu Datenmißbrauch und Kontrolle, Leben aus zweiter Hand. Eurich meint, zunehmender Konservativismus dürfte die Folge durch die Kommunikationstechniken beförderten Abstraktheit und mit Unüberschaubarkeit der Lebensbedingungen sein. Mein Haupteinwand gegen diese Argumentation ist der: Nicht erst in Zukunft und nicht erst als Folge neuerer, technischer Kommunikationschancen, sondern als Auswirkung unserer Lebens- und Arbeitsgewohnheiten, unserer Wohnsituation und gesellschaftlichen Bräuche, also heute schon leben wir entfremdet von anderen Menschen und damit entfremdet von unserer Natur. Ich behaupte: Nicht als Faktor einer Entwicklung, die Menschen weiter von sich selbst und anderen Menschen, von Kultur und Natur entfremdet, sondern als Hilfe aus der schier ausweglosen Situation, kann die moderne Kommunikationstechnik wirken. Nehmen wir einzelne Symptome, wie sie Eurich für die Zukunft prognostiziert und wie ich sie schon für heute diagnostiziere:

Arbeitsweltverödung

Mikroprozessoren, Datenverarbeitung, Datenfernübertragung werden die Menschen von monotonen, rohstoffressenden, energieaufwendigen Arbeiten befreien. Vor allem einfachste Arbeiten werden automatisiert. Maschinen werden elektronisch gesteuert, und in den Büros werden nicht mehr Papiere beschrieben, Karteien geführt, Diktate bearbeitet, sondern über Textbearbeitungsgeräte ohne Papieraufwand und ohne routinemäßige Schreibarbeiten Texte verarbeitet. Der Arbeitsplatz braucht nicht mehr in Industriebetrieben zu sein; er kann auch im Grünen, im Schatten großer Bäume, auf dem Lande (das Stadt-Land-Gefälle nimmt ab) eingerichtet werden. Höherwertige Tätigkeiten werden mehr Raum einnehmen; während die Maschinen arbeiten, können Menschen Pläne schmieden, über die Auswirkung der Technik beratschlagen und die menschliche Qualität der Kooperation entfalten. Die wichtigste Aufgabe der nächsten Jahrzehnte wird es sein, die weniger vorhandene Arbeit, zudem eine qualifiziertere als je zuvor in der Geschichte der Menschheit, unter den Arbeitnehmern gerecht zu verteilen. Dazu gehört auch die Verteilung der Produktivitätserfolge, von den Gewerkschaften als Gewinnbeteiligung und „Vermögensbildung in Arbeitnehmerbund" seit Jahrzehnten gefordert.

Alltagsverödung

Die Erweiterung der individuellen Kommunikationsmöglichkeiten mit Hilfe technischer Kommunikationsmittel wird nicht direkt zu einer entfalteten menschlichen Begegnung beitragen, sondern indirekt. Technische Kommunikation, die lediglich dazu dient, das tagtägliche Leben zu verbessern durch zusätzliche Informationen, Kaufberatung, Erledigung von Bankgeschäften von zu Hause aus, Behördenkontakte, Spiele, Tips und Hinweise auf Treffpunkte, Veranstaltungen, Interessen anderer Menschen, entlastet von lästigen Gängen und vielerlei Versuchen und regt an zu anderen, selbstgewählten Kontakten. Zusätzliche Fernsehprogramme, die als eine Gefahr beschrieben werden, sind eher eine Chance zur eigenen Auswahl, vorausgesetzt, daß nicht nur mehr Programme von derselben Art angeboten werden. Hier könnte eine rein kommerzielle Entwicklung zusätzlicher Informationsmittel dazu führen, daß nur mehr von derselben Art angeboten wird und nicht etwa die Chance für noch mehr Vielfalt ergriffen wird.
Dazu zwei Anmerkungen: Wer wollte heute noch das Telefon als ein Instrument der Entfremdung von Menschen zueinander denunzieren? Aber es läge doch der Gedanke nahe, die technische, künstliche Situation von zwei Menschen, die über eine gewisse Distanz miteinander vertraulich sprechen, als unmenschlich und der wirklichen Begegnung von Menschen entgegenwirkend zu beschreiben. Andererseits wissen wir heute, daß das Telefon Kontakte schaffen kann, für Verabredungen gut ist und für die Erledigung von Angelegenheiten, für die sonst aufwendige Wege nötig wären. Und was den Fernsehkonsum angeht, so ist doch die Tatsache, daß inzwischen fast 2 Millionen Videorekorder verbreitet sind, Kennzeichen genug für den Wunsch nach mehr und anderen Programmen, als wir sie vom Fernsehen heute schon bekommen. Schallplatten- und Kassettengeschäft sind übrigens auch eine Erweiterung des Hörfunkangebots, keine ruinöse Konkurrenz. Und schon gar keine Gefährdung der Käufer, die doch frei entscheiden können, welche Platte sie zu welcher Zeit hören wollen. Wenn von einer Verödung des Alltags gesprochen werden soll, dann im Hinblick auf die Verödung der Innenstädte, auf die Trennung von Schlafstellen und Arbeitsstätten und Freizeiteinrichtungen, auf die Zerschneidung urbaner Plätze durch Autostraßen, auf die öffentliche Sub-

ventionierung von Freizeiteinrichtungen (Oper, Konzerte, Theater, auch Volkshochschulen und andere Erwachsenenbildungseinrichtungen) mit den Steuergeldern aller zugunsten weniger Privilegierter und im Hinblick auf das immer noch starke Gefälle zwischen Stadt und Land. Die unmittelbaren psychischen Auswirkungen monotoner Arbeit und knapper, meist durch Fernsehkonsum absorbierter Freizeit werden im Rahmen der Lebensorganisation nicht aufgehoben, sondern verstärkt. Die Aufgaben einer integrierten Sozial-, Kultur-, Bildungs-, Raumordnungs- und Städtebaupolitik sind gewaltig. Sie können übrigens durch moderne Kommunikationstechniken nicht gelöst werden. Die Kommunikationstechniken müssen jedoch in die politische Gestaltung einer menschenwürdigen Umwelt einbezogen werden.

Möglichkeiten der Technik

Technisch möglich wäre die völlige Umgestaltung der zwischenmenschlichen Kommunikation, der Informationsbeschaffung und der öffentlichen Dienstleistungen einschließlich der sozialen Fürsorge und Vorsorge. Die neuen Kommunikationstechniken können aus jedem Fernsehgerät in den über 20 Millionen Haushalten der Bundesrepublik ein Kommunikationsterminal machen, aus jedem Wohnzimmer einen Kommunikationsraum, aus jedem Menschen einen beflissenen Bediener und Benutzer der technischen Geräte. Die Euphorie der späten siebziger Jahre allerdings ist verflogen, nachdem sich der **Bildschirmtext** der Bundespost bei privaten Nutzern nicht massenhaft einführen ließ. Bildschirmtext wird möglich durch die Nutzung des Telefonnetzes für Datenübertragung in Fernsehgeräten und entsprechenden Zusatzgeräten. Die Auswahl aus Dutzenden von Fernsehprogrammen und Hörfunkangeboten ist nur eine Möglichkeit, die sich durch breitbandige Kabelanschlüsse und weltweite Satellitenübertragungen ergäbe. Das **Bildtelefon** das die Post immer noch ernsthaft prüft, wäre ein weiterer, technisch allerdings sehr aufwendiger, Anwendungsbereich der neuen Medientechniken. Dabei könnten auch eigene Videoprogramme, Super-8-Filme, Dias, Fotos, kleine Szenen, Dokumente übertragen werden. Über den Sinn dieser teuren technischen Einrichtung sollte man nachdenken. **Videokonferenzen** könnten aufwendige Dienstreisen ersetzen. Wichtiger als das Bildtelefon könnte eine ohne große Schwierigkeiten mögliche Verbesserung der Übertragungsqualität des Telefons sein. Über **Textzusatzgeräte,** die heute schon im Gebrauch sind wie Fernschreibmaschine und Fernkopierer, Bildmonitor und Drucker könnten Briefe, Dokumente, Mitteilungen und Daten aller Art von Haus zu Haus und von Haus zu Computer und zurück übermittelt werden. In den meisten Haushalten dürfte das Interesse an diesen neuen Möglichkeiten der Informationsverbindungen nicht sonderlich groß sein. Denn als Grundlage wird das geschriebene Wort, wenn auch nicht mehr mit Bleistift oder Füllfederhalter und Papier oder mit Schreibmaschine, aufgeschrieben, sondern in eine Tastatur gegeben, dienen. **Videorekorder,** an die Übermittlungseinrichtungen angeschlossen, speichern ankommende Informationen, können aber auch für eigene Videoproduktionen genutzt werden und zum Abspielen von Videoprogrammen. An die Seite des Videorekorders dürfte aber schon bald der leistungsfähige **Bildplattenspieler** treten. Auch ihn könnte man mit den Übertragungseinrichtungen koppeln, nämlich um bei programmiertem Unterricht oder Informationsprogrammen eine vom fernen Computer unterstützte Programmdarbietung zu optimieren. Der Bildplattenspieler könnte beispielsweise vom Computer gesteuert werden, der wiederum seine Reaktionen von den mehr oder minder intelligenten Äußerungen des Lernenden zu Hause abhängig macht. Insgesamt dürfte die technische Entwicklung von Kommunikationsgeräten auf miteinander koppelbare Geräte hinauslaufen, die heute schon ihre Vorläufer haben in der Modulbauweise von Fernsehgeräten und der Verbindung von HiFi-Anlagen mit Fernsehgeräten. Videotext (Fernsehtext) dürfte im Vergleich mit den schnelleren und intelligenten Kabeltexten, einer Weiterentwicklung des heutigen Bildschirmtextes, eine untergeordnete Rolle spielen. Heute schon zeichnet sich ab, daß Videotext als Fernsehtext zusammen mit dem normalen Fernsehen unsichtbar ausgestrahlt, mit Hilfe eines Rekorders jederzeit auf den Bildschirm zu rufen, lediglich eine Unterstützung des Fernsehprogramms und der Nachrichtensendungen der elektronischen Massenmedien ist. Videotext hat seine besondere Bedeutung für Hörbehinderte, die schriftliche Erläuterungen (Untertitel) individuell zur Fernsehübertragung einblenden können. Auch für Fremdsprachenübersetzungen und zum Lernen ist Videotext nützlich.

Technische Weiterentwicklungen der heute bekannten Kommunikationsgeräte werden wahrscheinlich wenigstens ein Jahrzehnt auf sich warten lassen, auch wenn heute schon einige wenige Vorläufer als Prototypen existieren. Der **flache Bildschirm,** der es möglich machen wird, das Fernsehbild wie ein Bild an der Wand zu betrachten, steht noch vor dem entscheidenden technischen Durchbruch. Das farbige **Stereofernsehen,** das einen plastischen Eindruck des dargestellten ermöglicht, wird erst nach Einführung des hochauflösenden Fernsehbildes, die wenigstens 5 Jahre auf sich warten lassen dürfte, möglich werden. Das hochbrillante, dichte, plastische Fernsehbild als Standard könnte in 15 bis 20 Jahren auf dem Markt sein. Der **Mehrkanalton** und die verbesserte Tonqualität beim Fernsehen sind allerdings schon früher möglich. Die bequeme Steuerung des Videorekorders mit Hilfe von Signalen, die den Fernsehprogrammen beigegeben werden, auch die Steuerung von Kassettenrekordern bei Hörfunksendungen und auch der automatische Programmsuchlauf nach bestimmten Musikstücken, Musikfarben, Nachrichtensendungen, Hörspielen etc. werden schon recht bald eingeführt werden. Sie bedeuten lediglich eine Verbesserung der Bedienung von modernen technischen Geräten. Auf diesem Gebiet wird es mit Sicherheit in den nächsten Jahren entscheidende Qualitätsverbesserungen geben. Sollen komplizierte technische Geräte massenhaft verbreitet werden, muß die leichte Bedienbarkeit auch für Nichttechniker gegeben sein.

Möglichkeiten neuer Programmangebote und Dienste

Den technischen Möglichkeiten entsprechen neue inhaltliche Angebote und Kommunikationswege. Ganz grob lassen sich vier Bereiche unterscheiden:

A Verteil- und Abrufprogramme

Verteilprogramme werden wie bisher, nur in wesentlich größerer Zahl, in der Form von einzelnen Sendungen angeboten werden. Dabei werden einzelne Kanäle im Kabelrundfunk nicht mehr sorgfältig aufgebaute Programme für den ganzen Tag bieten, sondern ganz bestimmte Programmfarben und spezielle Informationsinhalte. Denkbar sind jeweils Kanäle für: Nachrichten, Weltnachrichten, Lokalnachrichten, Kulturnachrichten, Wirtschaftsinformationen, Wetterberichte- und Prognosen, politische Hintergrundberichte, künstlerische Wortprogramme, Fremdsprachenprogramme, Bildungsprogramme mit verschiedenen Fachdisziplinen, Musikprogramme von je einheitlicher Musikfärbung wie Klassik, Operette, Pop und Rock, Deutsch-Rock, historische Musik, Schlager, Tanzmusik etc. Neben diesen dauernd ausgestrahlten Programmen wird es mit Sicherheit Tagesbegleitungsprogramme geben, die in der Art jetziger Hörfunkprogramme aufgebaut sind und den Anspruch erheben, den ganzen Tag ohne Programmwechsel angehört werden zu können. Für's Fernsehen gilt dasselbe. Auch hier wird es viele unterschiedliche Kanäle mit verschiedenen Programmsparten geben. Aus einem Programmkatalog, der über den Bildschirm kommt und auch aus dem Drucker gezogen werden kann, möglicherweise aber auch auf die alte Art in Publikumszeitschriften abgedruckt steht, können besondere Programme gegen Entrichtung einer bestimmten Gebühr individuell abgerufen werden. Wahrscheinlich sind hier Spezialprogramme zu erwarten, wie sie heute schon von den Kassettenfirmen angeboten werden, da das normale Fernsehen aus Gründen von Sitte und Anstand auf brutale Gewalt und harten Sex beispielsweise verzichtet. Auch Bildungsprogramme mit besonderen Kursen, möglicherweise sogar mit Zertifikaten und Abschlüssen werden über Abrufkanäle verbreitet werden, möglicherweise unterstützt von Computern.

B Informations- und Kommunikationsdienste für geschlossene Benutzergruppen

Innerhalb der Kabelnetze, weltweit über Satelliten übertragen, sind Verbindungen zwischen Geschäftsleuten, Firmen, mit Datenbanken und Computern möglich. Die geschäftliche Kommunikation dürfte einen größten Teil der Kosten einer bundesweiten Verkabelung tragen helfen. Ein integriertes Kommunikationsnetz ließe die Wahl zwischen Bildtelefon für Konferenzschaltungen, elektronischer Briefübermittlung, elektronischen Rundschreiben, computerunterstützter Geschäftskommunikation aller Art.

C Individualkommunikation

Individualkommunikation bedeutet die Verbindung der Teilnehmer untereinander mit denen ihnen zur Verfügung stehenden technischen Mitteln, die wahrscheinlich durch das unterschiedlich starke Interesse und Bedürfnis und die unterschiedlich vorhandenen finanziellen Möglichkeiten abgestuft sein werden. Das Bildtelefon scheint mir für den Individualverkehr zu aufwendig zu sein. Verbesserter Telfonverkehr, Kabeltextbriefe und möglicherweise elektronische Briefübermittlung dürften am weitesten verbreitet werden.

D Individual-Dienstleistungskommunikation

Die Verbindung des einzelnen Haushalts mit Behörden, Datenbanken für schnelle Auskünfte, mit Kleinanzeigenagenturen, Nachrichtenagenturen für jedermann, Geschäften, Versandhäusern, Beratungseinrichtungen, Dienstleistungsunternehmen, aber auch Spielzentren (die computerunterstützte, intelligente Fernsehspiele anbieten) dürfte weit verbreitet werden, allerdings mit einigen Einschränkungen. Es kann nicht vorausgesetzt werden, daß in allen Haushalten das Interesse und die Fähigkeit, mit relativ abstrakt arbeitenden Kommunikationsgeräten umzugehen, vorhanden sein werden. Für eine begrenzte Großgruppe von technisch Interessierten, im Umgang mit öffentlichen Einrichtungen Geübten, im Labyrinth der Kommunikationsmöglichkeiten Unbeirrte dürfte das Heimterminal Wirklichkeit werden. Nicht jedoch für jedermann. Für die meisten Menschen und in besonderen Fragen auch für die ,,Informationsfreaks" (Besitzer von Heimterminals) werden Tausende, ja Zehntausende von Informationshelfern tätig werden müssen. Ein neuer Beruf kündigt sich an, der Beruf des Informationshelfers.

Informationshilfe

Informationshilfe bedeutet nicht – wie etwa in ähnlichem Zusammenhang die Medienpädagogik – Therapie für Informationsgestörte oder Unterstützung Informationsbehinderter. Informationshelfer sind – wie heute schon Berater, Auskunftspersonen, Telefonseelsorger – Menschen, die den Umgang mit Informationen und mit Menschen, die von diesen Informationen profitieren können, zu ihrem Beruf gemacht haben. Die Ratgeber, Informanten, Informationshelfer verfügen mit den neuen Informationstechniken über bisher ungeahnte Möglichkeiten der Hilfe, der kompetenten Auskunft und der angemessenen Entscheidung. Angestellte und Beamte in öffentlichen Einrichtungen mit Publikumsverkehr sind solche Informationshelfer. Sie verfügen über Wissen, Erfahrungen, Anweisungen und Kompetenzen, um verbindlich Auskunft geben zu können, wenn ein Hilfesuchender sich an sie wendet. Dieser Hilfesuchende kann sein ein Sozialhilfeempfänger, ein Steuerzahler, ein Bauantragsteller. Die Informationshelfer verfügen über die Informationen, die sie in die Lage versetzen, verbindliche Erklärungen abzugeben, Entscheidungen zu treffen und Verwaltungsakte zu gestalten, Bescheide auszustellen, Entscheidungen zu beurkunden. Ihnen wird in Zukunft die neue Kommunikationstechnik im besonderen Maße helfen und damit ihren Klienten, den Bitt- und Antragsstellern, Beschwerdeführern und Auskunftssuchenden. Am besten läßt sich das Wirken der Informationshelfer der Zukunft mit einem Zukunftsbild beschreiben.
In Zukunft wird es keine Behördenbauten in den Innenstädten mehr geben, keine Verwaltungssilos, keine zentralen öffentlichen Einrichtungen mit großem Publikumsverkehr. Nach einem Seminar ,,Räumliche Wirkungen neuer Medien", das im Mai 1982 in Bonn stattfand, an dem aber wohl eher Warner und Mahner als Gestalter teilnahmen, fragte Dr. Dietrich Sperling, Parlamentarischer Staatssekretär beim Bundesminister für Raumordnung, Bauwesen und Städtebau: ,,Werden diese Innenstädte einen großen Teil ihrer Dienstleistungsbetriebe verlieren, was sie ihrer bisherigen Funktion, nämlich auch Dienstleistungszentren zu sein, berauben würde?" (Funk-Report 8/82) Es wäre

nützlich, einmal festzustellen, wie viele Menschen Behördenkontakte mit Verweisungen von Unzuständigen zu Zuständigen, mit Schlangestehen und mühsamem Ausfüllen von Fragebögen auf dem Flur, Geldabhebungen bei der Bank in parkplatzarmen Innenstädten, Auskünfteeinholen in notwendigerweise unübersichtlichen Behördenbauten höher schätzen als das Einkaufen, Zusammentreffen mit anderen Menschen, Spielen und Reden in selbstgewählten Gemeinschaften. Wieso sollen die Innenstädte veröden, wenn Menschen sie freiwillig aufsuchen, weil sie Kontakte und Unterhaltung bieten? Wenn mehr Zeit übrig sein wird, die durch die neuen Kommunikationstechniken gewonnen wird? Eines ist sicher: die Innenstädte werden andere, menschliche Funktionen bekommen müssen.
Behörden können Auskunftsstellen und Entscheidungsstellen mit kompetenten Informationshelfern über das Land verstreut betreiben. Das Stadt-Land-Gefälle nimmt ab. Auch auf dem flachen Lande werden Verwaltungsentscheidungen für jedermann/jedefrau getroffen werden können. Die Informationshelfer, geübt in der Bedienung der Kommunikationseinrichtungen, sind mit Datenbanken und Computern verbunden, mit Aktenspeichern elektronischer Art, können Vorgänge und Entscheidungen blitzschnell abrufen, zur Not die Zustimmung eines höheren Weisungsberechtigten ohne Zeitverzögerung und Ortswechsel einholen. Sie sind kompetente und entscheidungsbefugte Behördenvertreter, geschickte Bediener des technischen Geräts, vor allem aber menschliche Gesprächspartner. Sie kennen nicht nur die Möglichkeiten der technischen Informationsbeschaffung und der angemessenen Entscheidungen, sondern kennen auch die unmittelbaren Lebensverhältnisse ihrer Besucher. Sie verweisen ihre Klienten nicht an andere Kollegen. Sie sind universell zuständig. Sie brauchen nicht mehr in der Stadt zu wohnen, nahe ihrer Dienststelle. Sie sind Menschen aus der Gegend, aus der auch ihre Klienten stammen. Zeit- und energieraubende Wege in die Städte und von Büro zu Büro werden überflüssig. Die Technik entlastet von lästigem Aktenblättern und langwierigen Überlegungen und Überprüfungen. Es bleibt Zeit für das individuelle Beratungsgespräch. Und für die Freizeit.
Die Arbeit der Informationshelfer kann von jedem Bürger und jeder Bürgerin, die über Heimterminals verfügen, jederzeit nachgeprüft werden. Besondere Dienstleistungsunternehmen, private oder auch öffentlich betriebene Auskunftsagenturen bieten ihre Informationen an. Ein Informationsgefälle zwischen den Besitzern von Heimterminals, die wahrscheinlich auch über mehr Geld und Wissen verfügen als die Nichtbesitzer, kann nicht entstehen, wenn die Behörden, Beratungsinstitutionen, Sozialhilfeeinrichtungen rechtzeitig ihre Mitarbeiterinnen und Mitarbeiter auf die neuen Tätigkeiten des kompetenten Informationshelfer vorbereiten.

Soziale Chancen und Vorkehrungen

Die sozialen Chancen der neuen Kommunikationstechniken liegen zu allererst bei der Entlastung des Menschen von menschenunwürdigen Tätigkeiten. Mikroprozessoren übernehmen Steuerungsvorgänge, die bisher mühsam von Menschen ausgeführte Arbeiten maschinell ersetzen lassen. Wichtig sind politische Vorkehrungen, die darin bestehen, die weniger vorhandene Arbeit gerecht unter allen arbeitswilligen Menschen zu verteilen und die Qualifizierung in Berufsausbildung und -weiterbildung zu ermögli-

chen. Die Verbesserung der kommunikativen Infrastruktur mit zusätzlichen Programmangeboten im Hörfunk und im Fernsehen, mit Bildungsprogrammen und Spartenprogrammen, abwechslungsreicher Unterhaltung und weltweiter Information machen endlich die freie Auswahl aus einem großen Angebot möglich. Die Abhängigkeit von den sorgfältig zusammengestellten, tagesbegleitenden Hörfunk- und Fernsehprogrammen, die aus dem Mangel an Übertragungswegen eine Tugend zu machen versuchten, wird abgelöst durch den freien Zugriff je nach Bedürfnis, Stimmung und Interesse.
Politische Vorkehrungen allerdings sind nötig, um die Breite des Programmangebots aufrechtzuerhalten und auszuweiten. Überließe man die Bestellung der neuen Verteil- und Abrufangebote rein kommerziellen Interessen, wäre bald ein Programmangebot die Folge, das in der Konkurrenz des Unerhörten, des Schrecklichen und Schaurigschönen bestünde.
Eine weitere politische Vorkehrung vor dem Angebot zusätzlicher Programme ist die menschenwürdige Umgestaltung von Arbeits- und Freizeitleben. Die Trennung von Wohnen und Arbeiten und Freizeit muß aufgehoben werden zugunsten von Arbeits- und Lebensgemeinschaften. Die Innenstädte müssen wieder wohnlich werden; neue Arbeitstechniken bieten Möglichkeiten, das Stadt-Land-Gefälle aufzuheben. Sozial-, Kultur-, Freizeit-, Bildungs- und Medienpolitik müssen als Einheit betrachtet werden mit Raumordnungs- und Wohnungsbaupolitik. Angebote und Chancen der persönlichen Begegnung müssen das Fernsehen, das im Augenblick noch die Freizeit der Menschen beherrscht, zu einer schönen und angenehmen Nebensache machen. Für die zusätzlichen Dienste müssen Voraussetzungen geschaffen werden, die **Konkurrenz** (Angebotsvielfalt) möglich machen, privates und öffentliches Engagement gleichermaßen, unabhängige Auskünfte, Vergleichsangebote, Breite an Information und Beratung. Die Dienste, die das soziale Leben beeinflussen und lenken können, müssen gesellschaftlich überwacht werden. Es wäre undenkbar, etwa die Problematik der Alterssicherung ausschließlich Lebensversicherern zu überlassen. Andererseits darf nicht das überkommene System der Rentenversicherung allein schon durch die Anlage der Auskunftsdienste der demokratischen und politischen Überprüfung entzogen werden. Hier tut ständige Kontrolle gut.
Um die sozialen Chancen der neuen Kommunikationstechniken voll nutzen zu können, ist die Etablierung des Berufs oder der Zusatzqualifizierung des **Informationshelfers** vonnöten. Informationshelfer sind – im weitesten und breitesten Sinne des Wortes – Sozialarbeiter. Sie bekommen die Chance, durch die unmittelbare Nähe zu ihren Klienten, den Auskunfts- und Entscheidungssuchenden, angemessene Maßnahmen vorzubereiten, einzuleiten und mit Hilfe der Technik kompetent zu realisieren. Ohne Informationshelfer wären alle sozialen Chancen der neuen Kommunikationstechniken vertan. Denn eines ist sicher: Die Technik kann den Menschen helfen, sie kann aber den Menschen nicht ersetzen. Den Menschen als Ansprechpartner, als Lehrer und Ratgeber, als Fragenden und Antwortenden. Die Vielfalt menschlichen Lebens, menschlicher Gefühle, menschlicher Ängste und menschlicher Hoffnungen läßt sich nicht vom Computer als „Dialogpartner" aufnehmen, verarbeiten oder auch nur spiegeln. Der Partner des Menschen ist und bleibt der Mensch. Die Maschine kann dem Menschen helfen, ihn von unwürdigen Tätigkeiten befreien, ihn zu neuen kreativen und menschlichen Freiheiten verhelfen. Sie kann und darf den Menschen nicht ersetzen.

Neue Medien – wenn schon, dann aber richtig!

Das Thema erzeugt schon die angemessene, schillernde Stimmung zwischen Fatalismus (es ist doch nichts mehr zu ändern), Hoffnung und Herausforderung, die Leute verinnerlicht haben, die sich mit den sogenannten „Neuen Medien" beschäftigen.

Nach 1984

Etwas später als Kulturpessimisten erwarteten, nämlich zufällig um das Jahr 1984, fängt das alles an, zuerst noch ganz langsam: Gemeinschaftantennen-Anlagen, Bildschirmtext, Videorecorder, erste Bildplattenspieler, Kommunikationssatelliten im All, Pläne für Kabelpilotprojekte in München, Dortmund, Berlin, Ludwigshafen und die bevorstehende Einführung der Breitband-Kommunikation in Stuttgarts Umgebung; außerdem BIGFON-Versuche der Bundespost und eine lautstarke Diskussion, die vor allem von Mutmaßungen, Ängsten, Gefahren oder von technisch-wirtschaftlichem Kalkül gekennzeichnet ist.
Ganz gleich, wie heute diskutiert wird, im Jahre 2000 ist es dann bei den meisten von uns so weit: Ein Raum oder das Wohnzimmer ist zum Kommunikationsraum geworden, nicht im alten Sinne zu einem Raum, in dem Menschen einander begegnen, sondern in dem einzelne Menschen auf die Informationen von anderen Menschen oder von Maschinen treffen. Der Fernsehapparat ist zum Heimterminal geworden. Die Fernbedienung zur alphanumerischen Tastatur. Aus dem Rezipienten, der zuvor nur aufnehmen konnte, was andere ihm zudachten, ist eine Art Kommunikator geworden. Nicht ganz im utopischen Sinne von Bert Brecht, der forderte, aus dem Distributionsapparat Rundfunk einen Kommunikationsapparat zu machen und aus dem Rundfunkhörer einen Rundfunksprecher (Radiotheorie 1932). Brechts Utopie ist meiner Meinung nach meist mißgedeutet worden. Er wollte nichts weiter sagen, als daß der Absatzcharakter von Massenkommunikaten im Kapitalismus nicht zu verändern sei. Wie sollte denn jeder senden? Warum denn? Was denn? Brauchen wir als lebendige Menschen mit Füßen, Köpfen, Mündern und Ohren denn Apparate zwischen uns und anderen Menschen, um in lebendigen Austausch zu treten, um solidarische Aktionen zu planen und zu verwirklichen, um in des Wortes wirklicher Bedeutung zu k o m m u n i z i e r e n? (Übrigens bedeutet „to communicat" im amerikanischen, in der Sprache einer hochentwickelten, auf freie Absatzwirtschaft basierenden Gesellschaft „mitteilen", „übertragen", nicht etwa austauschen.)
Eine Zwischenbemerkung: Ich möchte alle meine Beispiele und Deutungen auf Materialien beschränken, die öffentlich zugänglich sind. Allein schon aus dieser Tatsache dürfte vielen von Ihnen bewußt werden, daß zwischen dem Informationsstand, der aufgrund der Veröffentlichungen möglich wäre, und dem tatsächlichen Informationsstand eine riesige Lücke klafft. Woran das liegt? Über Medien zu sprechen ist eine abgehobene Sache. Medien selbst schon sind Spiegel. Spiegel der Gesellschaft. Wer spricht gerne über Spiegel? Medienpolitik ist noch eine Stufe abstrakter. Hier geht es um die Anordnung der Spiegel zueinander und zur Wirklichkeit. Die Menschen interessieren sich für die Bilder, nicht für das spiegelnde Glas.

Ein Zitat: „Die neuen Medien sind ihrer Struktur nach egalitär. Durch einen einfachen Schaltvorgang kann jeder an ihnen teilnehmen; die Programme selbst sind immateriell und beliebig reproduzierbar. Damit stehen die elektronischen im Gegensatz zu älteren Medien, wie dem Buch oder der Tafelmalerei, deren exklusiver Klassencharakter offensichtlich ist. Fernsehprogramme für privilegierte Gruppen sind zwar technisch denkbar (closed-circuit TV) aber strukturell widersinnig. Tendenziell heben die neuen Medien alle Bildungsprivilegien, damit auch das kulturelle Monopol der bürgerlichen Intelligenz auf. Hier liegt einer der Gründe für das Ressentiment vermeintlicher Eliten die Bewußtseins-Industrie. Der Geist, den sie gegen „Entpersönlichung" und „Vermassung" zu verteidigen trachten – je schneller sie ihn aufgeben, desto besser." (Hans-Magnus Enzensberger, Baukasten zu einer Theorie der Medien, Kursbuch 20, Seite 167)

Seltsam diese relativ frühe Euphorie von links. Hoffnung auf eine Technik, die es inzwischen gibt, die jedoch gerade von „grünen", „alternativen" und „linken" Gruppierungen in den Parteien nicht nur argwöhnisch betrachtet wird, sondern geradezu als die Quelle neuer Abhängigkeiten und Probleme entlarvt wird. Selbst Experten haben Angst. Ich weise nur hin auf die Erklärung der Rundfunk-Film-Fernseh-Union im DGB, die ein Nein zu allen neuen Medien ausstieß, als ob sich längst Vorhandenes durch Wörter gleichsam magisch zum Verschwinden bringen ließe.

Der Kommunikator im Jahre 2000, der Jedermann- Jede Frau-Kommunikator, wird weniger eigene Ideen aussenden, als in Verbindung treten mit Datenbanken, Dienstleistungseinrichtungen vom Versandhaus bis zur Bank, er/sie wird spielen und lernen, arbeiten und auch austauschen vom Heimterminal aus. Das Problem vieler zusätzlicher Fernseh- und Hörangebote wird sich als Scheinproblem erweisen, zumindest als ein Randproblem. Dabei könnte es nicht schaden, man nähme die radikale Rundfunk- und Fernsehkritik eines Günther Anders ernst, der schon 1954 – wohl als Angehöriger einer vermeintlichen Elite, müßte Enzensberger sagen – gewarnt hatte, vor der Welt als Phantom – als Realität und Schein zugleich – und als Matrize und Schablone – austauschbar und reduziert auf gleichförmige Töne, die aus dem Lautsprecher kommen und einen mattbunten Schleim, der aus der Bildröhre quillt, wie ich die Kommunikate mit meinen Worten charakterisieren möchte. Die Welt kommt ins Haus, in Häppchen, ganz nach dem Geschmack der intuitiv-sensiblen Rundfunkleute; die Welt kommt wohl zubereitet, ohne daß das Aufnehmen oder gar vermeintliches Verstehen viel Mühe macht. Die Welt kommt zu mir, warum sollte ich noch in die Welt gehen? Ich sage das, um den gegenwärtigen Zustand zu kennzeichnen, der geprägt ist von der Fernseh-Freizeitunterhaltung. Kann das überhaupt noch schlimmer kommen? Noch mehr Auswahl aus dem ähnlichen Angebot kann doch wohl kaum schädlicher sein als die Auswahl aus einem relativ geringen Angebot. Hier fällt mir ein Bild ein, das ich in dem Bestseller von Marie Winn fand: „Die Droge im Wohnzimmer" (Hamburg 1979).

> „Auto. Ein Auto steht mit platten Reifen im Regen. Drin sitzen der Vater und zwei Kinder. Er wechselt den Reifen. Strömender Regen. Der Vater zu den Kindern, die ungläubig aus dem Auto blicken: „Versteht ihr nicht, das ist das Leben, das geschieht wirklich. Wir können nicht einfach auf ein anderes Programm umschalten."

Alte Medien

Ich rechne Fernsehen und Hörfunk – im Gegensatz zu Enzensberger, zu den alten Medien; auch Satelliten, Kabelkommunikation, Videorecorder, Bildplatte, sind keine neuen Medien im Sinne einer Definition, die ich vorschlagen möchte:

> Alte Medien sind Programmverteiler. Neue Medien sind Informationsaustauscher. Telefon und CB-Funk sind übrigens, so gesehen, schon neue Medien.

Bei den alten Medien gibt es eine ganze Menge von Problemen, die manche Leute zu der Einsicht brachten, es gelte zunächst die alten Medien zu sanieren, bevor es an die Planung neuer Mediensysteme gehen könnte. Doch hier bleibt keine Zeit. Es gibt kein Nacheinander, sondern nur ein Zugleich: Sanierung der alten Medien und Planung der neuen Medien.

a) Das Gefühl der Ohnmacht der Rezipienten alter Medien (Gatekeepers, Nadelöhrverwalter, Kulturwarte) nimmt zu. Hier hilft: Verbesserung der gesellschaftlichen Kontrolle, wie vom Bundesverfassungsgericht immer wieder bestätigt. Kompetenz und Verantwortlichkeit der Rundfunkräte müssen gesteigert werden. Beispielsweise durch Wahl der Rundfunkräte, ähnlich wie bei den Versicherungsanstalten oder noch besser wie bei den allgemeinen Wahlen.

b) Das System der öffentlich-rechtlichen Rundfunkanstalten wird von innen und von außen allmählich ausgehöhlt. Von innen durch den lähmenden Konflikt zwischen beanspruchtem Selbstbestimmungsrecht der Redakteure und der Anordnungsbefugnis der Hierarchen, gipfelnd in der widersprüchlichen Forderung nach einem Privatrundfunk der Redakteure, öffentlich finanziert aber von niemandem kontrolliert. Von außen wird der öffentlich-rechtliche Rundfunk unterminiert durch Druck auf die Verantwortlichen bei gleichzeitiger finanzieller Austrocknung, möglicherweise um Defizite zu erzeugen, die dem privaten Kommerzfunk Aufschwung geben könnten.

c) Um dem Kommerzfunk zuvorzukommen, werden Pluralität und Bandbreite des Programmspektrums verengt: Magazinitis im Hörfunk, großflächige Programmgestaltung im Fernsehen, versuchsweise am Sonnabend in der ARD, Serien wie Dallas, Niveauabschleifung in den Dritten Programmen des Fernsehens . . . Doch fairerweise muß bedacht werden: Vom Fernsehen darf nicht zuviel verlangt werden. Fernsehen ist nun einmal Fernsehen. Und Fernsehen ist in erster Linie eine Unterhaltungsmaschine, eine Zerstreuungsapparatur, aus der dieser labsame bunte Programmschleim in jedes Auge und in jeden Kopf quillt.
   Marshall McLuhan hat das Fernsehen als ,,kaltes Medium" bezeichnet. Alphons Silbermann hat vom ,,peinlichen Unvermögen des Fernsehschirms" gesprochen. Günther Anders spricht vom Fernsehen als von der ,,Droge der Verbiederung". (Das Unerhörte, das Ungewöhnlichste kommt ganz selbstverständlich und freundlich angekündigt in die eigenen vier Wände, ungefährlich, dem Zugriff entzogen, aufbereitet, von Ecken und Kanten, die anstoßen könnten, befreit.)

Einige Entwicklungslinien der alten Medien der Verteilprogramme, wie wir sie nach bisherigen Prognosen in den nächsten Jahren erleben werden:

– Bücher, Zeitungen, Zeitschriften werden noch nicht ernsthaft tangiert; langfristig jedoch gibt es eine Umschichtung durch die neuen Medien, etwa auf dem Gebiet der Schnellstinformation, des Service, des Anzeigenmarktes.

- Der Film hat nur eine Chance in Kooperation mit dem Fernsehen und als bewußte Fernsehalternative. Er wird bei uns der Förderung weiterhin bedürfen.
- Zusätzliche Programme werden in die Kabelanlagen eingespeist werden, und zwar zunächst aus Archiven, aus dem Ausland, es wird auch neue Programme geben: Lokalprogramme über Kabelkommunikationsanlagen, wohl überwiegend nach dem „Außenpluralismus“ (Jeder macht auf seinem Kanal, was er will, ohne Interessenausgleich und Koordination) organisiert. Dabei wird die Entwicklung in den Ballungsgebieten am schnellsten vorangehen, wodurch der Unterschied zwischen Stadt und Land empfindlich zunehmen dürfte, was übrigens nicht sein muß, da ja die die neuen Medien beispielsweise standortungebunden sind.
- Satelliten werden wohl erst Anfang der 90er Jahre bei uns mit zusätzlichen Programmen die Kabelkommunikationsnetze bedienen.
- Innerhalb des Fernsehens wird es in fünf bis zehn Jahren eine neue Norm geben, und zwar von 625 auf weit über 1000 Zeilen mit großer Bildauflösung; der flache Bildschirm wird kommen, flimmerfrei, Stereo-Effekte auch für das Bild, Mehrkanalton, Videotext und die Programmkennung, die eine thematische Auswahl erlaubt, Videorekorder steuert wird die Bedienung und Auswahl erleichtern.
- Videorekorder und Bildplatte werden die Unabhängigkeit der Rezipienten größer machen.
- Auch in der Bundesrepublik werden neben den privaten Kabelstationen in fünf bis zehn Jahren drahtlose Stationen aus der Erde schießen. Wie dem durch Strafverfolgung und Beschlagnahme nicht zu begegnen ist, lehren die Beispiele Frankreich und Italien.

Alles in allem: Die Sanierung der alten Medien hängt im Wesentlichen ab von der Verbesserung der gesellschaftlichen Kontrolle. Die Mitbestimmung der Medienarbeiter muß in einem angemessenen Verhältnis zur gesellschaftlichen Kontrolle stehen. Pluralität und Vielfalt müssen erhalten bleiben und erhöht werden. Dezentralisierung ist das Gebot der Stunde. Soweit die alten Medien in privater Hand sind, müssen Wettbewerb und Pluralismus durch Bundeskartellamt, Presserechtsrahmengesetz, Mitbestimmungsrechte der Medienarbeiter gesichert werden. Was nun das Verhältnis Konsument – Verteilmedien angeht, (und die Ängste der Konsumenten vor der Gegenwart und der Zukunft): hier liegt eine politische und gesellschaftliche Aufgabe von größter Bedeutung vor. Es geht letztlich darum, die Wirklichkeit attraktiver zu machen als die Scheinwirklichkeit der Medien. Medien müssen betrachtet werden (können) als Ergänzung, nicht als Ersatz vom aktiven Leben. Hier ist eine integrierte Politik nötig: Sozialpolitik, Kulturpolitik, Städtebau- und Raumordnungspolitik, Arbeits- und Wirtschaftspolitik, nicht allein Medienpolitik. Und diese Politik ist nicht allein Sache von Politikern, sondern auch von Gesellschaften, Verbänden und Privatleuten. Letztlich von uns selbst. Auch und vor allem dieser kulturpolitischen Gesellschaft.

Neue Medien

Nun zu den neuen Medien. Neue Medien sind Austauschmedien. Dialog-Medien. Von tragbaren Videokameras mit eingebautem Speicher über Tonrecorder bis zu dialogfähi-

gen Kabelkommunikationssystemen. Aus dem Konsumenten wird ein Produzent, jedenfalls potentiell und tendenziell. Hier ist Unterstützung nötig, Hilfe, Stärkung (in Medienkunde der Schule wie in der Erwachsenenbildung, in natürlichen Gruppen, Vereinen, Betriebsversammlungen, Gewerkschaften).
Öffentliche Bereitstellung von Medien, freihalten des Zugangs für Jedermann/frau, Überwindung finanzieller Schranken. Auch durch die Errichtung von neuartigen Kunstmedien-Museen, wie sie Jürgen Claus vorgeschlagen hat:

> „Museum meint hier ein dauerhaftes Institut, das wohl Werkstatt, Labor, Sender, Empfänger, wie auch Medien-Bank ist, offen dem breiten Publikum wie dem Spezialisten dienlich."

Ein Wortvorschlag: Ich würde diese Einrichtung „Kreativhaus" nennen. Es sollte nicht exklusiv sein, nicht statisch, offen für Veränderungen, es sollte nicht anstelle anderer Einrichtungen die Kulturszene beleben, sondern neben anderen.
Doch nun zum Dialogsystem selbst: Das Neue ist, daß der bisherige Konsument aktiv in das System eingreifen kann. Ich schildere dieses Phänomen am besten anhand des schon existierenden Bildschirmtext-Systems:

> Das Fernsehgerät ist mit dem Telefon verbunden. Mit Hilfe einer Fernbedienung kann der Konsument als Produzent und Partner in das System eingreifen. Über das Telefonnetz werden seine Informationen weitergegeben an andere Personen oder an Institutionen, an Datenbanken, an Rechner. Das Gewünschte wird, soweit es sich um Informationen handelt, auf demselben Wege zurücktransportiert und auf dem Bildschirm sichtbar gemacht. Soweit es sich um bestellte Waren handelt, geht nur der Wunsch an den Versender, der sich der alten Versandwege (Bahn und Post und Zusteller) bedient.

Bildschirmtext macht heute schon möglich, beispielsweise:

- Informationen aus Archiven und Datenbanken, aus öffentlichen Einrichtungen, aus privaten Informationsquellen, vom Wetter bis zu Rechtsfällen im Alltag.
- Verkehr mit Rechner.
- Spielen, lernen, Aufgaben lösen lassen, Beratung.
- Abruf von Anzeigen. Mit genauer Bestimmung, was im Augenblick noch nicht möglich ist, demnächst aber Gang und Gebe sein wird. Suche ich beispielsweise einen Gebrauchtwagen so gebe ich ein: Preislimit 4000 DM, möglichst Mercedes, weiß. Aus einer Anzeigendatenbank erhalte ich dann alle entsprechenden Angebote, die dort abgelegt sind, wenn gewünscht, auch Alternativangebote.
- Bankgeschäfte von zu Hause aus.
- Buchung von Reisen.
- Bestellung von Waren, beispielsweise Büchern oder allen Angeboten aus einem Versandhauskatalog; vom Zahnputzbecher bis zum Fertighaus.
- Austausch von elektronischen Briefen mit anderen Teilnehmern (Mitteilungsdienst).

Das ist erst der Anfang. Noch werden ja normale Telefonleitungen verwendet, die zu dünn sind für mehr Informationen in kürzester Zeit. Demnächst werden Glasfaser und davor Koaxialleitungen mit modulierten Informationen den Kabeltext ermöglichen. Dann können Bewegbilder abgerufen werden, operationalisiertes Lernen wird möglich. (Hier ist allerdings anzumerken, daß internationale Forschungsergebnisse zeigen, computergestütztes Lernen hat seine Grenzen. Pädagogische Prozesse bedürfen der

menschlichen Wärme, des Austausches, der unmittelbaren Kommunikation. Wir sollten nicht außer acht lassen, daß wir es auch bei den neuen Medien mit kalten Medien, unsinnlichen Medien, unpädagogischen Medien zu tun haben.) Später wird dann alles integriert, was an Diensten und Kommunikationsmöglichkeiten erforderlich oder angeboten wird. Die Bundespost hat das in ihren neuen BIGFON-Versuchen schon vorweggenommen. Allerdings im Augenblick mit 25 bis 50 Teilnehmern in 9 Versuchsgebieten. Diese Breitbandigen, integrierten Glasfaser-Fernmeldeortsnetze ermöglichen, verteilen, informieren, Dienste, Bildfernsprecher, Telefon, Telex, Faksimile-Übertragung, Ablesen von Zählern, Hausüberwachung, Alarmsystem, Feuermelder, selbstverständlich zusätzliche Programme aus der Luft und über Satellit oder Kabel herbeigeschafft.
Chancen und Gefahren der Telekommunikation der nahen Zukunft:
Chancen: Trennung von Arbeiten und Wohnen wird aufgehoben. Heimarbeit wird möglich am Heimterminal.
Dezentralisierung (auch von Verwaltung) wird handhabbar. Neue Wohn- und Arbeitssysteme, verbunden mit Verwaltungseinrichtungen, Datenbanken, Rechnern etc. werden entstehen. Viele Wege werden überfüssig.
Persönliche Kontakte werden möglich, weil Zwangskontakte entfallen (Beispiel Bankkontakte. Man erreicht die Bank mit dem Auto durch die Stadt und trifft dort Leute, mit denen man mehr oder minder freundlich, unter Streß, irgendwelche zufälligen Ansichten austauscht).
Alle Informationen stehen allen offen.
Schonung von Ressourcen, Energie und Nerven.

Informatik ist eine sanfte Technik

Gefahren: Verletzlichkeit des Systems und des Menschen.
Einseitige Programmierung und Ausbeutung des Menschen.
Zentrale Überwachungsmöglichkeiten (Datenschutz).
Weitere Vereinzelung der Menschen.
Sektorale Arbeitslosigkeit im niederen Dienstleistungsgewerbe.
Zweiklassen-Informationsgesellschaft (Das Stadt-Land Gefälle könnte zunehmen; die Wissenden werden immer mehr wissen – die Unwissenden werden ausgeschlossen von der Benutzung der neuen Techniken.

Politische Bedingungen und technische Vorkehrungen

Unter dem Motto: „Neue Medien – wenn schon, dann aber richtig!“ sind folgende Grundsätze zu beachten:
- Volkssouveränität und Pluralität (gesellschaftliche Kontrolle).
- Unverletzlichkeit der Menschenwürde (einschließlich Datenmißbrauchsschutz)
- Gerechtigkeit und gesellschaftlicher Ausgleich (es geht auch nicht an, daß die tendenziell knapper werdende, aber qualifizierte Arbeit ungerecht verteilt wird.)

Konkret bedeuten diese Forderungen politisch umgesetzt: Informieren, diskutieren, planen, machen, gesellschaftlich kontrollieren.

Ohnmächtig und fast unmöglich, aber nötig: Medienpädagogik

Wenn politisch Verantwortliche über die neuen Medientechniken reden und zwangsläufig auch über die Gefahren zusätzlicher, attraktiver Fernsehangebote aus aller Welt, über die Wirkungen des Lebens hinter dem Bildschirm sprechen, fällt ihnen zur Beruhigung des eigenen Gewissens neben der Wissenschaft, die die Wirkungen erforschen soll, immer auch die Medienpädagogik ein, die die Kinder von heute als die Erwachsenen von morgen in die Lage versetzen soll, vernünftig mit den Telekommunikationsmöglichkeiten umzugehen. Angeblich muß man und kann man Fernsehen lernen wie Lesen und Schreiben. Doch ist schon das Bild schief: beim Lesen und Schreiben geht es um aktive Handlungen, um Tätigkeiten mit Ergebnissen, während es beim Fernsehenlernen doch wohl darum gehen soll, Schädliches zu vermeiden, Unrichtiges zu durchschauen, Lügen zu entlarven, Lehrhaftes spannend zu finden, Krimis abscheulich, Politik wichtig. Medienpädagogik ist für die politisch Verantwortlichen in erster Linie eine Vermeidungspädagogik, wie auch andere Spezialpädagogiken als Schutzmethoden vor dem Unheil der Welt eingesetzt werden: die Friedenspädagogik soll unfriedlich ausgetragene Konflikte verhindern helfen; Drogenpädagogik soll von dem Genuß von Rauschdrogen abhalten. Ernsthaft argumentiert, wird die Ohnmacht dieser Pädagogiken schnell klar: Man liefert Unterseeboote nach Chile und Panzer nach Saudi-Arabien und ruft gleichzeitig zur Verbreitung des Friedensgedankens auf; man kapituliert vor der Werteproblematik der Jugend, bietet weder Philosophien noch Vorbilder und ruft zugleich auf, in der Wirklichkeit zu bleiben und Drogen zu meiden. Und was die neuen Kommunikationstechniken angeht, verkabelt man schon die Städte, bereitet man Satellitenübertragungen vor und entwirft neuartige Fernsehgeräte, die nicht nur Dutzende von Fernsehangeboten von überallher, mit Werbung bunt gemischt, in's Haus liefern, sondern auch hundert Tonprogramme, Dienste aller Art, Telespiele, Mitspielmöglichkeiten per Tastendruck und vielleicht sogar per Mikrofon und Kamera für jedermann. Zugleich aber ruft man zur Mäßigung auf, durchaus die nordamerikanischen Beispiele vor Augen, die Fälle von Realitätsverlust und Tagtraum, von suchtähnlicher Abhängigkeit vom Dauerfernsehprogramm, von psychischer und physischer Schädigung. Marie Winn hat in ihrem – leider nicht systematischen und Einzelerscheinungen allzu schnell verallgemeinernden – Buch „Die Droge im Wohnzimmer" (Hamburg 1979) die amerikanischen Erfahrungen skizziert. Jerry Mander hat in seinem Pamphlet gegen das Fernsehen „Schafft das Fernsehen ab" (Hamburg 1979) einige stichhaltige Argumente zusammengetragen.
„Wir amüsieren uns zu Tode", meint Neil Postman (Frankfurt/M. 1985), nachdem er zuvor (Frankfurt/M. 1983) „Das Verschwinden der Kindheit" durch Fernsehkonsum festgestellt hatte. Medienpädagogik ist für alle genannten Kritiker keine Medizin. Sie sind für totale Verweigerung. Wenn Medienpädagogik den richtigen Umgang mit den Medien vermitteln soll, dann ist sie tatsächlich mehr als Programmanalyse, Geschmacksdiskussion, Reden über Programme. Verweigerung ist nicht lehrbar. Aber Kenntnisse und Fertigkeiten im Umgang mit Medien können vermittelt werden.

Medienpolitik als Gesellschaftspolitik

Die technischen Möglichkeiten sehen phantastisch aus. Schon in zehn Jahren werden städtische Ballungsgebiete verkabelt sein und wenigstens ein knappes Dutzend Fernsehprogramme, viele Hörprogramme und in manchen Gegenden auch allerlei Dienste wie Bestellen, Bankverkehr, Konsum- und Datenservice, Behördenauskünfte, Bildungsinformationen bieten. Ferne Fernsehprogramme werden per Satellit herbeigeschafft und ins Kabelnetz gegeben. Für alle Geschmäcker und viele Bedürfnisse wird was geboten: Sport, Porno, aber auch Bildung und Erbauung kommen ins Haus. Die Technik macht es möglich. Technische Entwicklungen, von findigem Geschäftssinn aufgegriffen und vermarktet, haben bei uns immer schon die gesellschaftliche und politische Wirklichkeit geprägt. Sollte es jetzt, angesichts der neuen Medientechniken, anders sein? Was technisch möglich und geschäftlich erfolgversprechend ist, wird realisiert. Warum auch nicht? Das Gerede vom schwachen Menschen, vom verletzlichen Geschöpf (nach Friedrich Wilhelm Hymmen) nimmt die Geschäftsgrundlage der kapitalistischen Gesellschaft nicht ernst, die vom autonomen, durch allgemeine Gesetze geschützten, „mündigen Bürger" ausgeht. Tatsächlich müssen wir die Mündigkeit des Staatsbürgers voraussetzen; sonst wären alle Wahlen und alle politischen Meinungsbildungsprozesse nur Fiktionen, Demokratiespielereien, Gaukeleien vor dem Hintergrund finsterer Manipulation des Volkes, Nimmt man aber den „mündigen Bürger", so wie er ist, so wie er angesichts seiner Arbeits- und Wohnsituation sein muß, so wie er mit den Werten und Unwerten unserer Gesellschaft herangewachsen ist, schleichen sich doch wohl Zweifel ein, was die freie Entfaltung seiner Mündigkeit angeht. Fragt man den mündigen Bürger in einer Betonwohnstadt ohne Kommunikationsmöglichkeiten, die er erst nach langem Auto- oder Bahnweg müde abends erreicht, nach seiner Einstellung zu neuen Medientechniken, zu mehr und attraktiveren Programmen, dann muß er doch danach verlangen. Fragt man den Villenbewohner im grünen Wohnbezirk nach neuen Techniken und mehr Fernsehprogrammen, so wird er kulturkritische Bedenken äußern; er hat genug vor, genug Auslauf in der Natur, genug menschliche Kommunikation. Ihn läßt das Fernsehen kalt. Er hat auch noch die Oper, das Konzert, den Tennisclub. Die Technik, von Geschäftssinn eingesetzt, als gesellschaftlicher Schrittmacher? So viel wissen wir heute schon von ausländischen Erfahrungen und aus grenznahen Gebieten mit vielen Programmangeboten: Die Vielseher sehen noch mehr; die Wenigseher – weil anderweitig beschäftigt und in ständigen sozialen Kontakten sicher – sehen kaum mehr, wenn das Fernsehprogrammangebot zunimmt. Ziel der medienpädagogischen Bemühungen wäre der „mündige Bürger". So verläßt die Medienpädagogik bald das Feld der Medien und befaßt sich mit der Realität und den Medien in ihr. Medienpädagogik ist Gesellschaftskunde und Gesellschaftstechnik.

Die neuen Kommunikationstechniken bieten Chancen, unsere Infrastruktur weiterzuentwickeln, mehr Kontakte zu knüpfen, Kommunikation zu vermehren, ja sogar, Menschen miteinander in neue Gemeinschaften zu bringen. Doch müssen wir ganz nüchtern feststellen: Faktor Nummer Eins war immer die kommerzielle Chance, mit Hilfe neuer Techniken Geld zu machen: so in den USA mit Radio und Fernsehen und heute mit den Kabelnetzen und dem Pay-TV (Bezahlfernsehen, das bestimmte Filme und Programme gegen eine besondere Gebühr in den heimischen Fernseher bringt). Die „Dienste", die Rückkanäle, die Offenen Kanäle (mit Jedermann/Jedefrau-Darbietungen und einem Markt der freien Meinungen) sind in den USA rasch zur Bedeutungslosigkeit abgesunken; vielleicht verspricht der Rückkanal für geschäftliche Verbindungen (Bestellen, Buchen, Anpreisen und Beurteilen von Konsumartikeln) Geschäfte; nur die Technik ist noch nicht so weit, um ein vielfältiges Hin und Her von Informationen zu ermöglichen. In zehn bis zwanzig Jahren werden integrierte Datenleitungen (Glasfaserkabel) störungsfreie, billige, leicht zu verlegende Informationsnetze entstehen lassen; wieder werden technische Möglichkeiten und geschäftliche Chancen die Realisierung technischer Systeme erzwingen, ohne daß es vernünftige Gründe gegen den technischen Fortschritt gäbe. Es wird unsinnig werden, viele einzelne Leitungen zu legen, für Datendienste, für Telefon, Fernsehen und Hörfunk, für Feuerwehr und Polizei, für den geschäftlichen Verkehr, für Telex und Videotext, für Kabeltext und für innerbehördliche und innergeschäftlichen Informationsaustausch. Ein einziges, relativ dünnes Glasfaserkabel liefert dann alle möglichen Informationen überallhin. Wer wollte sich gegen diesen Fortschritt sträuben? Gegen die neuen Kommunikationstechniken, das dürfte aus diesem Fallbeispiel deutlich werden, ist prinzipiell nichts vorzubringen. Was aber die gesellschaftliche Nutzung angeht, müssen rechtzeitig Vorkehrungen getroffen werden. Ich kann nur einige Maßnahmen andeuten: Sicherung gesellschaftlicher Kontrolle, Erhaltung und Ausbau von Angebotsvielfalt, Datenschutz. Dazu kommen gestalterische Aufgaben der Freizeit- und Kulturpolitik, die Alternativen zum schönen Schein der Medienwelt bieten müssen; notwendige Änderungen im Arbeits- und Wohnbereich, in der Bildung und nicht zuletzt im Umgang mit den technischen Möglichkeiten müssen dem Bürger und der Bürgerin die Voraussetzungen geben, ihre Mündigkeit voll zu entfalten. Medienpolitik wird zu einem Teilbereich der Sozialpolitik. Da alle Politik vom mündigen Bürger ausgeht, muß die Medienpädagogik die kommunikative Kompetenz der Schüler als künftige Staatsbürger stützen.

Chancen der Medienpädagogik

Wenn Medienpolitik Teil der Sozialpolitik ist, dann ist Medienpädagogik Teil der Sozialkunde/Politischen Bildung. Dann geht es nicht nur, aber auch, um Programmanalyse und „Machen" („Reaktionsweisen gegenüber den ‚großen' Medien zu erlernen und Aktionsweisen mit den ‚kleinen' zu praktizieren"). Dann geht es um die Vorbereitung der Schülerinnen und Schüler auf ihre Rolle als aktive Staatsbürger und in der außerschulischen Medienpädagogik um aktive Medienpolitik, um Gestaltung der Lebensumwelt, um Aktivierung der bisherigen Objekte von technisch-geschäftlichen Innovationen zu mündigen Subjekten.
Verweigerung führt zu Blindheit und Ohnmacht. Die Vermittlung von Kenntnissen und Fertigkeiten und die Erörterung von Chancen und Gefahren führt zum verantwortlichen Umgang mit den Medien. Rationales Handeln ist angesichts der Faszination der einzelnen Medienprodukte fast unmöglich. Wenn ich die Schwarzwaldklinik erlebe, ruht mein

politisches Bewußtsein. Aber vielleicht kann die Faszination positiver Utopien mit sinnerfüllter Arbeiten und selbstbestimmter Freizeit als Glückserwartung und Hoffnung Interesse mobilisieren. Interesse ist nötig; Engagement und Kreativität sind gefragt. Medienpädagogik muß diese Kräfte wecken.

Entwicklung durch Kommunikation

Plädoyer für eine neue Fernsehphilosophie

Bei uns geht die Epoche der Massenmedien-Euphorie vorüber. Die Entwicklung und Propagierung neuer Medientechniken wie Kabel-Kommunikation, Satellitenübertragung, Teletext (Fernsehtext) könnte sich als Scheinblüte des Massenmedienwesens erweisen, wenn die Tendenzen alternativer Lebensgestaltung, Technikkritik und speziell Fernsehablehnung sich verstärken. Die Stagnation der Fernsehnutzung trotz wachsender Angebote und das Abflachen der Zuwachsraten an Videorekordern sind Signale. Der Erfolg von Marie Winns „Die Droge im Wohnzimmer" (1977 in den USA zuerst erschienen, 1979 in der Bundesrepublik) und Jerry Manders „Schafft das Fernsehen ab!" (1978 USA, 1979 Bundesrepublik), auch medienkritische Kommentare führender Politiker, in denen vor einer Ausweitung des Medienkonsums gewarnt wird, deuten auf eine Wende hin. Die Tragweite der Feststellung des amerikanischen Medienkritikers Neil Postman „Wir amüsieren uns zu Tode" (1985), scheint sich noch nicht herumgesprochen zu haben. Doch die Wiederentdeckung der philosophischen Schriften von Günther Anders in Intellektuellenkreisen ist ein weiteres Symptom für die Radikalabrechnung mit dem Massenmedium Fernsehen. Noch vor wenigen Jahren galten die Massenmedien (Druckerzeugnisse, Film, Radio, vor allem: das Fernsehen) als wichtigste Instrumente der Modernisierung der Gesellschaft, der Aufklärung der Massen, der Verbreitung von höherer Bildung und demokratischer Lebensart. Politiker und Administratoren sind auf Effizienz eingestellt; sie sind interessiert an großer Wirkung bei verhältnismäßig geringen Investitionen; sie bemühen sich um ein modernes Image im Zeitalter der Technik und stehen daher auf technischen Mitteln zur Lösung sozialer Probleme. Für sie war der Gedanke faszinierend: Massenmedien machen es möglich, mit relativ geringem Aufwand Massen zu beeinflussen, Kinder und Jugendliche zu erziehen, neue Ideen und Methoden zu verbreiten. Der Rundfunk begann in Deutschland – wie in anderen Industrieländern – als Kultur- und Erziehungsmedium. Er wurde bald zum Unterhaltungsinstrument der Massen; auch Informationen über Weltereignisse, sensationelle Begebenheiten, politische Erklärungen haben Unterhaltungswert. Nichts gegen Unterhaltung; aber sie ersetzt nicht das gemeinsame Lernen und Beraten, das Miteinandertun, die menschliche Gesellung. Die in den letzten Jahren aufgekommene Gruppendynamik hat als wichtigstes Ergebnis eine in Vergessenheit geratene Tatsache herausgestellt: Menschen lernen am besten zusammen mit anderen Menschen, im lebendigen Austausch, im gemeinsamen Tun. In der offiziellen Entwicklungspolitik ist die Massenmedien-Euphorie leider immer noch nicht gebrochen. Immer noch gelten die elektronischen Medien Radio und Fernsehen als wirksamste Modernisierungsinstrumente. So geraten wir – letztlich aus wirtschaftlichem Interesse – in den Widerspruch, etwas exportieren zu wollen, an das wir selbst nicht mehr glauben.

Es ist ein Gemeinplatz, daß Massenkommunikation Kommunikation ersetzt und verhindert. Die Berieselung vieler Menschen zur selben Zeit mit demselben Musikschlager bewirkt zwar, daß viele Menschen die Melodie summen; aber jeder summt für sich. Die Mitteilung angeblich weltbewegender sensationeller Geschehnisse, an denen der Hörer oder Zuschauer eh nichts ändern kann, verstellt den Blick für die machbaren Angelegenheiten in der nächsten Umgebung. So liest man immer wieder, daß Kinder grausam mißhandelt werden, wenn sie den Vater beim Sport (-Zuschauen) stören. Und ein Gespräch über's Fernsehen? Hält sich meist an Nebensächlichkeiten auf, wie am schlecht sitzenden Schlips des Nachrichtensprechers oder einer Trunkenheitsphase des Showmasters oder einer Liebesaffäre des Stars. Über Inhalte, über Nachrichten und Geschichten aus Dramen oder Berichte aus der Wirklichkeit wird nicht gesprochen, weil es keine Sprechpausen gibt. Ich erinnere mich an einen alten Mann in Kenia, der seinen Transistor weggeworfen hatte und zur Erklärung sagte: „It was always talking, talking, talking . . . and I had to listen, just to listen!" Auf die Idee, den Transistor öfter auszuschalten, kam er nicht, ebensowenig wie die Fernsehzuschauer bei uns, die die Verpflichtung spüren, den Apparat, den sie nun mal haben, auch ständig zu benutzen. Um dem wesentlichen Mangel des Fernsehens, keine differenzierten Inhalte und keine sozialen Verhaltensweisen vermitteln zu können, abzuhelfen, wurden Ergänzungen des Massenkommunikationsangebotes entwickelt: Begleittexte zu Fernsehsendungen, fast ausschließlich im Erziehungsbereich, Begleitveranstaltungen in Schulen (beim Schulfernsehen), in der Erwachsenenbildung. In der Dritten Welt: Hörer- und Zuschauer-Clubs, Gemeinschaftsempfangseinrichtungen, Tutorials, gedruckte Begleitmaterialien. Der Sinn aller Begleitmaterialien ist es nicht, das soziale Defizit der Massenkommunikation auszugleichen, sondern die mangelhafte Effizienz der Massenkommunikation durch Begleitmaßnahmen auszugleichen.

Nun könnte die Massenkommunikation durchaus selbst dazu beitragen, den ihr anhaftenden und von ihr erzeugten Mangel zu beheben. Dazu gehört eine neue Philosophie der Massenkommunikation. Ich teile nicht die meiner Meinung nach naive Auffassung des deutschen Dichters Bertolt Brecht, der Rundfunk sei nur dann ein demokratisches Medium, wenn die Einweg-Information vom Sender zu den Massen hin aufgehoben würde, wenn aus der Einbahnstraße Rundfunk eine normale Straße mit Hin- und Herverkehr würde, wenn aus den Rezipienten auch Produzenten würden. Wenn Brechts Vision Wirklichkeit würde, dann brauchten wir keinen Rundfunk mehr; Telefon und vielleicht Bildtelefon mit der Übertragung des Bildes und der Umgebung der miteinander Sprechenden müßten den Rundfunk überflüssig machen. Die Techniken der Massenkommunikation sind wichtige, hilfreiche Erfindungen, wenn sie richtig genutzt werden. Ich verstehe unter einer neuen Philosophie der Massenkommunikation die Abkehr vom Vermarktungsprinzip der Informationen. Das muß ich wohl erklären: Alle Massenkommunikation, wie sie gegenwärtig praktiziert wird, ob in West oder Ost, Nord oder Süd, läuft nach demselben Schema ab, das ich eingangs nannte: Aussagen (Messages) werden durch technische Verbreitungsmittel indirekt und einseitig an ein disperses Publikum vermittelt. Anders ausgedrückt: Informationen werden von wenigen Personen auf den Markt gebracht und bei vielen Millionen von Konsumenten abgesetzt (verkauft). Dabei ist es gleich, ob die Konsumenten dafür Gebühren zahlen müssen oder den Kaufpreis für jede einzelne Information, ob die Verkäufer zugleich Geschäfte mit Werbebotschaften machen, die sie mitliefern, oder ob das alles kostenlos für den Rezipienten ist oder zu sein scheint. Für den Kommunikator, den Verkäufer der Ware Information, ist wichtig der massenhafte Absatz seines Produkts. Die Erfahrung hat gelehrt, daß überall auf der Erde bestimmte Informationen sich leichter absetzen lassen als andere.

So sind Shows, Tierfilme, Unterhaltungssendungen, Krimis, Sex-Stories überall beliebter als sogenannte seriöse Kulturprogramme, als Erziehungssendungen. Scheinbare Ausnahmen gab es bei uns in der frühen Zeit des Rundfunks, als die begeisterten Hörer alles anhörten, was ihnen aus dem Äther in die Wohnung kam. Und in der Anfangszeit des Rundfunks gab es nun mal sehr viel seriöse Musik, viel Kultur und Belehrung. Scheinbare Ausnahmen gibt es auch in der Dritten Welt. Das bewegte Bild auf der Leinwand oder auf dem Fernsehschirm, der menschliche Ton aus dem Transistorradio erweckt Neugierde und wirkt unterhaltend, solange, bis das alles zur Gewohnheit wird und wahre Unterhaltungsgenüsse geboten werden: Kojak oder Lassie, Show oder Quiz. Das Fernsehen geht überall diesen Weg: Vom Kultur- zum Unterhaltungsinstrument. Und warum? Weil Kultur mit Kommunikation zu tun hat, mit Austausch und Aktivität. Massenkommunikation stört Kultur. Und weil die Philosophie der Fernsehverantwortlichen überall dieselbe ist: Möglichst viele Menschen mit dem eigenen oder aus dem internationalen Angebot ausgewählten Angebot zu erreichen. Eine neue Philosophie der Massenkommunikation müßte ausgehen von einer anderen Position, und zwar von der intakten oder wiederherzustellenden menschlichen Kommunikation. Ich meine das nicht als moralischen Appell, sondern in's Praktische gewendet, als Organisationsvorschlag. In aller Kürze: Nationenweite oder gar internationale Programme, die mit verhältnismäßig geringem wirtschaftlichen Aufwand Millionen von Menschen erreichen, wirken nur oberflächlich gemeinschaftsbildend. Sie vernichten regionale Eigenheiten, kulturelle Unterschiede und Nuancen, bilden einen neuen Geschmack heran, eine neue Sprache; wenige Menschen, die Produzenten und Verantwortlichen, prägen den Geschmack und die Einstellungen von Millionen. Wir sind bereits sehr weit in dieser Entwicklung. Ich nannte bereits die überall auf der Erde gleichermaßen beliebten Unterhaltungssendungen. Das Massenmedium Hörfunk und Fernsehen, das zur selben Zeit Millionen von Menschen mit Informationen versorgt, muß über die Bedürfnisse, Interessen und Gefühle der einzelnen Individuen hinweggehen und muß sich an einen allgemeinen, zum Teil künstlich erzeugten „Massengeschmack" wenden. Die Konsumenten haben keinen Einfluß auf das Angebot. Wenn nun der größte Teil der freien Zeit des Menschen – in den sogenannten entwickelten Ländern mit Fernsehen verbracht wird, ist die Folge emotionale Verarmung, Verlust eigener Artikulations- und Lernfähigkeit, regionaler Zugehörigkeit und Identifikation. Das Fernsehen als edukatives Instrument ist durch die falsche Philosophie für Massenkommunikation unbrauchbar geworden. Die Erwartungen an's Fernsehen sind andere, als sie zur Auslösung von Lernprozessen Voraussetzung sind. Die organisatorische Konsequenz einer neuen Philosophie der Massenkommunikation: Keine großen, flächendeckenden Programme. Flächendeckend ist übrigens ein Wort aus der Bombersprache. Massenkommunikationsmittel werden in edukativen Prozessen wieder wirksam, wenn sie in ethnisch, ethisch, sprachlich, kulturell, religiös homogenen Regionen arbeiten, dabei durchaus nicht beschränkt auf Inhalte aus der Region. Aber der Standpunkt der Kommunikatoren sollte ein fester sein, kein professionell heimatlos-internationaler, über der Erde schwebender, gottähnlicher wie heute. Die Massenmedien sollten nicht für große Gebiete zuständig sein, sondern für überschaubare Regionen. Dann wäre es auch möglich, auf die jeweiligen konkreten Zustände hin produzierte Programme zu bringen, nachprüfbar für die Konsumenten, kritisierbar, veränderbar. Günstig wäre selbstverständlich eine demokratische

Kontrolle durch gewählte Aufsichtsgremien aus der Region. Nochmals, um Mißverständnisse zu vermeiden: Die dezentrale Organisation von Massenmedien-Einrichtungen bedeutet nicht Verzicht auf nationenweite Programme und internationale Übernahmen, aber sie bedeutet: Einschränkung dieser Angebote im Verhältnis zu den lokalen und regionalen Angeboten. Wenn die Massenmedien einen festen Standort in der Region in diesem Sinne haben, werden sie auch für Erziehungsprogramme und für politische Programme im Sinne der Organisation der Massen effizient. Sie werden menschlicher, bürgernäher, glaubwürdig.

Ausgangspunkt der Organisation der Massenmedien haben nach der neuen Philosophie der Massenkommunikation die Menschen zu sein, für die Programme produziert und ausgestrahlt werden, nicht die international gewachsenen Kriterien für die Gründung von Verlagen, Film- und Rundfunk-Einrichtungen. Solange das nicht möglich ist, vor allem aus wirtschaftlichen und politischen Gründen, muß der lokale und regionale Bezug von Bildungsprogrammen durch Begleitmaterialien und Tutorials hergestellt werden. Diese Begleitmaterialien haben die kommunikative Komponente von Bildungsprozessen (sei es in Natur- oder Geisteswissenschaften, sei es in Alltags- und Landwirtschaftskampagnen, sei es bei der politischen Bildung) zu betonen. Kommunikation aber gibt es nur zwischen prinzipiell gleichberechtigten Partnern, die miteinander kommunizieren. Ich behaupte: Der Stand der Kommunikation und damit der Stand der Chancengleichheit und der prinzipiellen Gleichwertigkeit von Angehörigen einer Gesellschaft ist ein Indikator der Stufe des Entwicklungsprozesses. Eine hochentwickelte Gesellschaft ist eine Gesellschaft mit hoher Kommunikationsdichte. Eine selbstkritische Frage: ist die Gesellschaft der Bundesrepublik Deutschland unter diesem Aspekt eine hochentwickelte Gesellschaft?

Kleine Medien haben wegen ihres relativ geringen Preises eher die Möglichkeit, Kommunikations- und damit Entwicklungsprozesse voranzutreiben. Täuschen wir uns aber nicht: sobald die Massenmedien neben ihnen wirken, sobald sie das Unterhaltungsangebot in die Massen streuen, werden die Wirkungen der kleinen Medien beeinträchtigt. Ein Beispiel: Wenn im Fernsehen ein Krimi läuft und zugleich ein Vortrag mit Dias oder Overhead-Projekter angeboten wird. Für welche Darbietung wird sich der durchschnittliche Mensch entscheiden? Auch hier gibt es Ausnahmen. Ausnahmen, die zu wichtigen Einsichten leiten: Wenn es um das eigene Leben geht, um existentiell wichtige Fragen, die auch als existentiell wichtig erkannt werden, dann bleibt Fernsehen Fernsehen. Dann wird auch die Erzählung eines Freundes wichtiger, die Lektüre eines Buches oder das Ansehen eines Aufklärungsfilmes in schlechter Qualität. Dann wird der Inhalt, wird die Botschaft wichtig; jedes Medium ist recht.

Ein Beispiel: Wenn einer Bäuerin das Vieh, für das sie verantwortlich ist, das die Lebensgrundlage ihrer Familie ist, Stück für Stück krank wird und dahinsiecht, dann läßt sie sich informieren, sei es mit Hilfe von gedrucktem Anschauungsmaterial, sei es durch Radiosendungen zu diesem Thema, sei es durch das Anhören eines medienunterstützten Vortrages.

So weit muß es nicht kommen, wie in dem genannten Beispiel. Vorsorge, rechtzeitige Information, Gedankenaustausch – Kommunikation – soll ja gerade Katastrophen verhindern. Kommunikation aber kann nur stattfinden in Gemeinschaften gleichberechtigter oder in festen Ordnungen miteinander verbundener Menschen. Es kommt also im wesentlichen darauf an, mit Hilfe der Medien, der kleinen wie der großen, solche Gemeinschaften stiften zu helfen. Die neue Philosophie der Massenkommunikation wie der Kommunikation in's Praktische gewendet bedeutet: Lernprozesse auslösen in stabilen Gemeinschaften, Lernen in natürlichen Gruppen, in Großfamilien, in Gruppen von Landarbeitern, in Clubs, in Gewerkschaften, in Vereinigungen aller Art. Lernen, das nur dann effizient gestaltet werden kann, wenn es kommunikativ geschieht, kann in kommunizierenden Gemeinschaften am besten funktionieren. Viel besser als durch die Verbreitung von Botschaften über technische Hilfsmittel an ein disperses Publikum. Im übrigen gilt für die Rezeption der Massenkommunikationsangebote: die nötige kritische Distanz zu Verdummungs- und Verbildungsangeboten ist nicht vom einzelnen Menschen aufzubringen, sondern nur in der solidarischen Gemeinschaft kommunizierender Individuen. Die Stärkung der kommunizierenden Gruppen ist ein wirksames Gegenmittel (Medizin) gegen die „Einschaltdroge" (Plug in drug), wie Marie Winn, eine amerikanische Forscherin das Fernsehen in seiner Wirkung auf Kinder genannt hat. Ich halte es für falsch, große Medien (Film, Druckwerke, Rundfunk mit Hörfunk und Fernsehen) gegen kleine Medien (Dias, Posters, Folien, Flugblätter und so weiter) auszuspielen oder – wie es heute angesichts des Endes der Massenmedien-Euphorie in der Bundesrepublik Deutschland einschließlich Berlin (West) Mode werden könnte – umgekehrt in den kleinen Medien das Erziehungs- und Entwicklungsrezept zu sehen. Wichtig ist die Philosophie, die hinter der Vermittlung von Informationen steht und damit die Philosophie der Medien. Medien können Entwicklung fördern, wenn sie Kommunikation entwickeln, sie zumindest nicht zerstören; Medien verhindern Entwicklung, wenn sie neue Abhängigkeiten schaffen und damit Kommunikation zwischen prinzipiell gleichwertigen Partnern verhindern. Ich greife das von Rolf Sülzer mit vielen praktischen Beispielen und Nutzanwendungen angereicherte Bild des Kommunikationswissenschaftlers Karl Deutsch auf: „The network of social communications is the grid or the matrix over which modernization takes place". (K. W. Deutsch, Social mobilization and political development. In: American Political Science Review 55 (1961). Modernisation – das möchte ich hinzufügen – nicht unbedingt mit dem Ziel, die Stufe der Entwicklung zu erreichen, auf der wir heute in den sogenannten hochentwickelten Industrieländern stehen. Oder genauer gesagt: den Zustand von körperlichem Wohlergehen bei seelischer Verarmung, für den die Flucht in das Konsumieren der Massenkommunikationsangebote ein Symptom und Faktor ist. Doch es gibt, wie ich eingangs andeutete, Grund zur Hoffnung bei uns. Die Zeit der kritiklosen Technik-Euphorie und der Massenkommunikations-Euphorie ist vorbei. Überall regen sich Menschen, die eine Stärkung regionaler Kultur propagieren, die das menschliche Miteinander suchen, die Kommunikation fordern und praktizieren. Alternative Lebensformen werden langsam populärer, neue Wohnformen in größeren Gemeinschaften, selbstgemachte Kultur mit Folklore und Musikgruppen. Eine Gruppe in Berlin (West) nennt sich sogar „Netzwerk", ganz im Sinne des zitierten Gedankens von Karl Deutsch, allerdings mit der deutlich alternativen Auffassung von Modernität. Modernisation in diesem Sinne bedeutet Kommunikation, ein Netzwerk dichter menschlicher Beziehungen.

Chancen der Telekommunikation

Neue Kommunikationstechniken bieten Chancen und Gefahren. Sie sind selbst weder Chancen noch Gefahren, sondern lediglich technische Systeme, deren Nutzungsweise die Wirkung bestimmt. Anders als die Nukleartechnik ist die Telekommunikation sanft. Die sanften Folgen allerdings können schädlich sein.

Medienkrankheit als Gefahr

Wir können von der gesicherten Annahme ausgehen, daß Menschen, solange es sie als intelligente und emotionale Lebewesen gibt, immer kommunizieren. Kommunikation – das Aufnehmen von bedeutungsvollen Inhalten, die Übermittlung von Wünschen, Gefühlen, Ideen durch sinnvolle Zeichen und der Austausch solcher Informationen – ist für die menschliche Existenz notwendig. Formen und Inhalte der Kommunikation sind in der Geschichte ständigen Veränderungen unterworfen. So entwickeln sich Sprachen im Gebrauch. So haben Gesten- und Mienenspiel zu verschiedenen Zeiten und in verschiedenen Kulturen unterschiedliche Bedeutung. Technische Verbindungen, vom Rauch- und Flaggensignal der vorelektronischen Zeit bis zum Telegrafen, der erst gut 150 Jahre alt ist, von der Läufer- oder Reiterstaffette bis zur modernen Briefzustellung, deren Voraussetzung Eisenbahn und Automobil waren, Telefon, Massenmedien, auf Papier gedruckte oder optisch und elektronisch vermittelnde Techniken (Druck, Film, Hörfunk, Fernsehen) verändern Lebensgewohnheiten und Kommunikationsverhalten. Ihre Entwicklung hängt andererseits auch von Lebensgewohnheiten, Wirtschaftsweise und politischer Verfassung ab.

Wenn von den Gefahren neuer Kommunikationstechniken die Rede ist, steckt dahinter die Befürchtung, neue technische Verfahren der Bild- und Tonübermittlung könnten das tagtägliche Leben des Menschen, sein Fühlen und Denken, seine seelische und körperliche Gesundheit so stark und so nachteilig verändern, daß er krank wird. Unter krank wäre zu verstehen, daß er nicht mehr im Vollbesitz seiner seelischen und körperlichen Tüchtigkeit ist, verkümmert, verkrüppelt, zumindest stark eingeschränkt ist. Voraussetzung für eine solche negative Entwicklung ist ein Wildwuchs technischer Einrichtungen, der nicht humanen Zielsetzungen unterworfen ist, sondern unmenschlichen Prinzipien wie beispielsweise der Profitmaximierung kleiner Gruppen, dem Herrschaftswillen machthungriger Eliten oder der blinden Technikgläubigkeit von Technikfreaks. Ein Zukunftsschreckensbild kann die von kritischen Warnern vorhergesehene Gefahr illustrieren:

> Da sitzen vier Menschen in einem halbabgedunkelten Zimmer. Im sogenannten Kommunikationsraum. Alle vier, eine Familie mit Vater, Mutter, Sohn und Tochter, gehen unterschiedlichen Tätigkeiten nach. Der Vater verfolgt, auf seinem Heimtrainer keuchend, ein Fahrradrennen, das auf einem wandgroßen flachen Bildschirm wie in Wirklichkeit vor ihm abrollt und bei dem er mitzumachen glaubt. Er lernt so Landschaften kennen, betätigt sich sportlich und befriedigt seinen Ehrgeiz, sich möglicherweise an die Spitze des Feldes zu setzen. Die Mutter,

ebenfalls mit Kopfhörern von den Geräuschen ihrer Umwelt abgeschottet, sitzt an einem Heimterminal mit einem Tastenfeld und beobachtet auf dem anderen flachen Wandbildschirm Zahlenkolonnen, Rechnungen, Anweisungen, Fragen, die sie mit der Schreibmaschinentastatur bearbeitet. Sie geht ihrer Arbeit nach, als Steuerberaterin. Der Sohn, mit dem Blick auf die dritte Wand, lernt Englisch. Er spricht in ein umgehängtes Mikrofon und lauscht auf die Antworten aus dem Computer, auf die Anweisungen und Korrekturen, die zugleich auf dem Bildschirm erscheinen, und zwar als Szenen, als Wörter, Sätze, Denk- und Merkhilfen. Die Tochter geht ihrem Vergnügen nach. Sie sieht sich einen Krimi in Stereobild und Stereoton an. Vier Menschen in einem Kommunikationsraum, die nicht miteinander kommunizieren, sondern mit Institutionen außen.

Menschen brauchen, so die Kritiker der technischen Entwicklung, in Zukunft nicht mehr ihre Wohnung zu verlassen, um ihrer Tätigkeit nachzugehen, um Waren zu bestellen, Auskünfte einzuholen, sich zu amüsieren, Sport zu treiben, mit ihrer Bank zu verkehren oder zu lernen. Ihre Muskeln verkümmern; Arbeitsplätze werden überflüssig; öffentliches Leben gibt es gar nicht mehr; die unbegrenzte Zahl von Programmen führt nur dazu, daß seichteste Angebote massenhaft konsumiert werden, der Geschmack immer tiefer sinkt, die Wünsche und Lüste immer primitiver werden.

Ein solches Zukunftsschreckensbild kann nur Wirklichkeit werden, wenn antihumane Kräfte die Technik steuern, wenn die Menschen nur als Objekte von elektronischen Angeboten reagieren, nicht die Organisation von Arbeit und Freizeit, Lernen, Produzieren und Amüsieren selbst bestimmen. Medienkrankheit wäre ein Extrem einer solchen Entwicklung ohne humane Lenkung.

Medientechniken und Lebensqualität

Es ist ebenso leicht möglich, ein Zukunftshoffnungsbild zu entwerfen, die Chancen der neuen Medientechniken in leuchtenden Farben zu malen. Die Erfindung der Drucktechnik und ihre Verbesserung schufen die Voraussetzung für Bildung und Aufklärung, Wissensverbreitung und Kritik. Der Film machte Dokumentation für alle Menschen leicht und preiswert zugänglich. Hörfunk und Fernsehen bedeuten unmittelbare Information, auch über ferne Ereignisse, künstlerische und intellektuelle Bereicherung. Das Telefon verbindet Menschen schnell und weit miteinander. Zusammen mit Automobil und Eisenbahn bedeuten die Techniken, wie sie schon massenhaft verbreitet sind, die leichte (für manche Kritiker allerdings auch allzu leichte) Erschließung der Welt für alle Menschen. Die bisher schon seit Jahrzehnten bekannten Medientechniken wurden verfeinert, verbessert, immer billiger und immer weiter verbreitet bis in die sogenannte Dritte Welt hinein, die angeschlossen wurde an die Zentren der Industriestaaten. Kritik an der Entwicklung darf nicht unerwähnt bleiben: Abhängigkeiten von Medienzentren, Kulturimperialismus, Manipulation von Massen wurden möglich. Der Fernsehmißbrauch wurde die wohl am weitesten verbreitete Kinderkrankheit. Auch Erwachsene sind fernsehsüchtig. Doch alles in allem bedeuten die Angebote neuerer Medientechniken Herausforderungen und Chancen; wer wollte das bestreiten? Daß die Nutzung, wie schon angedeutet, häufig fahrlässig, leichtfertig und unkritisch geschieht, nicht zuletzt, weil die sozialen Bedingungen, die Flucht in den schönen Schein provozieren und er-

leichtern, muß festgestellt werden, auch die häufig menschenverachtende und manipulative Machart der Programme.
Die Weiterentwicklung der Medientechniken bietet neue Möglichkeiten, gerade auch die Schwächen und Gefahren zu überwinden. Aus dem Programmeinerlei weniger Stationen kann mit Glasfaserkabel, Satelliteneinspielungen und neuen Speichertechniken (Videorekorder, Bildplattenspieler) eine schier unbegrenzte Vielfalt werden. Nicht mehr in der Fernsehstation wird der Alltag der Menschen bestimmt, sondern durch die Zuschauer selbst, die frei auswählen können, wann immer sie dieses oder jenes wollen. Sogenannte interaktive Dienste machen es dem Konsumenten möglich, Einfluß zu nehmen auf die Medienangebote. Er kann seine Meinung sagen, er kann sich in Programme einblenden, er kann in Offenen Kanälen selbst und mit seinen Freunden auftreten, eigene Filme präsentieren, vom Konsumenten zum Produzenten werden. Die Möglichkeiten, heute schon über Bildschirmtext im Ansatz verwirklicht, mit externen Computern und Datenbanken in Verbindung zu treten, sind unabsehbar. Bestellungen, Bankverkehr, Auskünfte über Produkte, Lebensberatung, Lernen, Arbeiten und Spielen können mit neuen Medientechniken für viele Menschen vielfältige Möglichkeiten zu Aktivitäten bieten. Behördenkontakte werden von der Qual des Suchens nach dem Zuständigen zum sofortigen Erfolgserlebnis. Zeit für die freie Gestaltung wird gewonnen. Mikrocomputer übernehmen die Steuerung von monotonen Arbeitsvorgängen. Schnelle Datenverbindungen machen Wege überflüssig durch verstopfte Innenstädte, von Büro zu Büro, von Verwaltungszentrum zu Verwaltungszentrum. In jeder Wohnregion wird ein Beratungszentrum stehen, in dem Kommunikationshelfer jederzeit jedermann kompetent Auskunft geben können in allen öffentlichen und privaten Angelegenheiten. Es wird kein Stadt-Land-Gefälle mehr geben. Entscheidungen über Bauanträge, in Rentenangelegenheiten und über Mietprobleme können sofort, vom Kommunikationshelfer vermittelt, getroffen werden. Alle Bibliotheken sind elektronisch auch in jedem Dorf jederzeit zugänglich. Lernen ist nicht nur mehr in der Großstadt möglich. Das qualitativ Neue der neuen Medientechniken ist ihr Zusammenwachsen. Über Breitbandkabel miteinander verbunden und angeschlossen an Datenbanken und Entscheidungszentren, können die Menschen jede gewünschte Auskunft erhalten; sie werden nicht mehr von Pontius zu Pilatus geschickt, sondern sind immer gleich an der richtigen Stelle; sie erhalten sofort und verbindlich Entscheidungen in Verwaltungsangelegenheiten. Die freie Zeit, die so gewonnen wird, brauchte nicht mit wahllosem oder dem seichtesten Amüsiergeschmack folgenden Fernsehkonsums verplämpert werden, wie viele Medienkritiker befürchten, sondern könnte in menschlichen Kontakten, im Austausch mit Natur und Kultur zur Bereicherung des Lebens verwendet werden. Hierzu bedarf es allerdings der attraktiven Umweltgestaltung. Nur wenn die Wirklichkeit attraktiver ist als der scheinbar schöne Schein der Medienangebote, siegt die Realität, die eine allseitige Aneignung der Welt möglich macht. Denn bei allen technischen Verfeinerungen ist der Ersatz der Realität durch Medienangebote, die nicht nur hören, sehen, denken und fühlen lassen, sondern auch riechen und betasten und lebendigen Umgang erleben lassen, wohl kaum denkbar oder wünschbar oder sinnvoll. Mediennutzung auch mit Hilfe neuer Techniken bedeutet begrenzte Kommunikation; bei neueren Techniken vielfältiger und mehrsinniger als zuvor; jedoch die Wirklichkeit bleibt die Wirklichkeit.

Gestaltungs-Kriterien

Die Organisation des Rundfunks in der Bundesrepublik Deutschland ist ein Beispiel für eine ordnungspolitische Satzung, die sich bewährt hat, die allerdings immer wieder gefährdet ist, nicht zuletzt durch den möglichen Wildwuchs neuerer Techniken. Grundsatz der Rundfunkorganisation ist das Prinzip der Pluralität des Programms. Der Rundfunk hat alle in der Gesellschaft vorhandenen Strömungen zu Worte kommen zu lassen, vielen Geschmäckern zu genügen, unabhängig zu bleiben von Mehrheiten oder Minderheiten. Er bietet die Vielheit in der Einheit weniger Programme. Er ist Integrationsrundfunk, weil die Technik eine Vielzahl von Anbietern bisher nicht zuließ. So wurde der Mangel gerecht verwaltet, kontrolliert durch Vertreter der Öffentlichkeit, entsandt von – nicht immer einsichtig ausgewählten – Vertretern wichtiger gesellschaftlicher Gruppen. Der Rundfunk ist staatsunabhängig, unabhängig von Gruppen und Parteien (die immer wieder in pluralistischer Vielfalt Druck auf den Rundfunk auszuüben versuchen). Er ist wirtschaftlich unabhängig durch Gebühren, die allerdings Möglichkeiten des staatlichen und parteilichen Einflusses offenlassen; denn die Höhe der Gebühren bestimmen die Landtage der Bundesländer. Gebührenerhöhungen werden regelmäßig mit organisatorischen und programmlichen Bedingungen verknüpft. Bei allen Schwächen und Problemen bleibt jedoch der Rundfunk das Ergebnis ordnungspolitischer Regelungen, wie sie auch für die neueren Medientechniken wünschenswert wären.
Bei den neueren Techniken ist allerdings nicht die Vielfalt in der Einheit, nicht die Integration verschiedener Strömungen auf ein und demselben Kanal zwingend notwendig; hier können durchaus nebeneinander Kanäle unterschiedlicher politischer, weltanschaulicher und künstlerischer Tendenz existieren. Das Problem des „Außenpluralismus" mit vielen unterschiedlichen Kanälen, verschiedener Richtungen im Gegensatz zum „Innenpluralismus" mit dem Zwang, viele Meinungen und Bewegungen auf ein und derselben Welle zu transportieren, liegt eher beim Konsumieren als beim Angebot. Der Konsument muß in der Lage sein, sich aus den unterschiedlichen Angeboten sein eigenes Programm zusammenzustellen. Ihm nimmt kein Programmdirektor die Entscheidung ab, zu welcher Zeit welches Musikstück erklingt oder wann es Nachrichten gibt. Er muß sich nach seinen eigenen Bedürfnissen und Wünschen, nach seinen Gefühlen und Erfahrungen sein eigenes Programm zusammenstellen, wie auch im Restaurant sein eigenes Menü, im Supermarkt seinen eigenen Einkaufskorb, in der Bibliothek die eigene Lektüre. Hier liegen Aufgaben für die Schule und für die Erwachsenenbildung; auch für die Rundfunkanstalten und für die großen gesellschaftlichen Einrichtungen, für Kirchen, Gewerkschaften, Parteien, Vereine und Verbände.
Der mündige, selbständige Bürger, der mündig sein darf und soll in der Politik, in der Gesellschaft, beim Einkaufen, muß auch, was die Medienangebote angeht, selbst entscheiden dürfen und können, was ihm angemessen ist.
Eine wichtige ordnungspolitische Voraussetzung ist dabei ein breites Angebot von Möglichkeiten. Überließe man die Entwicklung der Programme allen privaten Anbietern, hätte man bald Verhältnisse wie in den USA. Hier regieren die massenattraktiven Programme die Hauptkonsumzeiten. Auswahl gibt es nur zwischen Krimi und Krimi, zwischen Sport und Sport, zwischen Sensation und Sensation. Die Breite des Programms, wie wir sie kennen, gibt es bei den vielen Stationen und Anbietern, den Tau-

senden von Produktionsfirmen und Autoren in den USA nicht, trotz unserer scheinbar eher kargen Medienverhältnisse. Der mühsam finanzierte öffentliche Bildungskanal in den USA kann den Mangel an informatorischer und künstlerischer Vielfalt allein schon aus wirtschaftlichen Gründen nicht wettmachen. Außenpluralismus bedeutet für die Aufsichtsorgane auch Unterstützung von schwächeren Gruppen, Kontrolle und Einfluß auf Vielfalt und Breite der Angebote, nicht aber auf die einzelnen Inhalte. Die bloße Existenz eines Offenen Kanals, der allen Interessierten den Zugang zum Rundfunkmachen eröffnen soll, reicht nicht. Gruppen und Privatpersonen, die sich im Offenen Kanal darstellen wollen, müssen mit annähernd denselben technischen und künstlerischen Möglichkeiten antreten können wie die von der Werbung lebenden, massenattraktive Programme produzierenden kommerziellen Programmveranstalter. Ein Weg wäre, die Subventionen von öffentlich geförderter Kultur zum Teil umzulenken in Medienprojekte.
Zu den ordnungspolitischen Grundvoraussetzungen gehört neben Vielfalt und Chancengleichheit auch der freie Zugang zu allen erreichbaren Informationen und damit jeder Verzicht auf eine Einschränkung von Kanälen, Programmangeboten, wie sie aus der Luft zu empfangen sind, von Satelliten herunterkommen oder über Fernglasfaserkabel geliefert werden können. Hier liegt eine entscheidende Bedingung für außenpluralistische Medienangebote. Es darf keine Beschränkung auf etwa ein Dutzend von Programmangeboten zur selben Zeit geben. Nur bei massenhaftem Angebot aus Medienbanken, von nahen und fernen Stationen aller Art, von privaten und öffentlichen Veranstaltern, kommerziellen Unternehmen und gemeinnützigen Einrichtungen, kann die Vielfalt garantiert werden.
Die öffentliche Kontrolle muß ähnlich wie bei den Rundfunkanstalten, möglichst aber noch wirksamer und repräsentativer erfolgen. Datenschutz und Persönlichkeitsschutz für die Teilnehmer an der Kabelkommunikation sind selbstverständlich. Sie müssen durch unabhängige Ombudsleute gesichert werden.
Wichtigste Voraussetzung neuer Kommunikationschancen ist die gerechte Verteilung der immer weniger vorhanden sein werdenden Arbeit. Die Freizeit für alle wird zunehmen; oder die Arbeit für wenige wird mehr, und Millionen werden aus der Erwerbsgesellschaft ausgebürgert. Freizeiteinrichtungen in der Realität müssen es allen Menschen ermöglichen, den eigenen körperlichen, seelischen und intellektuellen Bedürfnissen entsprechend zu leben. Naturschutz und Umweltschutz, menschenwürdige Gestaltung der Umwelt, Aufhebung der Trennung von Wohnen, Erholen, Amüsieren, Arbeiten ist dabei das Fernziel.

Voraussetzung und Ziel: Mündigkeit

Die Grundlagen aller praktischen ordnungspolitischen Rahmenbedingungen wurden durch Grundgesetz und die Entscheidungen des Bundesverfassungsgerichts gelegt. Das Grundgesetz geht aus von mündigen Staatsbürgern, die sich aus allgemein zugänglichen Informationsquellen frei informieren, die ihre Meinung frei äußern, denen Rundfunkfreiheit und Pressefreiheit dienen; deren Information und Meinungsbildung nicht durch Zensur eingeschränkt werden dürfen. Die „informationelle Selbstbestimmung" garantiert den Schutz vor Mißbrauch persönlicher Daten. Künftige Mediengesetze müssen sich daher am Bild mündiger Bürger orientieren. Alle politischen Aktivitäten haben danach zu streben, die Menschen in die Lage zu versetzen, das Postulat der Mündigkeit zu erfüllen ohne Gängelung und Manipulation, ohne Einschränkung und Not, ohne Zwänge und Einseitigkeiten. Rahmenbedingungen sind nicht nur gesetzliche, tarifliche und vertragliche Regelungen, sondern die Lebenswerte, menschliche Kommunikation stiftende, Mündigkeit ermöglichende Umwelt. Kommunikationstechniken können zur Verbesserung der Umweltbedingungen beitragen und neue Kommunikationschancen eröffnen. Sie sind Techniken, nicht Kommunikation. Sie ersetzen nicht die Wirklichkeit, sondern erschließen sie, verbessern sie und führen zu ihr hin. Kommunikationstechniken brauchen kaum Ressourcen und Energie; sie ersparen qualvolle Arbeit und Monotonie. Sie helfen, freie Lebenszeit gewinnen; sie ermöglichen politische Teilhabe; sie bieten Vielfalt und Auswahlmöglichkeiten; sie stiften Kommunikation. Wenn wir es wollen.

V Anhang

Ausstattung ausgewählter privater Haushalte mit ausgewählten langlebigen Gebrauchsgütern Ende 1984 (1)

	Haushaltstyp 1						Haushaltstyp 2						Haushaltstyp 3					
	Haushalte		Gebrauchsgüter				Haushalte		Gebrauchsgüter				Haushalte		Gebrauchsgüter			
			insgesamt	Anschaffungsjahr					insgesamt	Anschaffungsjahr					insgesamt	Anschaffungsjahr		
				vor 1983	1983	1984				vor 1983	1983	1984				vor 1983	1983	1984
	Anzahl	in %	Anzahl	in %			Anzahl	in %	Anzahl	in %			Anzahl	in %	Anzahl	in %		
Erfaßte Haushalte	158	100					387	100					425	100				
Telefon	139	88,0	139	97,8	0,7	1,4	355	91,7	355	96,1	1,4	2,5	425	100	425	95,8	2,4	1,9
s/w-Fernsehgerät	61	38,6	62	90,3	9,7	–	162	41,9	185	93,0	3,8	3,2	243	57,2	278	92,1	5,8	2,2
Farbfernsehgerät	115	72,8	118	89,8	6,8	3,4	339	87,6	375	81,6	9,6	8,8	362	85,2	421	69,6	17,3	13,1
Hörfunkgerät (2)	128	81,0	156	96,2	0,6	3,2	308	79,6	585	87,7	6,5	5,8	364	85,6	892	74,6	14,7	10,8
Stereo-Hörfunkgerät (3)	29	18,4	29	100	–	–	176	45,5	192	85,9	8,3	5,7	233	54,8	278	80,6	10,8	8,6
Stereo-Kompaktanlage (3)	19	12,0	19	89,5	–	10,5	176	45,5	193	78,8	11,4	9,8	220	51,8	267	65,9	21,7	12,4
Sonstige Phonokombination	7	4,4	7	71,4	–	28,6	35	9,0	38	71,1	18,4	10,5	68	16,0	81	77,8	6,2	16,0
Plattenspieler	56	35,4	56	100	–	–	217	56,1	244	91,8	4,5	3,6	311	73,2	420	82,9	10,0	7,1
Spulen-Tonbandgerät	15	9,5	17	94,1	5,9	–	115	29,7	119	100	–	–	142	33,4	169	98,2	1,2	0,6
Cassetten-Recorder	47	29,7	47	91,5	4,3	4,3	293	75,7	411	66,4	18,5	15,1	368	86,6	585	63,6	18,5	17,9
Fotoapparat	97	61,4	117	94,9	3,4	1,7	371	95,9	615	88,1	7,2	4,7	421	99,1	925	73,8	12,8	13,4
Schmalfilmkamera	8	5,1	8	100	–	–	94	24,3	98	94,9	3,1	2,0	164	38,6	177	96,6	2,8	0,6
Schmalfilmprojektor	6	3,8	7	100	–	–	98	25,3	101	95,0	4,0	1,0	150	35,3	157	96,2	3,2	0,6
Diaprojektor	29	18,4	29	96,6	–	3,4	173	44,7	178	94,9	3,9	1,1	258	60,7	268	95,5	2,2	2,2

1) Ergebnis der laufenden Wirtschaftsrechnungen. Bei dem Haushaltstyp 1 (2-Personen-Haushalte von Renten- und Sozialhilfeempfängern mit geringem Einkommen) handelt es sich nach den Auswahlrichtlinien um kinderlose Ehepaare mit einem monatlichen Haushaltsbruttoeinkommen im Jahre 1984 unter 1 850,– DM. Der Haushaltstyp 2 (4-Personen-Arbeitnehmerhaushalte mit mittlerem Einkommen des Haushaltsvorstandes) wird charakterisiert durch ein monatliches Bruttoarbeitseinkommen des alleinverdienenden Haushaltsvorstandes von 2 500,– bis unter 3 800,– DM. Der Haushaltstyp 3 (4-Personen-Haushalte von Beamten und Angestellten mit höherem Einkommen) verfügt definitionsgemäß über ein monatliches Haushaltsbruttoeinkommen von 4 850,– bis unter 6 650,– DM.
2) Ohne Stereogerät.
3) Einschl. Lautsprecher.

Quelle: Statisches Bundesamt

Anzahl der angemeldeten Rundfunkempfangsgeräte - Zuwachsrate und Dichtegrad

Jahres-anfang	Wohnbe-völkerung in Tsd.	Hörfunk			Fernsehen		
		Geräte in Mio	Zuwachs gegenüber Vorjahr %	Dichte je Tsd. Ein-wohner	Geräte in Mio	Zuwachs gegenüber Vorjahr %	Dichte je Tsd. Ein-wohner
1970	61 195	19,37	+ 2,0	317	15,90	+ 6,3	260
1971	61 001	19,62	+ 1,3	322	16,67	+ 4,8	273
1972	61 503	19,90	+ 1,4	324	17,43	+ 4,6	283
1973	61 809	20,29	+ 1,9	328	18,06	+ 3,6	292
1974	62 101	20,59	+ 1,5	331	18,47	+ 2,3	297
1975	61 991	20,91	+ 1,6	337	18,92	+ 2,4	305
1976	61 645	21,13	+ 1,0	343	19,23	+ 1,6	312
1977	61 442	21,85	+ 3,4	355	19,93	+ 3,6	324
1978	61 353	22,20	+ 1,6	361	20,17	+ 1,2	328
1979	61 322	22,28	+ 0,4	363	20,34	+ 0,8	331
1980	61 439	22,77	+ 2,2	371	20,76	+ 2,1	338
1981	61 658	23,32	+ 2,4	378	21,19	+ 2,1	344
1982	61 713	23,75	+ 1,8	385	21,49	+ 1,4	348
1983	61 546	24,16	+ 1,7	393	21,84	+ 1,6	355
1984	61 307	24,60	+ 1,8	401	22,13	+ 1,3	361
1985	61 049	25,05	+ 1,8	410	22,43	+ 1,4	367

Quelle: Statistisches Jahrbuch 1984 für die Bundesrepublik Deutschland, Auskunft des Statistischen Bundesamtes, NDR und eigene Berechnungen

Stand und Entwicklung der über Kabel angeschlossenen und anschließbaren Haushalte

Bundesland	Angeschlossene Haushalte 31.12.1984	Anschließbare Haushalte			
		Bestandsdaten	Planungsdaten		
		31.12.1984	31.12.1985	31.12.1986	31.12.1987
Baden-Württemberg	113 300	336 000	653 000	889 000	1 090 000
Bayern	180 000	386 000	696 000	968 000	1 200 000
Berlin	202 000	568 000	665 000	767 000	840 000
Bremen	26 100	93 000	144 000	177 000	210 000
Hamburg	22 400	59 000	80 000	116 000	150 000
Hessen	73 000	185 000	314 000	437 000	530 000
Niedersachsen	110 400	370 000	646 000	924 000	1 190 000
Nordrhein-Westfalen	208 200	547 000	934 000	1 363 000	1 800 000
Rheinland-Pfalz	44 600	207 000	386 000	486 000	540 000
Saarland	9 000	24 000	54 000	75 000	90 000
Schleswig-Holstein	29 000	121 000	184 000	252 000	310 000
Gesamt in Mio	1,0	2,9	4,6 - 4,9	6,2 - 6,7	7,6 - 8,4
Anschlußdichte in % aller Haushalte	35	11	18	25	31

Quelle: Deutsche Bundespost

Zahl der Filmtheater in der Bundesrepublik

Jahr	Ortsfeste Filmtheater	Autokinos
1972	3 171	19
1973	3 107	19
1974	3 114	19
1975	3 094	18
1976	3 092	19
1977	3 072	20
1978	3 110	22
1979	3 196	23
1980	3 354	24
1981	3 486	23
1982	3 598	22
1983	3 664	23
1984	3 611	21

Sitz-/Einstellplätze der Filmtheater und Autokinos

Jahr	Ortsfeste Filmtheater Sitzplätze		Autokinos Einstellplätze
	in Tsd.	je Tsd.Einw.	
1972	1 280	20,7	18 359
1973	1 230	19,8	18 359
1974	1 189	19,2	18 359
1975	1 138	18,5	16 877
1976	1 086	17,6	18 382
1977	1 016	16,6	18 765
1978	980	16,0	19 381
1979	932	15,2	19 703
1980	910	14,8	20 043
1981	880	14,3	18 983
1982	846	13,7	17 987
1983	821	13,4	18 160
1984	784	12,8	16 931

Ouelle: Filmstatistische Taschenbücher

Filmbesuch

Jahr	Filmbesucher in Mio	Filmbesuch je Einwohner
1972	149,8	2,4
1973	144,3	2,3
1974	136,2	2,2
1975	128,1	2,1
1976	115,1	1,9
1977	124,2	2,0
1978	135,5	2,2
1979	142,0	2,3
1980	143,8	2,3
1981	141,3	2,3
1982	124,5	2,0
1983	125,3	2,0
1984	112,1	1,9

Einnahmen der Filmtheater

Jahr	Brutto-einnahmen in Mio DM	Netto-einnahmen in Mio DM
1972	576,3	556,5
1973	602,9	583,9
1974	614,5	597,2
1975	626,5	606,8
1976	591,9	574,1
1977	652,4	633,1
1978	748,3	723,3
1979	849,5	822,2
1980	905,1	873,1
1981	940,8	907,5
1982	846,1	816,4
1983	872,3	841,7
1984	808,5	780,4

Quelle: Filmstatistische Taschenbücher

Videokonsum und Fernsehkonsum im Tagesverlauf
Mo - So 15.00 bis 1.00 Uhr, Erwachsene ab 14 Jahren

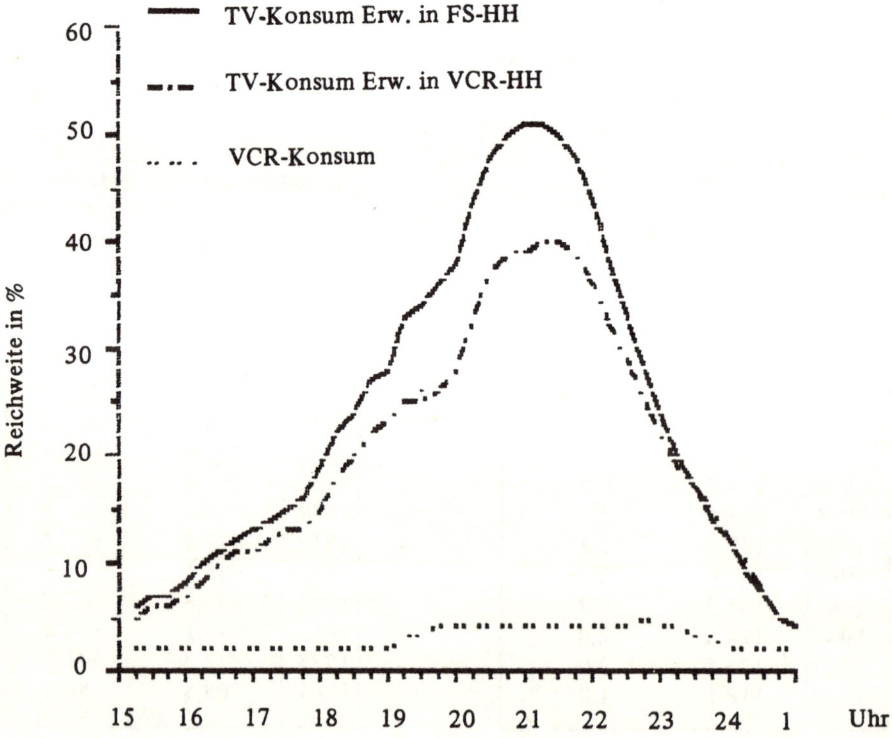

Quelle: GfK-Sonderauswertung Februar/März 1985

GfK-Fernsehnutzung

Fernsehnutzung 1985
Montag - Sonntag
Erwachsene ab 14 Jahren

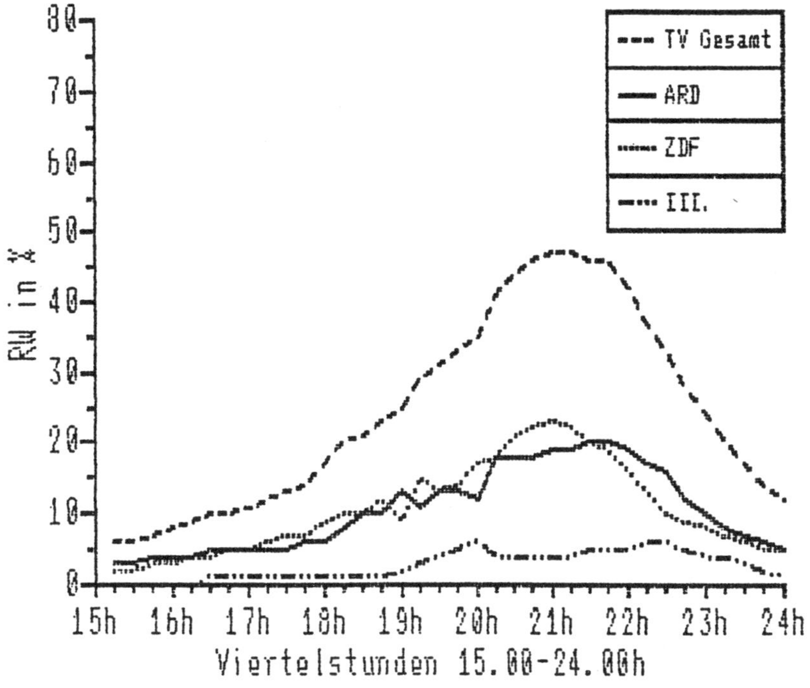

Fernsehnutzung 1985
Montag - Sonntag, 15.00 - 1.00 Uhr

	ARD	ZDF	3. PROGR.	SONSTIGE	TV GESAMT
NETTO-RW (%)					
HAUSHALTE	79	78	45	14	87
ERWACHSENE	61	60	32	10	71
KINDER 6-13J.	48	50	25	9	61
MÄNNER	62	60	33	10	72
FRAUEN	60	59	31	9	71
14-29 J.	47	48	24	8	58
30-49 J.	61	59	32	10	73
50 + J.	70	68	37	11	79
EINSCH.DAUER/ SEHDAUER(MIN.)					
HAUSHALTE	89	90	23	7	208
ERWACHSENE	59	59	15	5	137
KINDER 6-13J.	32	38	8	3	82
MÄNNER	58	59	15	5	136
FRAUEN	58	59	15	5	136
14-29 J.	39	42	10	3	95
30-49 J.	54	55	15	5	129
50 + J.	75	73	18	5	171

QUELLE: GFK-FERNSEHFORSCHUNG

ARW-MM
JAN.86

Nutzung des Fernsehprogramms: Nettoreichweite pro Tag in % (1) (Jahresdurchschnitte)

	1983			1984		
	Montag - Freitag	Samstag	Sonntag	Montag - Freitag	Samstag	Sonntag
Erwachsene ab 14 Jahre						
ARD	47	53	51	48	53	51
ZDF	47	49	48	47	49	49
Dritte Programme	23	20	25	23	18	24
insgesamt	60	62	63	61	62	64
Kinder von 3-7 Jahren						
ARD	27	33	24	26	29	21
ZDF	28	31	19	25	29	20
Dritte Programme	18	16	14	16	13	13
insgesamt	42	44	34	39	41	33
Kinder von 8-13 Jahren						
ARD	39	50	41	39	47	35
ZDF	44	51	37	41	48	37
Dritte Programme	20	21	21	18	16	20
insgesamt	56	63	54	54	59	51

1) Nettoreichweite ab 15.00 Uhr, ohne Vormittagsprogramme.

Nutzung des Fernsehprogramms: Durchschnittliche Sehdauer pro Tag in Minuten (1) (Jahresdurchschnitte)

	1983			1984		
	Montag - Freitag	Samstag	Sonntag	Montag - Freitag	Samstag	Sonntag
Erwachsene ab 14 Jahre						
ARD	41	70	65	46	75	69
ZDF	47	57	61	47	59	65
Dritte Programme	12	9	15	12	8	14
insgesamt	102	139	143	107	145	151
Kinder von 3-7 Jahren						
ARD	14	23	24	15	20	23
ZDF	15	22	16	14	22	20
Dritte Programme	6	6	6	5	5	5
insgesamt	36	52	47	36	49	52
Kinder von 8-13 Jahren						
ARD	24	49	40	26	47	38
ZDF	34	56	35	32	55	38
Dritte Programme	7	8	10	7	6	8
insgesamt	67	114	88	68	112	89

1) Sehdauer Montag bis Samstag ab 15.00 Uhr, Sonntag ab 10.00 Uhr.

Quelle:teleskopie

Zeitungsstatistik im Überblick

Publizistische Einheiten			Verlage als Herausgeber		
Jahr	absolut	Index 1954=100	Jahr	absolut	Index 1954=100
1954	225	100	1954	624	100
1964	183	81	1964	573	92
1967	158	70	1967	535	86
1976	121	54	1976	403	65
1979	122	54	1979	400	64
1981	124	55	1981	392	63
1983	125	56	1983	385	62
1985	126	56	1985	382	61
Redaktionelle Ausgaben			**Verkaufte Auflage in Mio Stück**		
Jahr	absolut	Index 1954=100	Jahr	absolut	Index 1954=100
1954	1 500	100	1954	13,4	100
1964	1 495	100	1964	17,3	129
1967	1 416	94	1967	18,0	134
1976	1 229	82	1976	19,5	146
1979	1 240	83	1979	20,5	153
1981	1 258	84	1981	20,4	152
1983	1 255	84	1983	21,2	158
1985	1 273	85	1985	20,9	156

Quelle: Media Perspektiven 7/85

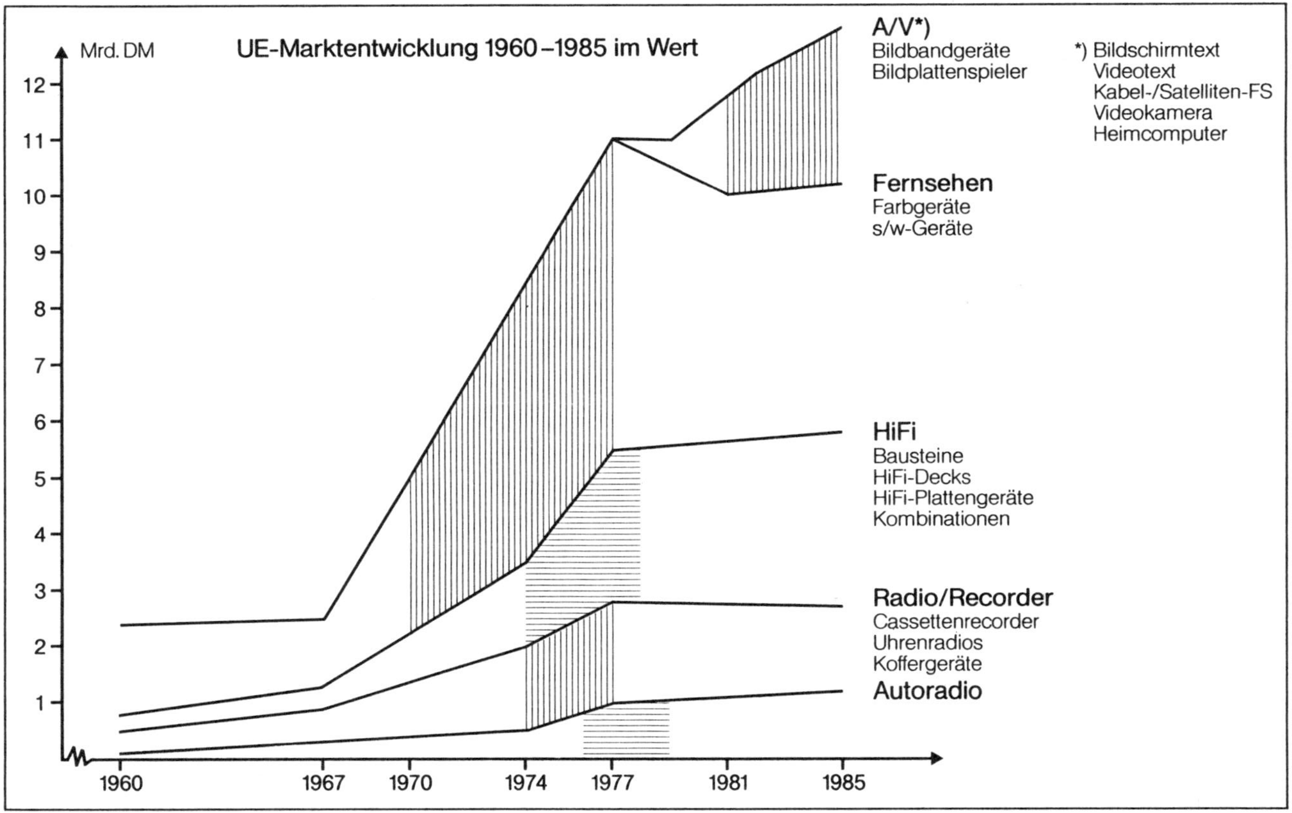

Quelle: Fachverband Unterhaltungselektronik im ZVEI.

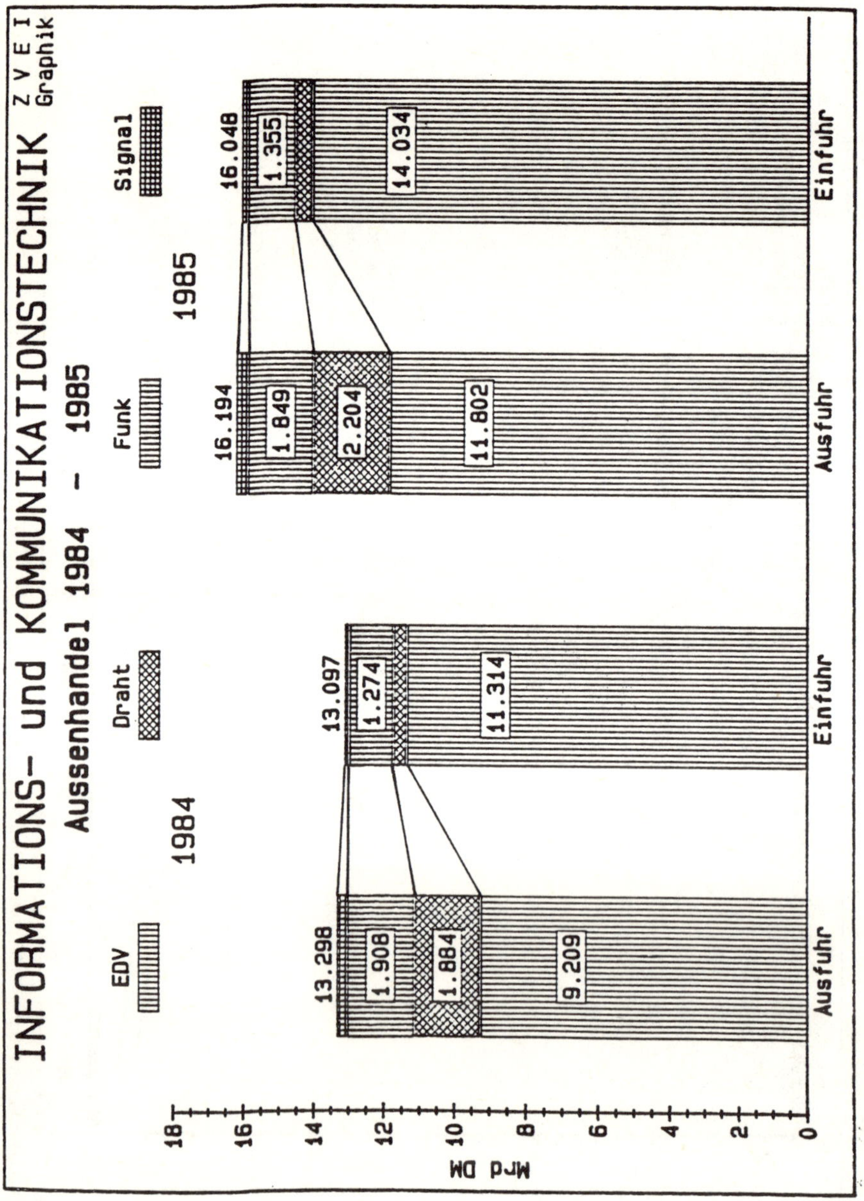

Quelle: ZVEI, 1986

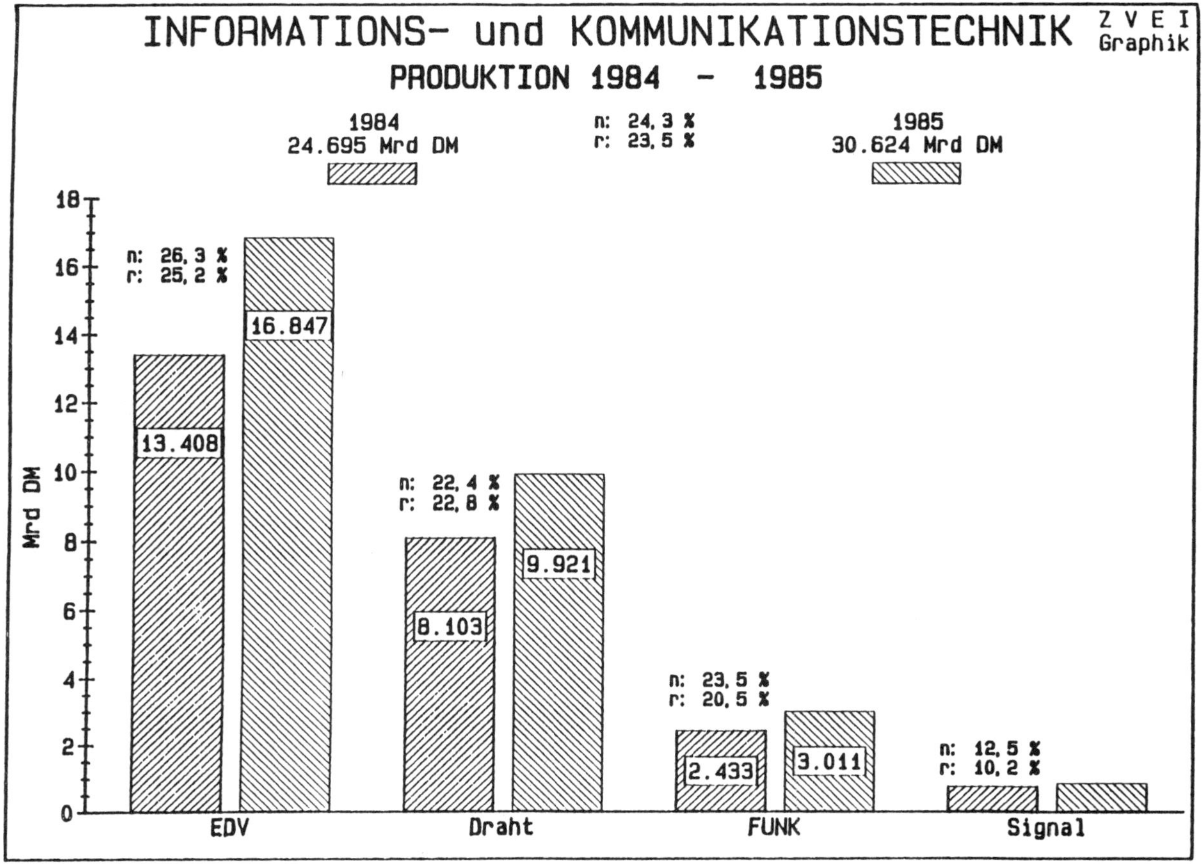

Quelle: ZVEI, 1986

Netto-Umsätze (1) der ARD-Werbegesellschaften und des Zweiten Deutschen Fernsehens ohne Produktionskosten in Mio DM: Werbefernsehen

	1976	1977	1978	1979	1980	1981	1982	1983	1984
Bayerische Rundfunkwerbung	65,1	64,7	70,2	74,3	81,0	83,9	90,1	94,4	98,1
Berliner Werbefunk	35,8	40,6	40,4	42,8	45,6	48,4	50,7	53,2	54,7
Norddeutsche Funkwerbung					6,5(2)	17,6	19,5	21,2	21,7
NDR-Werbefernsehen und Werbefunk	92,0	96,9	107,3	116,8	124,2	135,4	140,3	146,7	150,6
Rundfunkwerbung Stuttgart	40,5	43,8	46,1	49,0	53,0	56,0	59,8	62,7	65,1
Werbefunk Saar	18,0	21,1	22,1	24,3	25,4	25,9	25,7	24,8	24,9
Werbung im Rundfunk	40,5	42,6	45,6	49,4	51,9	54,8	57,6	63,3	67,0
Werbung im Südwestfunk	40,5	43,8	46,1	49,0	53,0	56,0	59,8	62,7	65,1
Westdeutsches Werbefernsehen	186,8	185,3	205,0	214,0	225,4	238,2	249,9	262,2	269,7
ARW gesamt	519,2	538,8	582,8	619,6	666,0	716,2	753,4	791,2	816,8
ZDF	342,0	348,5	410,6	411,4	452,7	448,4	493,8	493,8	539,5
Gesamt	861,2	887,3	993,4	1 031,0	1 118,7	1 164,6	1 247,2	1 285,0	1 356,3
Veränderung gegenüber Vorjahr in %	+ 1,9	+ 3,0	+12,0	+ 3,8	+ 8,5	+ 4,1	+ 7,1	+ 3,0	+ 5,5

1) Vor Skonti, nach Abzug von Rabatten und Mittlergebühren.
2) Ab 1.9.1980.

Quelle: Arbeitsgemeinschaft Rundfunkwerbung (ARW) und ZDF

Durchschnittsselbstkosten der Landesrundfunkanstalten je Sendeminute in DM: Fernsehprogramme und Hörfunk (1)

Programm/Programmgattungen (2)	1983	1984
	Fernsehprogramme	
ARD-Gemeinschaftsprogramm:		
Sendungen mit Spielhandlung	8 539	7 212
Unterhaltung (Nummernsendungen)	7 920	7 847
Musiksendungen	5 256	5 543
Informationssendungen	3 469	3 616
Mischinhalte und -formen	5 824	6 503
Programmüberleitungen	207	247
Anstaltsbeiträge gesamt	5 650	5 463
Tagesschau/Tagesthemen (incl. Wochenspiegel/Jahresrückblick)	4 812	5 324
Wetterkarte	950	935
Sportschau/ARD-Sport extra	2 694	2 419
Programmvorschau	102	40
Magazin der Woche	314	388
Spielfilme	1 756	1 802
Sonstige Gemeinschaftssendungen	1 060	658
Gemeinschaftssendungen gesamt	2 562	2 645
ARD-Gemeinschaftsprogramm gesamt	4 470	4 311
Regionalprogramme einschließlich Harte Werbung	1 324	1 354
ARD/ZDF-Vormittagsprogramm	165	189
III. Fernsehprogramme	884	964
Schulfernsehen	276	328
	Hörfunk	
Ernste Musik	119	115
Leichte Musik	57	54
Musik gesamt	79	75
Politik	154	136
Kultur	159	188
Bildung	134	151
Unterhaltung	156	129
Hörspiel	408	497
Sport	152	133
Familienprogramm	159	178
Magazinsendungen	72	79
Sonstige	61	52
Wort gesamt	136	137
Musik/Wort gesamt	102	101
Ausländerprogramm	25	32
Musik/Wort/Ausländerprogramm gesamt	97	97
Werbefunk (nur Harte Werbung)	–	–
Gesamt	96	96

1) Ohne Abspielungs- und Ausstrahlungskosten.
2) Ab 1.1.1979 gilt für alle Fernsehprogramme eine neue, einheitliche Nomenklatur. Verändert wurde vor allem das Gattungsraster zur Aufgliederung der Programme nach Inhalten und Formen. Die hier ausgewiesenen Zahlen sind daher nicht unmittelbar mit den in den Daten zur Mediensituation veröffentlichten Zahlen für Jahre vor 1979 vergleichbar. Erläuterungen zur Systematik finden sich im ARD-Jahrbuch 80.

Quelle: ARD-Jahrbücher, NDR

Aufwendungen der deutschen Rundfunkanstalten (ARD/ZDF) für Leistungen der Filmwirtschaft in Mio DM

Zeitraum	Auftragsproduktionen		Sonst. filmwirtschaftliche Leistungen (1)		Erwerb von Ausstrahlungsrechten (2)		Summe	
	Mio DM	%	Mio DM	%	Mio DM	%	Mio DM	%
1960 - 1964	293,4	63,5	62,8	13,6	105,8	22,9	462,0	100
1965 - 1969	630,9	67,2	86,1	9,2	221,8	23,6	938,8	100
1970 - 1974	1 008,1	69,7	144,7	10,0	293,1	20,3	1 445,9	100
1975	243,1	66,5	30,0	8,2	92,7	25,3	365,8	100
1976	289,1	65,0	34,1	7,7	121,4	27,3	444,6	100
1977	283,5	68,2	38,5	9,2	93,9	22,6	415,9	100
1978	363,7	73,1	43,6	8,8	90,4	18,1	497,7	100
1979	378,4	70,7	46,8	8,7	110,4	20,6	535,6	100
1980	407,1	68,7	51,1	8,6	134,2	22,7	592,4	100
1981	447,3	69,0	56,5	8,7	144,0	22,3	647,8	100
1982	464,4	65,1	51,2	7,2	197,4	27,7	713,0	100
1983	495,3	69,6	70,3	9,9	145,6	20,5	711,2	100
1984	502,3	44,6	84,3	7,5	539,5	47,9	1 126,1	100
1960 - 1984	5 806,6	65,3	800,0	8,9	2 290,2	25,8	8 896,8	100

1) Sonstige Leistungen umfassen Kopierarbeiten, Ateliervermietung, Synchronisation u.a.

2) Einbezogen sind auch Synchronisationskosten, soweit sie nicht gesondert erfaßt waren.

Quelle: ARD-Rundfunkanstalten, Degeto, ZDF und eigene Berechnungen

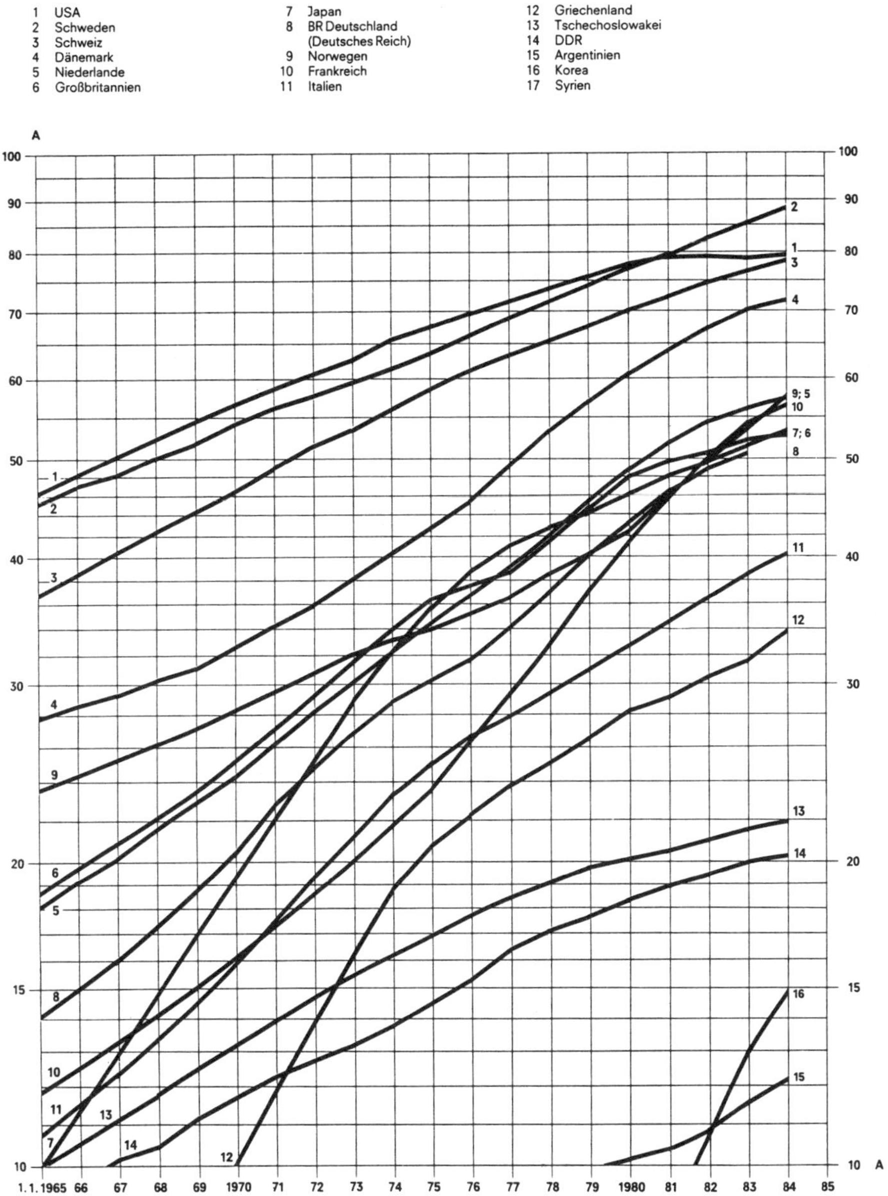

Sprechstellen je 100 Einwohner

Quelle: Siemens AG

Praktische Tips für Jugend- und Schülerzeitungen
Herausgeber
Berthold Flöper
Udo Heinze
Rolf Pitsch
DRUCK MITTEL
VISTAS